21世纪普通高等院校系列教材

商务谈判

SHANGWU TANPAN

主　编○杨　琴

副主编○曾海燕　谭　芬　贺海波

郭争艳　黄森华　黄健钧

西南财经大学出版社
Southwestern University of Finance & Economics Press
中国·成都

图书在版编目(CIP)数据

商务谈判/杨琴主编;曾海燕等副主编.—成都:西南财经大学出版社,2022.10
ISBN 978-7-5504-5452-1

Ⅰ.①商… Ⅱ.①杨…②曾… Ⅲ.①商务谈判—高等学校—教材
Ⅳ.①F715.4

中国版本图书馆 CIP 数据核字(2022)第 126495 号

商务谈判
主　编　杨　琴
副主编　曾海燕　谭　芬　贺海波　郭争艳　黄森华　黄健钧

责任编辑:李晓嵩
责任校对:王甜甜
封面设计:何东琳设计工作室
责任印制:朱曼丽

出版发行	西南财经大学出版社(四川省成都市光华村街 55 号)
网　　址	http://cbs.swufe.edu.cn
电子邮件	bookcj@swufe.edu.cn
邮政编码	610074
电　　话	028-87353785
照　　排	四川胜翔数码印务设计有限公司
印　　刷	成都市火炬印务有限公司
成品尺寸	185mm×260mm
印　　张	11.5
字　　数	274 千字
版　　次	2022 年 10 月第 1 版
印　　次	2022 年 10 月第 1 次印刷
印　　数	1— 2000 册
书　　号	ISBN 978-7-5504-5452-1
定　　价	39.80 元

前言

聊天、谈判、争论三者在生活中时刻都存在，但多数人都认为聊天和争论与他们生活有关，谈判是谈判专家、外交家的事，与普通老百姓无关。实际上，世界是一张谈判桌，人人都是谈判者。任何人每天的学习、工作、生活、娱乐自始至终都没离开谈判，在聊天中有谈判的成分，在争论中更有谈判的成分。“谈判”（negotitation）是西方人的惯用语，中国人与“谈判”一词相近的惯用语是“商量”。不难发现，小到家庭成员之间的日常生活，大到国家与国家之间建立交往、合作关系，甚至是发生冲突，都是通过沟通、协商、商量、磋商来解决的。

特别是随着经济全球化时代的到来，互联网拉近了人与人之间的距离，商务贸易活动日益活跃。人们逐渐接触到商务活动的谈判，即商务谈判。商务谈判无论在线上贸易还是在线下贸易都发挥着重要的作用，能够解决贸易冲突，促进商务活动的有效沟通，降低贸易的交易成本。商务谈判带来的商业利益逐渐突显，人们日益意识到商务谈判已经成为商务活动不可或缺的一部分，相关的商务谈判理论研究也逐渐成为热点。

商务谈判是一门融合多学科的课程，尽管发展起步较晚，但涉及的知识领域更为广阔。商务谈判是集市场营销、商务礼仪、法律、文学、地理、国际贸易等多门类学科于一体的综合性课程。因此，商务谈判应用时涵盖了多种技能与技巧，我们只有了解商务谈判、学习商务谈判、掌握商务谈判，才能以自信的姿态去面对纷繁复杂的商务活动。

本书由邵阳学院杨琴拟定编写大纲，经全体编写人员讨论后定稿，曾海燕负责全书统稿。本书编写分工如下：第一、二章由谭芬编写，第三章由郭争艳编写，第四、六章由杨琴编写，第五章由黄健钧编写，第七、九章由贺海波编写，第八章由黄森华编写。

本书的编写体现了如下特色：

第一，篇幅适中，体系完整，理论精要，内容新颖，表述通俗。

第二，思想性与实用性相结合，前沿理论观点与商务谈判实践相结合。

第三，注重策略技巧与操作的实际运用，注重学生谈判技能的提升。

第四，贯彻案例教学思维，体现研究型教学需要。

本书根据市场经济发展需求状况及各高校教材建设与课程设置情况打造，注重理论联系实际，注重学生实践能力的培养。每章开篇都有本章要点、导入案例，每章后有思考题、案例分析讨论。作为一项全新的尝试，编者全力以赴，但由于水平有限，书中仍难免存在疏漏，敬请各位同仁、读者批评指正。

编　者

2022 年 8 月

目录

6 第六章 商务谈判开局

7 第七章 商务谈判磋商

8 第八章 商务谈判的策略与技巧

9 第九章 商务谈判签约

第一章　商务谈判概述

本章要点

1. 了解谈判的概念、特征及产生原因。
2. 掌握商务谈判的含义、构成要素及特征。
3. 重点掌握商务谈判的原则，熟悉商务谈判的程序和评价标准。
4. 正确区分商务谈判的各种类型。

导入案例

“你切我挑”的陷阱

有一位老师把一个橙子分给两个孩子。但不管从哪里下刀，两个孩子都觉得不公平。两个孩子吵来吵去，最终达成了一致意见，由一个孩子负责切橙子，另一个孩子选橙子。结果，这两个孩子按照商定的办法各自取得了一半橙子，高高兴兴地拿回家去了。

第一个孩子把半个橙子拿到家，把皮剥掉扔进了垃圾桶，把果肉放到果汁机里制作橙汁喝。另一个孩子回到家把果肉挖掉扔进了垃圾桶，把橙子皮留下来磨碎了，混在面粉里烤蛋糕吃。

从上面的情形我们可以看出，虽然两个孩子各自拿到了看似公平的一半，但是他们各自得到的东西却未物尽其用。这说明他们在事先并未做好沟通，也就是两个孩子并没有申明各自利益所在。没有事先申明价值导致了双方盲目追求形式上和立场上的公平，结果双方各自的利益并未在谈判中达到最大化。试想，如果两个孩子充分交流各自所需，或许会有多个方案和情况出现。可能的一种情况就是遵循上述情形，两个孩子想办法将皮和果肉分开，一个拿到果肉去制作橙汁喝，另一个拿皮去制作烤蛋糕。然而，也可能经过沟通后是另外的情况，恰恰有一个孩子既想用皮做蛋糕，又想喝橙子汁。这时，如何能创造价值就非常重要了。结果，想要整个橙子的孩子提议可以将其他的问题拿出来一起谈。他说："如果把这个橙子全给我，你上次欠我的棒棒糖就不用还了。"其实，他的牙齿被蛀得一塌糊涂，父母上星期就不让他吃糖了。另一个孩子想了一想，很快就答应了。他刚刚从父母那儿要了5元钱，准备买糖还债。两个孩子的谈判思考过程实际上就是不断沟通和创造价值的过程。双方都在寻求使自己利益最大化的方案的同时，也满足对方的最大利益的需要。

商务谈判的过程实际上也是一样的。好的谈判者并不是一味固守立场，追求寸步不让，而是要与对方充分交流，从双方的利益最大化出发，创造各种解决方案，用相对较小的让步来换得最大的利益，而对方也是遵循相同的原则来取得交换条件。在满足双方利益最大化的基础上，如果还存在达成协议的障碍，那么就不妨站在对方的立场上，替对方着想，扫清达成协议的一切障碍。这样，最终的协议是不难达成的。

第一节 商务谈判概述

一、谈判的含义与特征

（一）谈判的含义

要给谈判下一个定义，既简单又困难。说简单，是因为谈判对我们而言并不陌生，几乎每时每刻都出现在我们的生活中，谈判就是人们的一种交际活动；说困难，是因为谈判的内容极为广泛，人们很难用一两句话准确、充分地表达出生活中谈判的含义。按照最一般的认识，谈判是人们为了协调彼此之间的关系，满足各自的需要，通过协商而争取达到意见一致的行为和过程。尽管如此，我们还是要从对谈判所包含层次的分析来描绘出谈判的大概轮廓，以便我们能把握谈判概念的一些基本要素。

1. 杰勒德·I. 尼尔伦伯格的观点

美国谈判学会会长杰勒德·I. 尼尔伦伯格认为，谈判的定义最为简单，而涉及的范围却最为广泛，每一个要求满足的愿望和每一项寻求满足的需要，至少都是诱发人们展开谈判过程的潜因。只要人们为了改变相互关系而交换观点，只要人们是为了取得一致而磋商协议，人们就是在进行谈判。谈判通常是在个人之间进行的，他们或者是为了自己，或者是代表着有组织的团体。因此，我们可以把谈判看成人类行为的一个组成部分，人类的谈判史同人类的文明史一样长久。他在 1968 年出版的《谈判的艺术》(*The Art of Negotiating*)一书中提出，谈判是人们为了改变相互关系而交换意见、取得一致而相互磋商的一种行为，是直接影响各种人际关系，对参与各方产生持久利益的一个过程。

2. 荷伯·科恩的观点

美国的谈判大师荷伯·科恩著有《人生与谈判》一书。他提出，谈判就像在一张绷紧了的网中，运用情报及权力来左右他人的行为。

3. 比尔·斯科特的观点

英国谈判大师比尔·斯科特著有《贸易谈判技巧》一书。他只将谈判解释为双方面对面会谈的一种形式，旨在通过双方共同努力，寻求互惠互利的最佳结果。

4. 罗杰·费希尔和威廉·尤瑞的观点

美国法学教授罗杰·费希尔和谈判专家威廉·尤瑞在合著的《谈判技巧》一书中提出，谈判是为达成某种协议而进行的交往。

5. 威恩·巴罗的观点

美国谈判专家威恩·巴罗认为，谈判是一种双方都致力于说服对方接受其要求时所运用的一种交换意见的技能，其最终目的就是要达成一项对双方都有利的协议。

6. 马什的观点

英国学者马什于 1971 年在《合同谈判手册》(*Contract Negotiation Handbook*)一书中对谈判所下的定义如下：所谓谈判，是指有关各方为了自身的目的，在一项涉及各方利益的事务中进行磋商，并通过调整各自提出的条件，最终达成一项各方较为满意的协议的一个不断协调的过程。

7. 克里斯托弗·杜邦的观点

法国谈判学家克里斯托弗·杜邦全面研究了欧美许多谈判专家的著作后，在其所著的《语言的行为、理论与应用》(*Language Conduite*, *Theorie*, *Application*)中给谈判下了这样的定义：谈判是使两个或数个角色处于面对面位置上的一项互动。各角色因持有分歧而相互对立，但他们彼此又互为依存。他们选择谋求达成协议的实际态度，以便终止分歧，并在他们之间（即使是暂时性的）创造、维持、发展某种关系。

8. 我国学者的观点

我国学者对谈判所下的定义，主要有以下几种：

(1) 所谓谈判，是指个人、组织或国家之间，就一项涉及双方利害关系的标的物，利用协商手段，反复调整各自目标，在满足己方利益的前提下取得一致的过程。

(2) 谈判是谈判双方（各方）观点互换、情感互动、利益互惠的人际交往活动。

(3) 谈判是人们为了协调彼此之间的关系，满足各自的需要，通过协商而争取达到意见一致的行为和过程。

(4) 谈判是指人们为了各自的利益动机而进行相互协商并设法达成一致意见的行为。

研究以上定义便可以发现，虽然中外学者对谈判概念的文字表述不尽相同，但其内涵却包含着一些相近的或相通的特征。

（二）谈判的特征

1. 谈判的目的性

谈判是目的性很强的活动，参加谈判的各方均有各自的需求和目的。没有明确的谈判目的，不明白为什么而谈，至多只能叫做“聊天”或“闲谈”。因此，上述定义都强调谈判的目的性，即追求一定的目标这一基本点，如满足愿望和满足需要、为了自身的目的、对双方都有利、满足己方利益、利益互惠、满足各自的需要、为了各自的利益动机等。

2. 谈判的相互性

谈判是一种双边或多边的行为和活动，谈判总要涉及谈判的对象，否则自己和自己谈就不称为谈判，也达不到谈判的目的。因此，人们在谈判的定义中都指出谈判具有相互性，如为了改变相互关系、涉及各方、使两个或数个角色处于面对面位置上、双方致力于说服对方、谈判双方、协调彼此之间的关系等。

3. 谈判的协商性

谈判是通过相互沟通实现各自目标的有效手段。谈判不是命令或通知，不能由一方说了算。因此，在谈判中，一方既要清楚地表达其立场和观点，又必须认真地听取对方的陈述和要求并不断调整对策，以沟通信息、增进了解、缩小分歧、达成共识。因此，谈判的定义也都阐明了谈判的协商性这一特征，如交换观点、进行磋商、说服对方、利用协商手段、观点互换、通过协商、进行相互协商等。

综合上述谈判的特征，我们可以把谈判理解为：谈判是谈判各方为了各自的需要而相互协商的活动。谈判集多门学科于一体，被公认为是社会学、行为学、心理学、管理学、语言学、逻辑学、公共关系学以及众多经济学、技术科学的交叉产物，也是一门复杂的、需要综合运用多种技能与技巧的艺术。商务谈判涉及的知识领域极广，是融市场营销、国际贸易、金融、法律、科技、文学、艺术、地理、心理、演讲等多种学科为一体的综合性学科，是一项集政策性、技术性、艺术性于一体的社会经济活动。

二、商务谈判的含义及构成要素

（一）商务谈判的含义

商务谈判是指不同利益群体之间，为了寻找和达到自身的经济利益目标，围绕涉及双方利益的标的物，借助思维、语言、策略、技巧进行的沟通和协商，最终达成一项双方都能接受的协议的行为和过程。

其内涵表现在以下几个方面：

（1）商务谈判的目的是经济利益。

（2）商务谈判产生的前提是不同经济主体之间既相互联系又存在冲突或差别的需要。

（3）商务谈判的实质是谈判各方为互利互惠而进行的沟通和协商。

（4）商务谈判的内容是涉及买卖双方利益的标的物，即与交易有关的各项交易条件。

（5）商务谈判的手段是说服。

（二）商务谈判的构成要素

1. 商务谈判的当事人

商务谈判的当事人是指谈判活动中有关各方的所有参与者。商务谈判的当事人一般有两类人员：台上的谈判人员和台下的谈判人员。

台上的谈判人员是指参加谈判一线的当事人，即出席谈判、上谈判桌的人员。一线的当事人，除单人谈判外，通常还包括谈判负责人、主谈人和陪谈人。

台下的谈判人员是指谈判活动的幕后人员。他们在谈判中虽然不出席、不上桌，但是也对谈判发挥着重要的影响和作用。他们包括该项谈判主管单位的领导和谈判工作的辅助人员。

2. 商务谈判的议题

商务谈判的议题是指谈判需商议的具体问题。商务谈判的议题是谈判的起因、内容和目的，并决定当事各方参与谈判的人员组成及其策略，是谈判活动的中心。商务谈判的议题是谈判双方所共同关心并希望解决的问题。

商务谈判的议题得以解决可能有三种情况：第一种情况是谈判取得成功，在谈判中消除了分歧，达成了能为双方接受的协议，订立了经济合同；第二种情况是谈判双方在某一分歧上争执不下，但都认为有必要进行进一步磋商，从而使谈判暂时中止或谈判时间延长；第三种情况是一方或双方都没有谋求到最低限度的经济利益或双方都不肯做出妥协和让步，从而退出谈判，使该商务谈判破裂。

3. 商务谈判的背景

商务谈判的背景主要包括环境背景、组织背景和人员背景三个方面。

环境背景一般包括政治背景、经济背景、文化背景以及地理、自然等客观环境因素。

组织背景包括组织的历史发展、行为理念、规模实力、经营管理水平、财务状况、资信状况、市场地位、谈判目标、主要利益、谈判时限等。

人员背景包括谈判当事人的职级地位、教育程度、个人阅历、工作作风、行为追求、心理素质、谈判风格、人际关系等。

在商务谈判中，商务谈判的当事人构成了谈判的主体，商务谈判的议题构成了谈判的目的，任何谈判都离不了商务谈判的背景的制约。这三个要素是相互结合、缺一不可的，缺少任何一个都不能构成商务谈判。

三、商务谈判的特点

商务谈判是一项集政策性、技术性、艺术性于一体的社会经济活动，除了包含一系列经济活动的特点以外，还具有一般谈判的特征。

谈判的种类很多，包括外交谈判、政治谈判、军事谈判、经济谈判等。商务谈判是经济谈判的一种，是指不同利益群体之间，以经济利益为目的，就双方的商务往来而进行的谈判，一般包括货物买卖、工程承包、技术转让、融资谈判等涉及群体或个人利益的经济事务。商务谈判的特点如下：

（一）商务谈判以获得经济利益为目的

不同的谈判者参加谈判的目的是不同的，外交谈判涉及的是国家利益，政治谈判关心的是政党、团体的根本利益，军事谈判主要是关系敌对双方的安全利益。虽然这些谈判都不可避免地涉及经济利益，但是其重点不一定是经济利益。商务谈判则十分明确，谈判者以获取经济利益为基本目的，在满足经济利益的前提下才涉及其他非经济利益。在商务谈判的过程中，谈判者可以调动和运用各种因素，而各种非经济因素也会影响谈判的结果，但其最终目标仍是经济利益。与其他谈判相比，商务谈判更加重视谈判的经济效益。在商务谈判中，谈判者都比较注意谈判涉及的重要技术的成本、效率和效益。因此，人们通常以获取经济效益的好坏来评价一项商务谈判的成功与否。不讲求经济效益的商务谈判就失去了价值和意义。

（二）商务谈判以价值谈判为核心

商务谈判涉及的因素有很多，谈判者的需求和利益表现在众多方面，但价值几乎是所有商务谈判的核心内容。这是因为，在商务谈判中价值的表现形式——价格最直接地反映了谈判双方的利益。谈判双方在其他利益上的得与失，在很多情况下或多或少都可以折算为一定的价格，并通过价格升降而得到体现。需要指出的是，在商务谈判中，谈判者一方面要以价格为中心，坚持自己的利益；另一方面又不能仅仅局限于价格，应该拓宽思路，设法从其他利益因素上争取应得的利益。因为与其在价格上与对手争执不休，不如在其他利益因素上使对方在不知不觉中让步。这是从事商务谈判的人员需要注意的策略。

（三）商务谈判注重合同条款的严密性与准确性

商务谈判的结果是由双方协商一致的协议或合同来体现的。合同条款实质上反映了各方的权利和义务，合同条款的严密性与准确性是保障谈判者获得利益的重要前提。有些谈判者在商务谈判中花了很大力气，好不容易为自己争取了较有利的结果，对方为了达成一致，也迫不得已做了许多让步。这时谈判者似乎已经获得了这场谈判的胜利，但如果在拟订合同条款时掉以轻心，不注意合同条款的完整、严密、准确、合理、合法，其结果是会被谈判对手在条款措辞或表述技巧上引入陷阱。这不仅会使到手的利益丧失殆尽，而且还可能为此付出惨重的代价，这种例子在商务谈判中屡见不鲜。因此，在商务谈判中，谈判者不仅要重视口头上的承诺，更要重视合同条款的严密性和准确性。

第二节　商务谈判的基本原则

商务谈判的原则是指商务谈判中谈判各方应当遵循的指导思想和基本准则。商务谈判的原则是商务谈判内在的、必然的行为规范，是商务谈判的实践总结和制胜规律。因此，认识和把握商务谈判的原则，有助于维护谈判各方的权益，提高谈判的成功率和指导谈判策略的运用。用“谈判双方都是赢家”的哲理去指导商务谈判实践，要求谈判者必须遵循以下几项基本原则：

一、诚信原则

诚信原则，即诚实与守信原则。为了在谈判中贯彻这一原则，谈判者应该做到以下两个方面：一是诚实。俗话说“诚招天下客”，以诚相待，是取信于人的积极方法。但是，商务谈判中的诚实并不是指坦诚，诚实的要义在于不欺诈，而不是要把一切和盘托出。一个精明的谈判者决不会透露全部意图。二是守信，即努力做到一诺千金。由于一诺千金是取信于人的根本，更加要求谈判者在谈判中要深思熟虑，少发表或不发表不成熟的看法，所发表的意见要有充分的依据，依据要可信。谈判者不要随便向对方做出承诺，只有必要的时候才做出承诺，并且这些承诺是自己能做到的。谈判者既要言而有信，又必须讲原则、有分寸，该坚持的应坚持，该回避的则要回避。

二、相容原则

相容原则要求谈判者之间要相互理解、相互容忍。相容原则要求谈判者心胸开阔，态度谦和，遇到冲突不急躁，遇到无礼要求则是“绵里藏针”，避开锋芒，以退为进。当形势发生转机时，谈判者再主动进攻，以对方易于接受的方式达到目的。

在商务谈判过程中，谈判一时陷入僵局是经常会发生的，这时就要求谈判双方在一定条件下有诚意地调整目标，或者寻找替代性方案。谈判双方所做出的妥协与让步，并非坏事，而是以退为进，最终实现谈判目标。相反，该让步的不让步，该容忍的不容忍，可能会导致谈判破裂。以后再举行谈判，那时双方都已存有戒心，可能难以营造出良好的谈判气氛，就会给谈判带来损失。因此，在谈判开始前，参加谈判者要做好充分的准备，充分估计自己可能会获得多少、可能要付出多少、可能做出什么让步、不可能做出什么让步、要让步多少、要什么时候让步、为什么要让步……否则，对方咄咄逼人时，我方束手无策，甚至任由别人宰割，被人牵着鼻子走，那就失去了谈判的意义。相容原则并非无原则地妥协、忍让，而是要将谈判的原则性和灵活性妥善地、有机地结合起来，以便更好地实现谈判目的。

三、互利原则

互利，即平等互利，是指谈判双方有予有取，双方都是赢家。如果谈判一方占尽优势，不顾对方的利益，总是竭力想击倒对方，总想强制对方违心接受不合理的谈判条件，以达到自己单方面所期望的目标，这样的谈判是难以成功的。即使勉强谈成，也只能是“一锤子买卖”。互利原则要求参加谈判的各方在通过谈判最后达成的协议中，权利和义务是对等的。当一方在享有权利的同时，也要承担相应的义务。商务谈判既要反对一方只享有权利而不承担义务，又要反对一方只承担义务而不享有权利；否则，商务谈判达成的一致便成为“不平等条约”。

与此同时，谈判者也应该清醒地认识到，绝对的平等互利是没有的，只能是双方经过艰苦的谈判后都感到自己有所得，即使不是“平分秋色”，但整体上也应是各有所得。在实践中，谈判可能会出现四种结果：你赢我输、你输我赢、你输我输、你赢我赢。前两种结果实际上是一方侵占了另一方的利益。第三种结果说明双方由于相互争夺，导致双方都受到损失。第四种结果表明双方达到了互惠互利的目的，这是谈判双方应该努力争取的结果。我们不能机械地衡量谈判双方的得失。在商务谈判中，双方通过磋商所达成的任何一笔交易，只要使谈判双方都感到满意，那么我们就认为谈判遵循了互利原则。

四、守法原则

任何商务谈判都必须在一定的法律环境下进行。经过磋商后达成的协议，其权利与义务均受到法律保护，不履行义务要承担相应的法律责任。如果达成的协议与法律相悖，则是无效的协议，对双方都没有约束力。守法原则要求国内的谈判签约要与本国的政策相符合，还要遵守本国的法律、法规等。跨国谈判还应遵守在合同中承认的对方国家有关的法规或有关国际组织公布的规则等。

守法原则表现在守法和用法两个方面。有些企业守法和用法观念淡薄，一方面是有意或无意地触犯和违反了政策、法律、法规，如生产销售假冒伪劣产品、任意涨价或降价等；另一方面是企业的利益受到侵犯时，不懂得依法向对方追究责任，实际上是助长了对方的不法行为，于国于民，于己于彼，都是不利的。因此，坚持守法原则，是商务谈判正常进行的基本保证，也是协议与合同有效执行的前提。

第三节　商务谈判的类型

一、以商务谈判参与方的数量为标准划分

（一）双方谈判

优点：涉及的责、权、利划分较为简单明确，谈判也比较易于把握。

缺点：不利于竞争比较，不利于争取最优方案。

（二）多方谈判

优点：有利于听取多方的方案，从而选择最佳交易条件。

缺点：谈判条件错综复杂，需要顾及的方面较多，谈判难度加大。

二、以商务谈判的人数规模为标准划分

（一）个体谈判

优点：可以随时有效地把自己的设想和意图贯彻到实际的协商行为中。

缺点：孤军奋战，容易出现决策失误。

（二）集体谈判

优点：能充分发挥每个人的长处，形成整体优势。

缺点：协调困难，配合不当将影响谈判效率。

三、以商务谈判的地点为标准划分

（一）主场谈判

优点：主场心理优势，可以以礼压客，减少旅途的疲劳和同时在谈判场内外两个领域开展活动的辛苦。

缺点：谈判成本高，容易被对方了解虚实。

（二）客场谈判

优点：深入了解对方情况，集中精力谈判，可以采用“金蝉脱壳”之策。

缺点：容易“水土不服”，受谈判期限的限制。

（三）中立地谈判

优点：避免了判断中的某一方处于客场的不利地位，为双方平等地进行谈判创造了条件。

缺点：不利于双方实地考察、了解对方的状况等。

（四）双方轮流交叉谈判

优点：对谈判双方比较公平。

缺点：谈判成本高，时间跨度大。

四、以商务谈判的态度和方法为标准划分

（一）软式谈判（又称关系型谈判）

这种谈判不把对方当成对手，而是当成朋友；强调的不是要占上风，而是要建立和维持良好的关系。软式谈判的一般做法是：信任对方→提出建议→做出让步→达成协议→维系关系。

（二）硬式谈判（又称立场型谈判）

这种谈判视对方为劲敌，强调谈判立场的坚定性，强调针锋相对；认为谈判是一场意志力的竞赛，只有按照己方的立场达成的协议才是谈判的胜利。硬式谈判一般适用于谈判双方互不信任，在一次交往后而不考虑今后的合作，在对方天真并缺乏洞察利弊得失的能力等情况。

（三）原则式谈判（又称价值型谈判）

这种谈判最早由美国哈佛大学谈判研究中心提出，又称哈佛谈判术。原则式谈判强调公正原则和公平价值原则。原则式谈判主要有以下特征：

（1）谈判中对人温和、对事强硬，把人与事分开。

（2）主张按照共同接受的具有客观公正性的原则和公平价值原则来达成协议，而不简单地依靠具体问题的讨价还价。

（3）谈判中开诚布公而不施诡计，追求利益而不失风度。

（4）努力寻找共同点、消除分歧，争取共同满意的谈判结果。

五、以商务谈判的内容为标准划分

（一）货物买卖谈判

这种谈判是指买卖双方就货物本身的有关内容，如质量、数量、货物的转移方式和时间、买卖的价格条件和支付方式以及交易过程中双方的权利和义务等问题所进行的谈判。

（二）投资项目谈判

这种谈判是指谈判的双方针对共同参与或涉及双方关系的某项投资活动，就投资目的、投资方向、投资形式、投资内容与条件、投资项目的经营与管理以及投资者在投资活动中的权利、义务以及相互关系所进行的谈判。

（三）技术贸易谈判

这种谈判是指技术的接受方（买方）与技术的转让方（卖方）就双方在转让技术的形式、内容、质量规范、使用范围、价格条件、支付方式等技术转让的权利、义务以及相互关系等方面所进行的谈判。

（四）劳务贸易谈判

这种谈判是指双方就劳务提供的形式、内容、时间、价格及计算方法等有关买卖双方的权利和义务以及相互所进行的谈判。

（五）索赔谈判

这种谈判是指在合同义务不能或未能完全履行时，合同当事双方进行的谈判。在众多的合同履行中，因种种原因违反或部分违反合同约定的事件屡见不鲜，也给商务谈判提供了一种特定的形式——索赔谈判。

（六）租赁业务谈判

这种谈判是指我国企业从国内或国外租用机器和设备而进行的谈判。租赁业务谈判主要涉及机器设备的选择、交货情况、维修保养、租期届满的处理、租金的计算及支付方式、租赁期内租赁者与承租者双方的权利和义务等问题。

六、以商务谈判的沟通手段为标准划分

（一）面对面谈判

优点：具有较大的灵活性，谈判方式规范，谈判内容细致，便于建立长久的贸易伙伴关系。

缺点：容易被对方了解己方的谈判意图，决策时间短，谈判费用高。

（二）电话谈判

优点：快速、方便、联系广泛。

缺点：易被拒绝，存在风险。

（三）书面谈判

优点：省时、低成本；方便、准确，有利于谈判决策；思考时间较长，有利于审慎决策。

缺点：易造成理解上的不一致，难以运用语言与非语言的技巧，讨论问题不够深入、细致。

（四）网上谈判

优点：降低了成本，加强了信息沟通，有利于慎重决策。

缺点：商务信息公开化导致竞争对手的加入，互联网的故障及病毒影响商务谈判的开展。

商务谈判依据不同的标准可以分为多种类型，而不同类型的商务谈判对谈判者提出了不同的要求。因此，谈判者应当根据需要和可能，进行合理选择，并针对特定类型的商务谈判采取相应的措施。

第四节　商务谈判的程序与评价标准

一、商务谈判的程序

商务谈判总是依赖特定的环境，并受客观存在的各种环境因素的影响和制约。在谈判过程中，有些因素始终不变，但有些因素却总是处于不断的发展变化之中。如何对静态的环境做好充分的准备，又如何对动态的环境做出积极的应对，使谈判行为的发展始终朝向预期的方向和目标，是谈判者必须解决的关键问题。因此，谈判人员必须明确，在一次谈判开始之前，就已经有许多工作等着他们去完成。首先，谈判者要选择和协调好参加谈判的人员，组成和谐有力的团队；其次，谈判者要收集分析各种所需的资料和情报，为即将开始的谈判打下坚实的基础；最后，谈判者还要制订基本的谈判方案，为整个谈判指明方向，这就是谈判的准备。正式的商务谈判一般包括六个主要的阶段，即准备阶段、开局阶段、报价阶段、交锋阶段、让步阶段和签约阶段。这六个阶段是连续不可分割的、是相辅相成的，每个阶段要处理的问题的侧重点又各有不同。要成功地完成一次商务谈判，谈判者对这六个阶段的性质、问题、重点和策略都要有相当的掌握。

（一）准备阶段

商务谈判前的准备阶段，主要包括以下几项工作：

（1）选择对象，即选择合适的谈判对象。

（2）背景调查。

（3）组建谈判团队。组建谈判团队应抓好三个环节：一是人员个体素质优化，二是团队规模结构适当，三是实现队伍有效管理。

（4）制订计划。

谈判计划是谈判前预先对谈判目标、谈判方略和相关事项所做的设想及书面安排。谈判计划既是谈判前各项主要工作准备的纲要，又是正式谈判阶段的行动指南。

（5）模拟谈判。模拟谈判是正式谈判前的“彩排”。模拟谈判将谈判团队的全体成员分为两部分，一部分人员扮演对方角色，模拟对方的立场、观点和风格，与另一部分己方人员对阵，预演谈判过程。

（二）开局阶段

在开局阶段，谈判者的工作重点主要有两个：一是建立良好的谈判气氛，二是注意察言观色。

（三）报价阶段

谈判各方通过各种信息传递方式，明确地表示各自的立场、观点，提出明确的交易条件，以便启动后面的谈判。

（四）交锋阶段

谈判者运用策略来最大限度地遏制对方企图后，达到自己的目标。

让步阶段和签约阶段较好理解，此不赘述。

二、商务谈判的评价标准

商务谈判是一项平等互利的合作事业，从这个观点出发，可以把评价商务谈判是否成功的标准归纳为以下三个方面：

（一）实现目标

谈判的最终结果是否达到了预期目标、在多大程度上实现了预期目标。

（二）优化谈判成本

谈判成本有三种：一是基本成本，即为了达成协议所做的让步；二是直接成本，即为谈判所耗费的各种资源，如人力、物力、财力和时间；三是机会成本，即参加该项谈判而占用了资源，失去了其他获利机会，损失了有望获得的其他价值。

（三）建立良好的人际关系

一个谈判者应该具有战略眼光，不计较也不过分看重某一场谈判的得失，而是着眼于未来。

商务谈判的六个程序可以归属于商务谈判准备、商务谈判开局、商务谈判磋商、商务谈判终结。成功的商务谈判应该由三个标准来判断，即实现目标、优化谈判成本和建立良好的人际关系。

思考题

1. 商务谈判的构成要素有哪些？简述商务谈判的特点。
2. 商务谈判应遵循哪些原则？
3. 商务谈判的评价标准有哪些？
4. 软式谈判一般适用于什么情况？
5. 索赔谈判应该注意哪些问题？谈判的得失如何衡量？
6. 谈判态度对商务谈判类型会造成哪些影响？

案例分析讨论

布鞋索赔谈判案

甲方：上海华实制鞋厂

乙方：日本某株式会社

2010年12月，上海华实制鞋厂与日本某株式会社签订了一份布鞋买卖合同，共计价值200万元。合同涉及2万双布鞋，合同规定这批布鞋分两批（每批1万双），分别于2011年3月15日和4月15日由上海华实制鞋厂负责以船运方式送达日本福岛口岸。由于日本在2011年3月11日发生了巨大地震，并引发海啸，还引起福岛核电站发生了核泄漏事故。上海到日本的货轮无法在原定口岸靠岸。日本某株式会社在地震中受到重创，商铺在海啸中全部冲垮，无法正常经营。日本某株式会社电告上海华实制鞋厂，要求第一批布鞋退货，原因是遇到不可抗力，企业无法经营；第二批布鞋推迟到5月15日发货。上海华实制鞋厂按原合同规定已经做好了生产计划，第一批布鞋已经于3月10日从上海外滩装船，准备3月11日出发，接到对方通知只能卸货，并将布鞋存放在码头仓库。第二批布鞋生产计划已经下达，4月初就可以生产完成，但现在要推迟到5月15日发货，至少要积压在仓库1个月。4月中旬，日本地震后情况基本平稳，上海华实制鞋厂就布鞋推迟送货，第一批退货和装船、卸货造成的损失向日方索赔100万元。双方在上海就赔偿问题进行了谈判，最终经过充分协商达成了协议。

问题：

1. 该案例中谈判的议题是什么？
2. 如果你是甲方的谈判代表，在谈判前，需要了解哪些方面的资料？

啤酒经销谈判案

甲方：A经销商（买方）

乙方：B啤酒生产商（卖方）

A经销商是主要经营烟、酒类及副食品的知名企业，由于经销理念先进，销售队伍实力雄厚，加上经营管理得力，在几年内迅速发展成为当地烟、酒经销商中的领军企业。许多的知名烟、酒厂家都希望与其合作，借助这一销售平台打入该地区的市场。B啤酒生产商的产品目前在全国有一定知名度，但上市时间比较短，各地市场还没有全面开发，准备来到A经销商所在城市，选择A经销商做独家经销商，以打开市场。B啤酒生产商一行5人于2021年10月9日来到A经销商所在地准备与A经销商谈判。本次谈判的主要内容是确定独家经销关系，明确B啤酒生产商生产的啤酒经过A经销商经商达到的年销量、供应价格、啤酒质量、B啤酒生产商为A经销商提供的促销支持等。双方希望通过本次谈判达到强强联合，实现双赢的目标。

问题：

1. 该案例中谈判的议题是什么？
2. 如果你是乙方谈判代表，你将如何安排商务谈判的当事人？

超市进场谈判案

甲方：买方（A超市某地分公司，简称A超市）

乙方：卖方（B乳制品有限责任公司，简称B乳制品公司）

B乳制品公司生产多种乳制品，包括袋装牛奶、盒装牛奶、酸奶等多种类型和多种包装的产品，是一家知名的液态奶生产企业。近年来，由于一系列食品安全事件，乳制品企业产品质量成为消费者最为关注的话题。各经销商家在选择供应商时也必须经过严格的考察，以确保出售的乳制品品质，确保商家信誉。

A超市是一家全国性连锁超市，分店遍布全国。B乳制品公司与A超市是长期合作伙伴，是A超市比较稳定的供应商之一。在新的一年，A超市准备与各乳制品供应商就供货商品价格、排面费、店庆费、新产品促销费、堆头费、节庆费、结款方式等问题展开新一轮谈判，重新制定政策。B乳制品公司销售部与A超市采购部已预约好商谈时间，届时双方各派出代表进行合作谈判，并签订长期供货合同。

现在，当地1 000平方米以上的超市的进场费为2万~5万元，视超市品牌的影响力和商圈覆盖率而定，品牌知名度越高、超市规模越大、商圈范围越广，则进场费越高。除了进场费之外，还有排面费，排面又分不同的位置，1米的单排面费用在5 000~10 000元。店庆费、节庆费、新产品促销费都按促销期间销量的1%~3%进行提成。堆头费则是根据位置和堆头占地面积进行协商临时确定。供应商与超市之间的结算方式也是谈判的重要内容，结算方式不同，供应商品价格或各种费用也有很大差异。

双方就各类费用、供货质量和数量以及送货时效等各方面进行磋商，最终希望能够达成良好的合作关系，签订长期供货合同。

问题：

1. 以商务谈判的内容为标准，该案例属于哪种谈判类型？其谈判的议题有哪些？
2. 根据案例的背景，该谈判应该采取哪种谈判沟通方式？这种方式具有哪些优缺点？

第二章　商务谈判礼仪

本章要点

1. 掌握在谈判中的礼仪要求，避免以不得体的形象出现在谈判桌前。

2. 了解各个国家的谈判习俗，特别是谈判禁忌。

3. 在谈判中一定要明白对方发出的信号到底是真心还是敷衍，以确保谈判成功。

4. 体会不同文化之间的差异性，更加快捷地达到谈判的目的，更好地理解对方的意图，避免不必要的误会。

导入案例

美国的一家医药公司准备与日本人谈一笔买卖，他们派出一组认为是“最精明强干的人”来谈判。这个小组由一些头脑敏捷的青年人组成，年龄大都为20~30岁，他们打扮时尚前卫。结果他们访日3次，均遭挫折，甚至未能让与他们合作的日方部门领导听一听他们的意见，更不用说讨论他们原打算与日方洽谈的具体内容了。在走投无路的情况下，他们找到了齐默尔曼先生，并听取了他的建议，即在谈判小组中增补了一名在公司任职25年以上的有经验的人员，职位是公司的副总经理，并且在服饰发型等方面做出调整。团队成员看起来更干练稳重，结果日方立刻转变了态度，双方开始了积极的会谈。其原因是：日本的公司中的负责人都是年龄较大、经验丰富的资深企业家，他们不相信美国公司派来的年轻人有什么实权，更主要的是他们感到和“毛孩子”谈判有损他们的尊严，是对他们地位的贬低。

第一节　礼仪在商务谈判中的作用

何谓礼仪？从字面上解，“礼”就是尊重他人的一种观念，“仪”就是表达这种观念的一种形式。“礼仪”的核心本质就是尊重。礼仪是衡量一个人道德水准和教养的尺度。礼仪不仅仅是一种形式，而且是一个人、一个集体乃至一个国家精神文明的象征。商务谈判，尤其是对外商务谈判，是有关各方相互交往的重要活动，谈判各方都期望获得对方的尊重与理解。因此，懂得并掌握必要的礼仪是商务谈判人员必须具备的基本素养。

一、注重礼仪有助于提高谈判者的个人谈判力

良好的礼仪举止能使谈判者更容易被人接受。保持微笑，礼貌待客，整洁的着装，记住他人的名字，善于倾听，能给对方留下良好的第一印象。设法了解对方，了解对方的风俗习惯，了解对方对商品的喜好与禁忌，谈论对方感兴趣的话题，真诚地赞赏对方等，这些好的习惯能帮助谈判者建立起良好的人际关系，在谈判中提高对方对自己的认同感。

遵守礼仪规范能增加谈判者的信服力。不管在何时何地、在何种条件下开始谈判，以友好的方式开始，让对方尽量多说话，从对方的角度真诚地看待问题，尊重对方的建议，尽最大的努力满足对方的合理要求，让对方受到应有的款待和礼遇，让对方感觉受到重视，会使谈判者在谈判中得到更多的信任。

二、注重礼仪有助于在商务谈判中营造良好的交易氛围

良好的交易氛围是交易成功的重要条件。一个谈判团队，如果能够热情周到地对待对方，做到急对方之所急，想对方之所想，设身处地为对方排忧解难，尊重对方，就会使对方感到己方是有诚意的，使对方乐意同己方打交道。在一个宽松和谐的氛围中，双方就比较容易找到一个双方均能接受、彼此都可以覆盖的结合点。另外，从谈判目标的确定，地点、时间的选择，议程和席次的安排以及接待的规格等方面，都可以体现出对对方的尊重。总之，必要的礼仪形式，体现着洽谈组织者对谈判的重视程度，营造宽松和谐的氛围，有助于双方达成互惠互利的协议。

三、注重礼仪能够体现商务人员的素养，有助于树立企业的良好形象

对于现代企业和商务人士来说，塑造企业形象和个人职业形象都是十分重要的。商务

人士在相互接触中往往通过对方的仪容、仪表、仪态来判断对方的可靠程度。彬彬有礼、举止有度、谈吐不俗、自然真诚、从容不迫，会使对方产生信任感、安全感，从而赢得尊重和欢迎，为彼此沟通创造良好的铺垫，有利于商务活动的开展，增加成功的保证系数。相反，如果谈判人员姿态不端、懒散拖沓、不拘小节，就会产生另外一种效果。一些不得体的举止甚至可能会毁掉一宗大买卖。因为有些细节会自然地暴露出一个人的素质弱点或性格修养上的缺陷，如果这些又恰恰是对方重视和计较的，就成了影响合作的障碍了。可见，注重礼仪极为重要。文雅大方的举止往往胜过优美的语言。礼仪是一个人的气质、修养等内在素质的外部体现。商务人士的一言一行不仅代表着个人形象，还代表着企业甚至国家的道德风貌和文明程度。因此，商务人士要想受人尊敬、受人欢迎，一定要注重各方面的礼仪和礼节。

第二节　商务谈判礼仪

一、迎送礼仪

迎来送往是常见的社交活动，也是商务谈判的一个组成部分，因此迎送礼仪也成为商务谈判礼仪中的一项基本内容。在谈判中，对应邀前来参加谈判的一方，无论是官方人士、专业代表团，还是民间团体、友好人士，在他们抵达和离开时，作为东道主的一方一般都要安排相应规格的迎送仪式。对重要客商或初次来的客商，要专人迎送，一般要求的规格也比较正式规范；对一般的客商或常来的客商，迎送礼仪可以相对简单；对长期来往的非常熟悉的客商，有时也可以视情况不安排特别的迎送仪式。

（一）确定迎送规格

迎送规格是指迎送礼仪采取的方式、隆重程度以及参加迎送仪式的人员的身份，一般应当依据前来谈判的人员的身份，谈判的目的、内容，己方与被迎送者之间的关系以及可遵循的以往惯例来决定。

主要迎送人的身份和地位通常应与来者相差不多，以对口、对等为宜。如果当事人因故不能出面或不能保证对等时，可适当变通，由职位相当人士或副职出面。同时，当事人因故不出面，应从礼貌出发，诚恳地向对方做出合理的解释。随行人员一般包括与谈判直接相关的工作人员，数量视情况而定。

迎送的地点可在机场、车站等客人到达处，宾馆等客人预备下榻处或谈判举行地。迎送路线越长则表示礼仪越隆重。最隆重的形式是在飞机舷梯处等待迎接和告别，适用于特别重大及正式的国际会谈。最简单的形式是在会场门口举行的简单迎送仪式，表示对客人的礼貌与尊重。

一般来说，迎送规格是有规则和惯例可以遵循的，只有当对方与己方关系特别密切，或者当己方出于某种特殊需要时，方可破格接待。除此之外，迎送均适宜按常规接待。

（二）掌握迎送的时间

迎候人员应当准确掌握对方抵达时间，提前到达机场、车站、宾馆、会场等客人到达处等候，以示对对方的尊重。一般只能由主人去等候客人，绝不能让客人等候主人。客人经过长途跋涉，如果一到达预定目的地，就看见有人在等候，一定会感到十分愉快。如果迎候人员迟到，对方会陷于失望和焦急之中，不论事后怎样解释、有什么理由，都很难使对方改变己方失职的印象。

同样，送别人员也应事先了解对方离开的准确时间，提前到达来宾住宿的宾馆，陪同来宾前往机场、车站或码头，也可以直接前往机场、车站或码头恭候，与来宾道别。在来宾临走之前，送行人员应按一定顺序同来宾一一握手话别。飞机起飞或火车、轮船开动之后，送行人员应向来宾挥手致意，直至飞机或火车、轮船离开方可离去。

（三）做好接待的准备工作

接待的准备工作一般包括以下几个方面：

（1）在得知来宾抵达的日期后，接待人员应首先考虑到其食宿安排。对方尚未启程前，接待人员应先问清楚对方是否已经自己联系好住宿。如果未联系好住宿，或者对方是初到此地，在征得其同意的情况下，接待人员可以根据其要求为其预订宾馆。若完全由己方承担招待，最好在条件允许的情况下准备等级较高、条件较好的宾馆。客人到达后，通常只需稍加寒暄，接待人员即应陪客人前往宾馆，在行车途中或在宾馆简单介绍一下情况，征询一下对方意见，即可告辞。如果需要安排饮食，接待人员一般应准备一些当地的特色，之后待客人抵达后征询其意见再做详细的安排。

（2）关于谈判日程的准备，接待人员一般事前根据对方停留的时间长短，做一份大致的计划，同时准备好随时调整。客人到达的当天，接待人员最好只谈第二天的安排，待客人充分休息后再详细讨论另外的日程安排。

（3）关于谈判中涉及的其他辅助性事项，如场外的参观、游览等调节活动、需要馈赠的礼品等，接待人员更需要提前做好准备。接待人员要事先充分了解对方的特点和喜好，制订好合适的方案以备不时之需。

二、会见礼仪

会见是谈判过程中的一项重要活动。就参与双方的身份而言，会见包括接见与拜会两种：身份高的人会见身份低的人称为接见，反之称为拜会。就会见的内容来说，分为礼节性的、政治性的和事务性的三种。在商务谈判活动中，东道主应根据来访者的身份和会谈目的，首先安排相应的有关部门负责人与之进行礼节性会见，之后在情况需要时，安排适当的事务性会见。

（一）会见前的准备工作

在商务谈判的整个过程中，如果一方需要会见另一方，应提前将自己一方人员的姓名、职务以及要求会见什么人和为何会见通知对方。接到要求的一方，无论是否同意，都应尽早予以答复，不可无故拖延或置之不理。因故不能会见的，接到要求的一方应向对方做出解释。如果接到要求的一方同意对方的要求，可主动将会见的时间、地点、自己一方的参加人员通知对方，以便双方沟通。提出要求的一方也应该提供自己一方的出席人员名单。双方人员的人数应大体相当。

礼节性的会见，时间以半小时为宜。事务性的会见，根据会谈主题的不同，时间长短也会不同。会见一般都在会客室或办公室里进行。

（二）会见中宾主相见的礼仪

在会见开始前，东道主应先行到达会见地点，做好准备工作，查漏补缺，并预备迎接客人的到来。东道主可以在宾馆或单位的门口迎候，也可以在会客室的门口迎候，还可以在会客室内等候，由工作人员把客人带入会客室。工作人员带领客人时，应走在前边，到楼梯或拐角处时，要回头告知客人。东道主在迎接客人时，应主动与客人握手。握手寒暄，相互问候后，东道主应请客方洽谈人员先行入座。双方一起入座是可以的，但东道主抢先落座就不合礼仪规范了。宾主双方入座后，除在场参与洽谈的人员外，其他服务人员均应立刻退出洽谈场所。在洽谈中，非洽谈参与者不得随意进进出出，以保持严肃和恰当的环境气氛。

其中涉及一个重要的细节——握手礼仪的规范问题。握手是中国人最常用的一种见面礼，也是国际上通用的礼节。握手看似简单，但这个小小的动作却关系着个人乃至组织的形象，甚至影响到谈判的成败。

普通的握手方式如下：双方各自伸出右手，手掌基本呈垂直状态，五指并拢，稍微握一下，时间不宜太长，也不宜过于短促，一般以 3 秒左右为宜。握手的力度要适当，动作过大或力度过轻过重都显得不大礼貌。握手切忌抓住他人的手来回摇晃。握手时双眼应平视对方，面带微笑，以此致意；目光旁顾会给人心不在焉、一心二用的感觉，显得缺乏对他人起码的尊重。在对方人员较多时，与每位来宾握手的时间应大体相当，否则容易给人不同等对待、厚此薄彼的感觉。握手的顺序基本是礼宾次序，由身份、职位的高低来决定。

握手还应该注意以下几种行为：第一，握女性的手，尤其是年轻漂亮的女性的手时，时间过长，握得过紧，有失态之嫌；第二，用左手与他人握手，这在有些国家或民族尤为忌讳；第三，在场人员较多时，注意不要发生交叉握手的情况。

（三）会见时介绍的礼仪

双方见面时，通常有两种介绍方式：一种是第三者介绍，另一种是自我介绍。第三者介绍是比较正式的介绍方式，一般谈判双方初次见面都会安排专门的人员介绍各个成员的职务、姓名、职责等基本信息；自我介绍适用于人数较多、分散活动而无人代为介绍的时候，自我介绍时应先将自己的姓名、职务告诉来宾。

介绍的顺序各国不大一致，我国的习惯是在非公务场合，年纪大的人在介绍顺序中优先，而西方国家是女士优先，只有对方是年纪很大的人时才例外。在公务场合，各国一般是以职位高低为介绍的顺序。商务谈判初次会见介绍时，应先将来宾向己方人员介绍，随即将己方人员向对方介绍。如果对方是己方人员都熟悉的人就只需将己方人员介绍给对方即可。介绍己方人员时，介绍人要把姓名、职务说清楚，介绍到具体人时应有礼貌地以手示意，不要用手指来指，更不要用手拍打别人。如果大家都是同行，就更应以自然、轻松为宜。介绍要大方、得体，吐字清楚，说话速度不要太快，以对方听得清楚为宜。

在称呼上，介绍时通常可称“先生”“女士”。

（四）会见过程中应注意的其他问题

（1）商务活动中的礼节性会见，由其性质所决定，不可能时间很长，因此会见的双方应掌握分寸，言简意赅，可以多谈些轻松愉快、相互问候的话题，避免单方面的冗长叙述，更不可有意挑起争论。

（2）在会见中，如果人员较多，发言者可使用扩音器，便于每个成员都能听清会谈内容。

（3）主谈人交谈时，其他人员应认真倾听，不得交头接耳或翻看无关的材料，更不允许打断他人的发言或使用人身攻击性的语言。

（4）在会见时主方可以预备茶水招待客方，在夏季还可以准备饮料。

（5）会见结束后，主方应将客方送至门口或车前，握手话别。目送客方乘坐的车离开后，主方才应退回室内。

三、洽谈礼仪

洽谈是谈判过程中就主题进行实际讨论和磋商的阶段。与一般的会见活动相比，洽谈活动具有时间长、内容多的特点，往往会涉及各方的实际利益，因此洽谈是商务谈判活动的中心环节，涉及交易的最终结果。任何成功的谈判，都包含了一定方式之下的圆满洽谈。在圆满的洽谈活动中，遵守洽谈礼仪毫无疑问是起着重要作用的。当然，在洽谈活动中，遵守了洽谈礼仪未必使谈判一举成功，但是如果违背了洽谈礼仪，必定会造成许多不必要的麻烦，甚至对达成协议造成威胁。因此，在洽谈活动中，必须讲究和严格遵守洽谈活动中的各种礼仪。

（一）洽谈中座次安排的礼仪

座次安排是洽谈礼仪中一个非常重要的方面。虽然各国的风俗习惯有所不同，但是有一些国际惯例是大家共同认可的。座次排序讲究是以右为尊，右高左低。这里的高低是指洽谈参与者身份地位的高低。参与洽谈人员的总数应该避开一些双方忌讳的数字，可以用增加临时陪坐的方法避免这些数字。

业务洽谈（特别是双边洽谈）多使用长方形的桌子。双方通常相对而坐，各占一边。谈判桌横对入口时，来宾对门而坐，东道主背门而坐。谈判桌一端对着入口时，以进入正门的方向为准，来宾居右而坐，东道主居左而坐。双方的主谈人是洽谈中的主宾和主人。主宾和主人居中相对而坐，其余人员按职务高低和礼宾顺序分坐左右。原则仍是以右为尊，但要加上一条优先原则——靠近主谈人。这样，主谈人右手第一人为第二位置，主谈人左手第一人为第三位置，右手第二人为第四位置，左手第二人为第五位置，依次类推。记录员一般位于来宾的后侧，翻译员一般位于主谈人右侧。

多边洽谈一般采用圆桌的形式，有时为了强调对贵宾的尊重，己方人员有不满座的习惯，一般坐满 2/3 的座位即可，但也要具体情况具体对待。座次安排属于重要的礼节，是一定不能出错的，否则会引起谈判人的不满。同时，为了避免因出错而失礼或导致尴尬的场面，在座次安排妥当后，在每个位置前可安放一个名签以便识别或安排引座员加以指引。

（二）洽谈中的语言礼仪

洽谈的主要交流工具是语言，同时语言也是贯穿谈判各个过程的重要载体。有关洽谈的语言礼仪是一项复杂而又重要的内容，语言运用的礼貌、礼仪、技巧等内容都是密切相关、不可分割的。

（三）洽谈礼仪中的其他注意事项

1. 尊重对方，谅解对方

在洽谈活动中，只有尊重对方、理解对方，才能与对方在感情上接近，从而获得对方的尊重和信任。因此，谈判人员在交谈之前，应当调查研究对方的心理状态，考虑和选择令对方容易接受的方法和态度。谈判人员也要了解和分析对方的语言习惯、文化程度、生活阅历因素等可能对谈判造成的影响，做到知己知彼、有的放矢。谈判人员千万不可不分场合、信口开河，更不可咄咄逼人、专横跋扈。

尊重对方，谅解对方，还包括在发现对方失言或有语病时，不要当场表示惊讶，更不要立即加以纠正。如有必要做出更正，谈判人员可以事后根据双方的亲疏程度妥善处理。如果双方有较好的感情基础，谈判人员可以在适当场合、适当时机，善意地指出其不足，获得对方由衷的感谢。如果对方固执己见、骄傲自负，但是又必须指出其问题时，谈判人员应当采用婉转的方式或转移话题，使谈判按计划程序继续进行下去。谈判人员切忌批评和当众揭短，以免冒犯对方。

谈判人员在交谈时应当意识到，说和听是平等互动的。双方发言时要掌握各自所占用的时间比例，不能出现"一方独霸"的局面。对方发言时，己方一定要注意认真倾听，并适当跟讲话者交流目光，或者用点头、微笑、手势等方式做出响应。如果对方健谈，不管是否愿意听，己方都不要轻易打断对方的讲话，而要让其尽兴。即使对方的谈话已离题，己方也不能走神，更不能与他人交谈或做其他的事表示不耐烦。否则可能会惹怒对方，因小不忍而失掉全局。

谈判人员在交谈时还应当注意，一旦自己出现失言或失态时，应当立即向对方道歉，只要态度诚恳，一般都能够得到谅解。谈判人员不要过多地自我辩解，以免越描越黑、画蛇添足。如果是在对方尚未完全做出反应的时候，谈判人员则适宜镇定自若地运用随机应变之术，伺机将话题引开，或者用补充说明作掩护，尽量将问题化解，避免引起对方的注意。

2. 及时肯定对方

在洽谈过程中，当双方的观点出现类似或基本一致的情况时，谈判人员应当抓住时机，积极地肯定这些共同点。如有可能，谈判人员还要想办法及时补充、发展双方一致的论点，引导、鼓励对方就这一共同观点畅所欲言，将洽谈推向高潮。适当的赞同、肯定的语言在洽谈中常常会产生积极的作用。

谈判人员在洽谈中适时中肯地确认对方的观点，能使整个洽谈的气氛变得活跃、和谐，原本陌生的双方容易从差异中产生一致感，进而十分微妙地将心理距离拉近。在此基础上，本着求大同存小异、互惠互利的原则达成协议就比较容易了。谈判人员在对对方的观点表示赞同和肯定时，切忌态度虚伪，使用谄媚之词讨好对方，以免引起对方的怀疑和警惕，甚至招致对方的反感，从而使自己失去与对方平等对话的地位。因此，肯定对方要态度诚恳，恰如其分，既不可言过其实，又不可词不达意。

在受到对方的赞同或肯定时，谈判人员应以语言或动作，如点头、微笑等进行交流反馈。有来有往的交流容易使双方谈判人员感情融通，从而为达成一致奠定良好的基础。

3. 态度和蔼，自然得体

谈判人员在交谈时要充满自信，态度和蔼，神情自然，语言得体。谈判人员在说话时手势运用要恰当，谈话的距离要合适，交谈的内容一般不要涉及疾病、死亡等不愉快的话题。此外，谈判人员不要径直询问对方履历、收入、家庭、财产、衣饰价格等个人生活问题；不要谈论妇女的年龄、婚姻、体态等问题。对方不愿回答的问题不要追问不止。谈判人员如不慎涉及对方反感的问题应表示歉意，不要批评长者和身份地位高的人，不要随便议论宗教和他国内政；争论问题要有节制，不要讥讽他人或进行人身攻击。

四、宴请礼仪

（一）宴请的形式

以宴请的方式款待宾客，是商务交往中的一项经常性活动。这不是一般的请客吃饭，而是商务交往的一种重要形式。因此，礼仪在宴请中占据着十分重要的地位。目前，国际上宴请的形式主要有宴会、冷餐招待会、酒会、茶会和工作进餐五种。

1. 宴会

宴会是较为隆重的正餐。根据举行的时间，宴会可分为中餐宴会、晚餐宴会两种，其中以晚餐宴会更为隆重。根据级别和隆重程度，宴会又分为三种：一是国宴，即为国家庆典或欢迎外国元首、政府首脑而举办的规格最高、最为隆重的宴会。国宴形式正规，最为特别的是宴会厅里要悬挂国旗，并由乐队演奏国歌和席间乐。二是正式宴会。与国宴相比，正式宴会不挂国旗，不奏国歌，出席者也不同，但其他方面均与国宴相似。这两种形式对宾主座次、酒水、菜肴、餐具以及来宾与服务人员的服饰均有一定的要求。三是便宴，即非正式宴会。非正式宴会形式较为随便，不排座次，不发表正式讲话，各方面的规格都相对简单一些，对出席嘉宾的要求也比较宽松。

2. 冷餐招待会

冷餐招待会简称“冷餐会”，相对宴会而言是更为自由的进餐方式，一般在招待人数较多时举行。按主客的身份和举办的目的不同，冷餐会的规格有高有低，随之设置的菜肴和酒水也不相同。冷餐会一般在较大场地举行，可以在室内，也可以在室外（这也是冷餐会区别于其他宴请的形式的一个较大特征）。冷餐会一般设有餐台和酒台，参加者可坐可立，并可自由活动。菜肴以冷食为主，酒水和菜肴均可自取，也可以请服务员端送。

3. 酒会

酒会是鸡尾酒会的简称，是指主要以各种饮料招待客人的宴请形式。鸡尾酒会要准备多种饮料酒水，并搭配有少量小吃，由服务员端送，或者将食品放在小桌和茶几上，由客人自取。酒会一般在中午和傍晚举行，时间较短，对客人到场和退场的时间没有严格要求，并且形式轻松，客人可以自由活动和攀谈。

4. 茶会

茶会是一种更为简便的招待方式，是指主人请客人一边品茶或喝咖啡、一边交谈。茶会一般适用于人数较少、氛围轻松和谐的情况。茶会可以在舒适安静的小宴会厅举行，也可以在主人的客厅里举行。

5. 工作进餐

工作进餐是现代商务谈判中经常采用的一种非正式的宴请形式，是双方工作人员在谈判过程中的简单进餐，适应现代商务谈判的快节奏要求。工作进餐一般只有谈判的工作人员参加，不邀请客人的配偶以及其他与工作无关的人员参加。在进餐过程中，大家可以边吃边谈，进行简单的交流。

（二）赴宴的礼仪

赴宴者收到请柬以后，首先要看清宴会举行的日期和时间，一般在宴会开始前 15 分钟到达，不需要太早，同时切忌迟到。受邀请者如果因事不能赴宴，必须提前通知主办方，并表示感谢和惋惜。受邀请者凡打算赴宴，一般不必回复。如果请柬上注明“请回复”，受邀请者则无论赴宴与否都必须通知对方。受邀请者要分清宴会的种类和规格，以便准备好合适的服装。

正式的宴会应着正装，非正式的宴会则不必过于拘泥，但服装至少应该干净整洁、符合时令，以免由于穿着打扮不合时宜而闹笑话。受邀请者在出席宴会前最好稍做修饰，每个客人都衣着整洁、容光焕发地赴宴，是对主人的尊重，也会使整个宴会的气氛庄重而热烈。好的气氛能使宾主双方更好地交流和沟通。受邀请者最忌讳穿着工作服、带着倦容赴宴，这会使主人感到未受尊重，也会破坏整个宴会的气氛。

受邀请者在参加宴会入席前，要了解清楚自己的桌次和席位，尤其在无人领位的时候，千万不要坐错，否则会造成不必要的尴尬。入座时，如有女宾，男宾应先让女宾入座，席间也应适当照顾女宾，离席时请女宾先走。受邀请者还应当准备好名片，在被介绍给他人时，要用双手奉上名片；接他人的名片时，也应用双手接，接到后应认真看一下，有时可有意识地重复一下对方的姓名和职务，以示尊敬，不要漫不经心地随手塞进口袋。

受邀请者在进餐前，应当自由地与其他客人交谈，不要沉默不语。交谈面可以宽一些，不要只注意老相识，要多结交新朋友。宴会是交际场合，话题可以丰富随意一些，不要专谈工作，否则会让其他人觉得扫兴和乏味。

受邀请者在进餐时，举止要文雅。需要注意的细节如下：服务员第一次送上的湿毛巾是用来擦手的，有的人一上来就用其擦脸，是很不文雅的；不要一边咀嚼食物一边说话，既不礼貌也不卫生；喝汤不要发出声音；剔牙应用手遮住口；咳嗽、吐痰要离开餐桌；喝茶或咖啡时，如果配有茶匙，搅拌后要将茶匙放回茶碟上，不要用茶匙来喝，喝时右手端杯子、左手端茶碟；宴会进行中，不能当众解开纽扣、脱下衣服，如主人请客人宽衣，男宾可脱下外衣挂在衣架或椅背上。

一般来说，中餐礼仪相对简单，但是要注意以下事项：宴请外宾时，可用公用餐具主动给外宾让菜，但不能用自己的餐具让菜；如果外宾设宴，对方是主人，己方则不要主动让菜；遇到自己不能吃或不爱吃的菜肴，不要拒绝，服务员分到盘内时，应致谢，不要吐舌头或做出其他难堪的表情。

祝酒时，一般由主人和主宾先碰杯，再由主人和其他人一一碰杯。人多的时候，也可同时举杯示意，不需要一一碰杯，但碰杯时尽量不要交叉碰杯。在主人或主宾致辞、祝酒时，其他人应暂停进餐，停止交谈和其他活动，注意倾听。饮酒应适度，以免因饮酒过量而失言失态，影响整个宴会气氛。给宾客敬酒要适度，不能劝酒。

在宴会进行中，如不慎发生异常情况，如餐具掉落在地上或酒水打翻等，应沉着应付，不要惊慌失措，更不要惊呼尖叫。就餐者首先应轻声向邻座或主人表示歉意，之后根据具体情况做出应对，餐具掉落可以请服务员再送一副；酒水打翻，溅到邻座宾客身上，应表示歉意，协助擦干。如果对方是女士，只要把餐巾或干净的手帕递过去，请她自己擦干净即可。

如果有事要早退，就餐者应事先向主人说明，到时再告别，悄悄离去，尽量别惊动太多客人，以免整个宴会的气氛受影响。宴会结束后就餐者应向主人致谢，称赞宴会组织得很好，菜肴丰盛精美，同主人话别后离开。

此外，宴会上还有以下注意事项：在餐桌上一般不要谈生意，因为宴会厅人声嘈杂，不是谈生意的合适场所。有些国家的人认为，在酒桌上谈生意是一种诱惑、拉拢行为，因而对此比较反感。酒席上的谈话除了不涉及他人隐私外，对政治、宗教问题也要慎重，以免无意中得罪他人。受邀请者在赴宴时，应注意尊重主人的民族习惯，对不合口味的菜肴也不要表示排斥。此外，参加任何社交活动都必须遵时守约，因为信用是商务交往中最可贵的品质之一，不守信用会影响个人或谈判一方留给对方的印象，造成无法挽回的损失。

（三）举办宴会的礼仪

宴会的举办方应当在宴请之前首先确定举办宴会的目的、名义、参加者以及时间、地点等一系列问题。考虑这些问题时，举办方必须兼顾政治气候、文化传统、民族习惯等因素的影响。

正式宴请大都需要发出请柬，事先口头约定的也应补发。请柬要在宴请之前的1~2周发出，以便被邀请者有所准备。正式宴会的请柬上一般都要标明席次、座位号，以方便参加者对号入座。如有需要，举办方可以在请柬上注明请受邀请者答复是否出席。

五、参观礼仪

在商务谈判的过程中，为了促进双方的相互了解，缓解紧张气氛，东道主一方有时会安排一些参观活动。无论是安排方还是参与方，对参观活动的礼仪都要给予重视。

安排方安排来宾的参观日程，应根据接待计划、来宾的特点和要求，有针对性地安排。对来宾提出的合理要求，在条件允许的情况下，安排方要尽可能予以满足；确实无法满足的，安排方应做好解释。在征得来宾同意确定参观日程后，安排方应尽快通知参加接待的有关单位和部门，加以落实。无特殊情况，安排方不应随便改变日程安排。如确实需要改变日程安排，安排方也要妥善安排，尽可能保证整个活动的顺利衔接。

接待单位一般应根据来宾情况，准备好相应语种的情况介绍。如果来宾所属国家或地区所用的是小语种，准备起来有困难，接待单位可以按常规准备中英文对照的介绍材料。

介绍材料力求简明扼要，实事求是，体现本单位特点，而且对谈判要有实际意义。接待单位要事先了解和掌握来宾的情况、特点和要求，对可能提出的问题和需要注意的问题进行充分考虑，以便有针对性地进行准备。

陪同参观的人员不宜过多，但应该包括能够回答技术问题的人员。对可能涉及的技术问题，接待单位事先要有充分的准备，以免出现应答失误，影响己方的可信度。引导来宾参观的人要走在前方引路；上下楼梯时，引导的人应该靠楼梯扶手走，而让来宾靠墙走。有时为了对具有一定规格的外宾表示欢迎，接待单位应该在被参观企业或其他适当地方，悬挂参观者国家的国旗和本国的国旗。

如果在参观企业时碰巧到了进餐时间，接待单位不必特意从外面叫菜，也不必到外面的餐厅去招待，在企业内部餐厅用餐就可以了。招待过于奢华，有时反而会使来宾产生不良的印象。

应当注意，如果是接待外宾，要内外有别，注意保密。需要保密的产品和生产过程，不得引导外宾参观。对外宾提出的要求，接待单位没有把握的不要轻易表态，更不要随意允诺送给外宾产品、资料等。

六、馈赠与接受礼品礼仪

（一）馈赠礼品礼仪

谈判人员在相互交往中馈赠礼品，除表示友好、进一步增进友谊和表达今后继续联络感情的愿望外，更主要的是表示对本次合作成功的祝贺和对再次合作的期待。因此，选择适当的时机，针对不同的对象选择不同的礼品进行馈赠就成为一门敏感性、寓意性都很强的艺术。

谈判人员在选择礼品时要考虑价值、种类、数量、包装等方面，在馈赠礼品时还要考虑时机、地点、赠送方式等问题。礼品的价值应视洽谈内容的具体情况和对方的偏好而定。一般而言，西方社会较为重视礼品的意义和感情价值，而不是实物价值。正所谓“礼轻情义重”，这里的礼品是传递友谊和交流感情的桥梁。因此，谈判人员在选择礼品时要注重它的纪念意义、民族特点和实用性，无需太贵重，只要对方喜欢并接受就达到了馈赠礼品的目的。有时礼品过于贵重会使人觉得馈赠礼品者别有用心，效果适得其反。但是，也有一些地区的客商，相对而言注重礼品的货币价值，赠送礼品就不可忽视礼品的价值，以免被认为小气而达不到赠送礼品的目的。

选择礼品的种类，要注意对方的习俗和文化修养。由于谈判人员所属国家、地区间有较大差异，文化背景各不相同，爱好和要求必然存在差别。馈赠礼品者要注意投对方所好，更要注意不能犯忌。举几个简单的例子，在中东地区的国家，不能以酒作为馈赠礼品，不能给当事人的妻子赠送礼品；在英国，人们普遍讨厌有送礼品者单位或公司标记的礼品。除此以外，选择礼品还要照顾到外国朋友喜欢我国特色产品的特点。据了解，外国友人喜欢的我国特色产品包括玉器、景泰蓝制品、瓷器、紫砂茶具、绣品、国画、书法、汉字纸扇、竹制工艺品等。

赠送礼品要讲究数量，不同国家和地区对数字的含义界定不一样。我国一向以双数为吉祥，而在日本却以奇数表示吉利。西方国家通常忌讳“13”，因此无论送水果还是其他数量较多的礼品时都应注意这一点。

赠送礼品还必须注意包装。包装是礼品的外套，不可草率，否则会影响到送礼的效果。日本人忌讳包装打上蝴蝶结，送礼时在门口要打开包装。欧美人则喜欢亲自接受并拆开礼品包装。

赠送礼品的时机、场合、赠送方式也要合适。在一般情况下，各国都有初交不送礼的习惯。此外，英国人多在晚餐或看完戏剧之后乘兴赠送礼品。法国人喜欢再次重逢时赠送礼品。我国则习惯在离别前赠送纪念品。

应当注意，礼品往往是有一定暗示作用的，必须小心谨慎，不要因馈赠礼品造成误解。例如，我国一般忌讳送梨或钟，因为梨与“离”同音，钟与“终”同音，“送离”和“送终”都是不吉利的字眼。男性对一般关系的女性，不可送贴身内衣、腰带和化妆品，更不宜送项链、戒指等首饰，否则极易引起误解。

（二）接受礼品礼仪

所谓礼尚往来，除馈赠礼品外，商务人员也常常遇到接受礼品的问题。对于对方赠送的礼品是否能接受要心中有数，因为接受一件礼品，往往意味着失去对某些事物的控制。在涉外商务谈判中，商务人员接受礼品首先要符合国家和企业的有关纪律与规定。当所送礼品不能接受时，商务人员应致谢并说明情况。对可接受的礼品，一般要当面打开，并表示欣赏，真诚地接受和道谢。受礼后还有还礼的问题，还礼可以是实物，一般为对方礼物价值的1/2，也可以是礼节表示，在适当时提及，表示“不忘”和再次感谢。

七、仪容、仪态与着装礼仪

（一）仪容礼仪

仪容通常是指人的外观、外貌，重点是指人的容貌。在人际交往中，每个人的仪容都会引起交往对象的特别关注，并将影响到对方对自己的整体评价。在个人的仪表问题之中，仪容是重中之重。仪容的具体要求如下：

头发：洁净、整齐、无头屑、不染发、不做奇异发型。男士发型前不覆额、侧不掩耳、后不及领。女性不留披肩长发，也不用华丽头饰。

眼睛：无眼屎、无睡意、不充血、不斜视；眼镜端正、洁净明亮；不戴墨镜或有色眼镜。女性眼部如有化妆，化妆要自然美观、不造作。

耳朵：内外干净，无耳屎，一般不戴耳环。

鼻子：鼻孔干净，无流涕，鼻毛不外露。

胡子：男士胡须要修整齐或刮干净，不留长胡子，不留怪状胡子。

嘴：保持牙齿干净，口中无异味，会客时不嚼口香糖等食物。女性不用深色或艳丽口红。

脸：保持洁净。女性脸部适宜淡妆，精神精致。

脖子：不戴项链或其他饰物。

手：洁净，指甲整齐，不留长指甲；不涂指甲油，或者不涂颜色艳丽或深色指甲油；不戴结婚戒指以外的戒指。

（二）仪态礼仪

仪态是指人的姿态，即人在行为中的姿态和举止。一个人的仪态包括日常活动的全部，如站立、就座、鞠躬、行走、对人的态度、说话的声音、面部的表情、一举手、一投足、一颦一笑。

1. 站立

站立基本姿势：目光平视、下颌微收、头正、颈直、立腰、收腹、提臀、双肩平正自然下垂、腿部肌肉收紧、膝盖并拢。

男性站姿：双脚平行打开与肩同宽，右手握住左手放于腹前。

女性站姿：按手部摆放位置，女性站姿分为脐式站姿、腹式站姿、自然站姿三种。双手四指交叠（左上右下）放于脐前、腹前或自然下垂。按脚部位置，女性站姿分为并步、V 字步、丁字步三种。

2. 就座

男性坐姿：男性一般从椅子的左侧入座，紧靠椅背，挺直端正，不前倾或后仰，双手舒展或轻握于膝盖上，双脚平行，间隔一个拳头的距离，大腿与小腿成 90 度。如坐在深而软的沙发上，男性应坐在沙发前端，不要仰靠沙发。

女性坐姿：女性应双脚交叉或并拢，双手自然叠放于大腿上，有正襟危坐式、前伸后屈式、脚踝交叉式、双腿侧点式、双腿叠放式几种坐姿。

3. 鞠躬

商务人士在与客户交错而过时，面带微笑，行 15 度鞠躬礼，头和身体自然前倾，低头比抬头慢。商务人士在接送客户时，行 30 度鞠躬礼。商务人士在初见或感谢客户时，行 45 度鞠躬礼。

4. 行走

男士：抬头挺胸，步履稳健，自信，避免“八字步”。

女士：背脊挺直，双脚平行前进，步履轻柔自然，避免做作；可右肩背皮包，手持文件夹置于臂膀间。

5. 微笑

关键点：嘴笑、眼笑、心笑。

一度微笑：温馨式微笑，抿嘴而笑，

二度微笑：亲切式微笑，露上齿，嘴唇适度打开，会心而笑。

三度微笑：灿烂式微笑，嘴唇打开程度稍大，眉眼间笑意灿烂。

6. 视线

商务人士在与客人交谈时，两眼视线落在对方的鼻间，偶尔也可以注视对方的双眼。商务人士在恳请对方时，应注视对方的双眼。为表示对客人的尊重和重视，商务人士切忌斜视或光顾他人他物，避免让客人感到不礼貌和心不在焉。

（三）着装礼仪

1. 男士着装

西装：整洁笔挺，背部无头发和头屑；不打皱、不过分华丽；与衬衣、领带和西裤匹配。与人谈话或打招呼时，男性应将西服第一个纽扣扣上。上衣口袋不要插笔，所有口袋不要因放置钱包、名片、香烟、打火机等物品而鼓起来。男性着西装时鞋子、腰带、公文包的风格色彩必须协调统一。男性穿着西服套装时全身颜色限制在三种之内。

衬衣：领口与袖口保持洁净，不要挽袖子。衬衣的质地、款式、颜色与其他服饰相匹配，并符合自己的年龄、身份和公司的形象。

领带：端正整洁，不歪不皱。领带的质地、款式、颜色与其他服饰匹配，并符合自己的年龄、身份和公司的形象，不宜过分华丽和耀眼。

皮带：高于肚脐，松紧适度，不要选用怪异的皮带头。

鞋袜：鞋袜搭配得当，系好鞋带。鞋面洁净亮泽，无尘土和污物，不宜钉铁掌；鞋跟不宜过高、过厚和怪异。袜子干净、无异味，不露出腿毛。

2. 女士着装与化妆

（1）着装与首饰。着装是女性在商务谈判中遇到的首要问题。女性着装在春秋季应以西装、西装套裙为佳，尤其在较为重要、正式的商务谈判场合。在一般性的会谈中，女性可以穿一般的毛衣套装，只要能充分体现女性的自信、自尊即可。女性夏季着装可以是长袖衬衫、短袖衬衫配裙子或裤子，连衣裙、西装套装等皆可。但是，无论什么季节，商务谈判中女性裙装都不宜高过膝盖。女士着装特别要注意的是：不可以露，不可以透，内衣不可外现；长袖衬衫的下摆须掖进裙子或裤腰；穿裙装时吊袜带、袜口不能暴露在外，袜子不允许有残破，袜子的色彩不可太鲜艳，一般以肤色、黑色和浅色透明丝袜为宜，避免选择过于复杂的或网眼状的袜子。

另外，佩戴得体的首饰也很重要。首饰是一种无声的语言，它反映了一个人的教养和阅历。在商务谈判中，选择首饰有三个原则：一是以少为佳，不戴亦可。二是同质同色，即佩戴一件以上的首饰时，质地要相同，色彩要一致。首饰的不同颜色代表着不同的含义，要注意黑色首饰一般不能在谈判活动中佩戴。常见的首饰有五种颜色：红，代表热情与友好；蓝，代表和谐与宁静；黄，代表高贵与典雅；绿，代表青春与活力；白，代表纯洁与无邪。佩戴者要根据身份、年龄、个性慎重选择。三是要合乎惯例，如戒指一般戴于左手，一枚为佳，绝不可超出两枚。又如，手链如果戴在右手，且为一条，说明自由未婚；手链如果戴在左手，或者左右都戴，则表示“名花有主”了。至于项链，在谈判中，佩戴项链显得端庄高雅。正式场合一般不宜佩戴耳环。佩戴的挂件一般以心形、几何形和动物类为宜。佩戴者必须注意特殊的习俗，图形文字不要犯对方的忌讳。在涉外商务谈判中，十字形的挂件是不允许佩戴的，西方人认为它是特殊标志，或者是职业标志。

（2）化妆。化妆是女性在谈判活动中遇到的一个重要问题。化妆可以给人以淡雅、端庄、大方的感觉，使人的好感尊重之情油然而生。适度化妆在正式场合是向对方表达尊重的必要标志，西方人对此较为注重，认为化妆是女性的第二时装。在商务谈判中，化妆宜淡不宜浓，尤其不可使用浓香型化妆品。使用香水也有一定的讲究，一般用在四大部位：一是两手腕的脉动部位，二是下巴以下，三是耳根以下，四是在长裙的裙摆之下或短裙的膝盖处挂一香水喷过的棉球。女性切忌在人前化妆，如果实在需要补妆，应该带上化妆包去盥洗室。

八、出国（境）商务礼仪

随着世界各国经济交往的进一步深入，商务人士出国（境）进行商务活动日趋频繁。由于各国法律法规和风俗习惯各不相同，办理出国（境）手续时和出国（境）后尤其要注重各国的礼仪礼节。因此，商务人士在出国（境）前就应当做好相应的准备工作。下面介绍的是一般的出国准备和国（境）外礼仪礼节习惯。

（一）邀请函电、申请护照、申请签证及出（入）境

1. 邀请函电

出国（境）洽谈商务，一般是先接到对方的邀请函，之后再相应地安排行程。如果是第一次与对方进行接洽，在接到邀请函之后一定要先就对方资信进行详细了解，之后再答复是否接受邀请。了解的方式有多种，如通过国际性的信用评定机构获取直接信息，通过与对方有过合作的客户侧面了解。此外，通过我国驻当地的外交机构商务处或驻外商务机构对之加以了解可以说是最为可靠和便捷的一种方式。

2. 申请护照

决定出国洽谈后首先要做的工作是申请护照。中华人民共和国护照是中国政府发给中国公民，供其出入国（境）和在国（境）外旅行或居留时证明其国籍和身份的证件。出国从事商务活动，申请护照时必须提交国外相应的邀请函件。如果是出国进行文化交流，必须提交省级以上文化部门出具的证明。

世界各国颁发的护照种类不尽相同。我国的护照分为外交护照、公务护照和普通护照。普通护照又分为因公普通护照和因私普通护照。外交护照由外交部颁发中国党、政、军高级官员，全国人民代表大会、中国人民政治协商会议和各民主党派的主要领导人，外交官员、领事官员及其随行配偶、未成年子女、外交信使等。公务护照主要颁发给中国各级政府部门的工作人员、中国驻外国的外交代表机关、领事机关和驻联合国组织系统及其有关专门机构的工作人员及其随行配偶、未成年子女等。因公普通护照主要颁发给中国国有企业、事业单位出国从事经济、贸易、文化、体育、卫生、科学技术交流等公务活动的人员，公派留学、进修人员，访问学者以及公派出国从事劳务的人员等。因私普通护照颁发给定居、探亲、访友、继承遗产、自费留学、就业、旅游和其他因私人事务出国和定居国外的中国公民。

关于护照的内容，各个国家的护照都比较相近。封面一般印有国徽和国名的全称及护照种类的名称，封底一般印有使用护照的注意事项，内页一般都印有“请各国军政机关对持照人予以通行的便利和必要的协助”等字样。

除此以外，（以中华人民共和国护照为例）护照的内容主要包括：

（1）持照人的护照号码、姓名、性别、身份、出生日期、出生地点、有效期、身份证

号码等，并有本人照片。

（2）偕行儿童的姓名、性别、出生日期、加注日期，并有儿童照片。

（3）延期页和备注页。由于各国的护照都允许到期后延期，护照内都有延期专页和备注专页。

（4）签证页。为了方便各国颁发签证，护照内包括许多签证页，每一页上都印有“VISA”字样。

（5）注意事项。

护照有一定的有效期限，各个国家所规定的有效期限不同。我国的规定如下：

（1）外交护照有效期为5年。

（2）公务护照和因公普通护照分为一次有效和多次有效两类。多次有效护照有效期为5年，是发给在一定时期内需要多次出入我国国境的人员；一次有效护照的有效期为2年，是发给在一定时期内一次出入我国国境的人员。一次有效因公普通护照和一次有效公务护照满2年后，如有需要，可按规定手续申请延期一次。延长期限根据需要决定，但最长不得超过2年。一次有效因公普通护照的标志是护照的扉页在护照号码前有“Y”字样，在第4页上方有“……持照人在护照有效期内可出入中国国境一次”字样。

（3）因私普通护照有效期为5年。

（4）有效期为5年的护照，过期前可申请延期两次，每次不超过5年。申请延期应在护照有效期满前办理。在国内，延期手续可到各级颁发护照的机关办理；在国外，由中国驻外国的外交代表机关、领事机关或外交部授权的其他驻外机关办理。

有关护照的注意事项如下：

（1）护照为重要身份证件，应妥善保存使用，不得损毁、涂改、转让。

（2）颁发护照和护照延期、加注及换发、补发由省、自治区、直辖市公安厅（局）及授权的公安机关，中华人民共和国驻外国的外交代表机关、领事机关或外交部授权的其他驻外机关办理。

（3）已经在外国定居的公民要及时向中国驻外国的外交代表机关、领事机关办理加注手续。

（4）护照遗失应立即向当地公安机关或中国驻外国的外交代表机关、领事机关报告。

因为各国的边境政策都是比较严格的，所以护照持有者对护照上的每一个细节都要仔细核对，以免出现不必要的问题，耽误正常工作。护照持有者拿到护照后要仔细检查一下护照上的姓名（包括汉语拼音），出生年、月、日及地点是否准确无误，护照相片处是否加盖了外交机构（公安机关）的钢印等。

3. 申请签证

一般来说，申请到护照后，需要入境国签证才可使用。例外的是，有些国家与我国签订有双边协议，对我国持有外交、公务、因公普通护照者可以豁免签证，除此之外均需申请签证。签证所需的时间为4~12周，因此在计划出访时应该将申请护照和等待签证的时间考虑进去，留出充分的准备时间。签证时需证明出行的目的，如接洽商务合约、参加业务会议或其他商业营销会议、拜访进出口公司或厂商、国际市场调查或其他与商业有关的研究。

各国（地区）签证的内容大体相同，而且都规定了有效期，但各国（地区）入境签证的有效期限差别较大，少则几天，多则数月至半年。签证有效期为3个月至半年的，必要时可以延长一次（不超过同等期限）。护照持有人必须注意在签证有效期内入境，否则必须重新申请签证（所谓有效期，是指在签证有效期内入境，停留时间则从入境之日起计算）。护照持有人如果需要同时访问多国（地区），则要持多种邀请函分别到这些国家（地区）驻我国外交机构申请签证，哪怕仅仅只是为了过境（除有些国家或地区规定凡不超过24小时或一定时限者可免办过境签证）。过境签证有效期一般为1个月，过境停留时间为72小时，也就是说在有效期内的任何一天均可进入该国国境，但是只能停留3天。

4. 出（入）境

各国（地区）海关均要对入境人员实行严格的检查，在新冠肺炎疫情下还要进行健康状况的严格检查，如能证明健康状况的健康码、行程码、体温、核酸检查结果等，因此多方面做好入境准备是必要的。护照持有人在下飞机（车、船）前应该填好入境登记卡，并准备好护照及相关文件。美、英、日等国入境事务处（移民局办事处）往往还要检查邀请函。需要注意的是，邀请函一定不能以任何方式涂改。为应对入境时可能遇到的临时问题，商务人士出国前可以带上邀请方的电话号码及我国驻外机构的电话号码，以备急需。

此外，各国对入境物品均有管理规定。经过海关时海关人员一般会询问有没有需要报关的物品，也有要求出示海关申报单的，同时海关会根据需要抽查行李。烟酒一般是限量放行的物品。大多数国家规定新鲜水果、蔬菜、生（熟）肉不许入境。有些国家还要求申报携带的货币（包括现金和有价证券等），如美国，出境、入境时都要核查，同时规定了带出、带入美国国境的最高限额（如超过限额，一经查出即予以没收）。因此，在出境、入境时，商务人士一定要先熟悉该国关于出境、入境携带物品的规定，以防出现违禁品，给自己带来不必要的麻烦。

（二）出国服装

准备出国服装是颇费脑筋之事。以男士的服装为例，一般来说，商务人士的出国服装中至少要包括一套深色西服（或深色中山装）、一套杂色（上下不同颜色）西服、一套旅行服（或休闲服装）、一套便服、一双黑色皮鞋、一双便鞋（或旅游鞋），其他则视当地气候而定。女士准备服装的原则也是一样，适应各种场合的正式和非正式的服装都应该准备一至两套，这样才能满足出国后各种不同场合的需要。什么场合穿何种服装，往往是约定俗成、有定例可循的。当请帖上有关于着装的注明时（例如，“black tie”表明要以晚礼服出席），最好尊重请帖要求。若没有相关要求，商务人士则应根据场合的正式和非正式、隆重和随意来安排着装。重要谈判、会议、重要宴会、隆重场合或首次会面，男士可穿深色西服（最合适的当数黑色，深蓝色或铁灰色次之），配白色或浅色衬衫（若是带有条纹的衬衫，场合越正式，条纹应当越细）。合适的领带会起到画龙点睛的作用，领带的图案不宜花哨，深色为佳，这样会给对方留下稳重务实的感觉。皮鞋也以深色为宜。女士应当穿着庄重的服装（如旗袍或长裙，年轻女士也可穿短裙，但长度不宜短于膝盖以上3厘米）。一般宴会或一般会谈，男士穿杂色西服即可，女士着一般职业装即可。如果是参观游览、周末聚会或应邀到客商家里度周末，商务人士就不需要西装革履了，一套便服会显得更潇洒随和。

但是，要注意的是，正式的民族服装有时候倒是可以用来应付各种场面。例如，一些政府首脑总是以一身民族服装出席各种场合，以不变应万变。在亚太经合组织非正式首脑会议上，各国领导人也都是入乡随俗，全部穿着举办国的各色民族服装。

男士着正装时还有一些细节十分重要。在极为庄重的场合（如升国旗、唱国歌等），西服要扣上全部扣子，其他场合则不要把全部扣子都扣上，可以扣上面一粒，也可以不扣。新置的西服，袖口的商标一定要先撕去再穿，因为袖口上的商标仅仅是出厂标记，并非为炫耀名牌而设计，在西方礼仪中不撕去商标是非常滑稽的。穿西服一定要配皮鞋，这是一般常识。在天气炎热的地方，男士可以不穿西服外套，上身只穿一件衬衣（若配领带，衬衣下摆要塞进西裤）。

（三）交换名片

在商务交往中，交换名片也是个十分重要的仪式。名片既是身份的说明，也是人际交往资料的来源之一，同时交换名片又是彼此加深印象、增进了解的一种手段。在递出名片时，递出者要把名片夹在双手的拇指和食指之间，微微鞠躬，双手奉上。接受对方的名片者也要用双手以相同的方法接过。收到名片后，接受者要认真阅读后仔细收好，不要漫不经心地塞进口袋，更不要在对方名片上写字，虽然有时候可能要在名片上记下更多的补充信息，但是至少不要当着对方的面写。收到对方名片而不回送是不礼貌的，如果自己的名片暂时告缺，要说明原因并道歉，争取尽快补送。递送名片也要讲究场合和时机，如果是在国外访问，一般都是在主人递出名片时再回递，切记不要像散发传单那样不看场合、不讲方式地发送名片。

商务交往中所用的名片，职衔一定要说明清楚，而学衔则没有必要留下，因为对方看重的是商业身份。此外，联系方式一定要清晰，若是在异地进行商务活动，最好补充上自己在当地的下榻处和联系方式，方便对方随时联系。

（四）投宿

出国从事商务活动，有时是对方提供食宿，有时则需要自理。如果是后者，最好事先做好安排，可以委托目的地代理人或国际性的服务信息机构预订旅馆，并在出发前落实情况，以免旅途劳顿后还要为食宿而奔忙。旅馆的档次和价格一般是成正比的，因此对旅馆的选择要视公司的实力和商务活动的需要而定，不可过分追求豪华奢逸，当然也不可太过寒酸，有时为了打开局面需要租住条件较好的旅馆，特别是重要谈判。因为住宿条件从一个侧面展现了谈判一方的实力，有助于增强对方（尤其是初次交往者）的交往信心。住进旅馆后，第一件事是将旅馆名称、房号、旅馆及房间电话号码记牢，以备急需。

总而言之，关于礼节礼仪，涵盖的方面和内容非常庞杂，其中的细节并非一节的内容可以概括，因此本节只是对重点和常用的礼仪礼节做了简要介绍。具体到不同的场景中，读者要在实践中不断观察、理解、应用。

九、日常交往中的其他礼仪与禁忌

（一）遵守时间，不得失约

参加谈判或其他商务活动的人应按约定时间到达。过早到达，会使主人因没准备好而感到难堪；迟到则是失礼，使主人长久等候，担心牵挂。万一因特殊原因迟到，客人应向主人表示歉意。如果客人因故不能赴约，要有礼貌地尽早通知主人，并以适当方式表示歉意。

（二）尊重老人、妇女

在很多国家的社交场合，上下楼梯或车船、飞机，进出电梯，均应让老人和妇女先行。对同行的老人和妇女，男士应为其提拎较重的物品；进出大门，男士应帮助老人和妇女开门、关门。在同桌用餐时，两旁若坐着老人和妇女，男士应主动照料，帮助老人和妇女入座就餐等。

（三）社交禁忌

在社交场合，有许多礼仪、习俗是需要特别注意的，其中的一些近乎某种禁忌，当事人最好不要触犯，否则会被认为不懂礼貌，有时甚至会导致关系的破裂。

（1）物品、图案的禁忌。例如，法国人视核桃花为不祥之物，瑞士人视猫头鹰为死人的象征。

（2）颜色的忌讳。例如，比利时人忌讳蓝色，巴西人忌讳棕黄色。

（3）交往的忌讳。交往中的举止要得体，交谈时一般不要跷“二郎腿”。在一些国家，不要摸小孩头顶。在印度、中东地区等，用左手与人接触或传送东西是不合适的。此外，在一些地方，笑有不同的含义。例如，在沙特阿拉伯的一个地区，笑被当成不友好的象征。

（4）数字的忌讳。西方人把“13”视为不吉利的数字，在许多场合尽量避免使用这个数字。中国的许多生意人非常喜欢选用“8”这个数字，而忌讳用“4”这个数字。此外，“星期五”这一天也被一些基督徒视为“凶日”。

此外，还有一些其他方面的事项需要注意，如尽量避免谈论女人的年龄，少涉及私人性质的问题，务必尊重他人的习俗等。

思考题

1. 在商务谈判中，为什么要重视礼仪礼节？
2. 在商务谈判中，迎来送往有哪些注意事项？
3. 在商务谈判中，会见过程要注意哪些礼仪？
4. 在商务谈判的洽谈环节中，要遵守哪些礼仪？
5. 宴请、参观和馈赠礼品分别要注意哪些细节？
6. 出国（境）从事商务谈判有哪些特殊之处需要特别注意？
7. 在商务谈判中，男士和女士的仪容仪表分别包括哪些方面？

案例分析讨论

某公司的何先生年轻能干，点子又多，很快引起了总经理的注意，拟提拔其为营销部经理。为了慎重起见，总经理决定再对其进行一次考查。恰巧总经理要去省会城市参加一个商品交易会，需要带两名助手，总经理选择了公关部的杜经理和何先生。何先生也很珍惜这次机会，想找机会好好表现一下。出发前，由于司机小王乘火车先行到省会城市安排一些事务尚未回来，因此他们临时改为搭乘董事长驾驶的轿车一同前往。上车时，何先生很麻利地打开了前车门，坐在驾车的董事长旁边的位置上，董事长看了他一眼，但何先生并没有在意。在出发后，董事长驾车很少说话，总经理好像也没有兴致，似乎在闭目养神。为活跃气氛，何先生找了一个话题："董事长驾车的技术不错，有机会也教教我们，如果都自己会开车，办事效率肯定会更高。"董事长专注地开车，不置可否，其他人均无反应，何先生感到没趣，便也不再说话。一路上，除董事长向总经理询问了几件事，总经理简单地作答外，车内再也无人说话。到达省会城市后，何先生悄悄问杜经理："董事长和总经理好像都不太高兴？"杜经理告诉他原委，他才恍然大悟。

会后从省会城市返回，车子改由司机小王驾驶，杜经理由于还有些事要处理，需在省会城市多住一天，同车返回的还是4人。何先生想，这次不能再犯类似的错误了。于是，他打开前车门，请总经理上车，总经理坚持要与董事长一起坐在后排，何先生诚恳地说："总经理您如果不坐前面，就是不肯原谅来的时候我的失礼之处了。"何先生坚持让总经理坐在前排才肯上车。回到公司，同事们都知道何先生这次是同董事长、总经理一起出差，猜测着肯定是要提拔他，都纷纷向他祝贺，然而提拔之事却一直没有人提及。

问题：为什么何先生没有被提拔？他在礼仪方面出了哪些问题？

第三章　国际商务谈判风格

本章要点

1. 了解区别国际商务谈判和国内商务谈判的环境因素。
2. 了解一些国家的商务谈判风格。
3. 了解中西方谈判风格的主要差异。

导入案例

一位美国销售人员到几个国家去推销公司的产品或试图与老客户继续签约。在英国，他打电话给一位长期客户，约对方在早餐时匆匆会个面，以方便自己中午去见另外一位客户；在法国，他与一位潜在客户初次见面时，穿着随意，并且直呼其名；在德国，他在出席与客户的一次重要会议时，迟到了15分钟；在日本，客户递给他名片，他单手接过来，看都没看，随手把名片放到了桌上的杂物筐里。结果，这次海外的商务旅行没有带给他一个订单。这是为什么呢？

第一节 国际商务谈判的独特之处

有两大因素影响国际商务谈判：环境因素和直接因素（见图 3-1）。环境因素是指任何一方谈判者都无法控制但确实影响着谈判进程的因素；直接因素是指谈判者似乎有一定控制能力的因素。当在讨论国际商务谈判和国内商务谈判的不同之处时，我们把关注重点放到了环境因素的不同上。

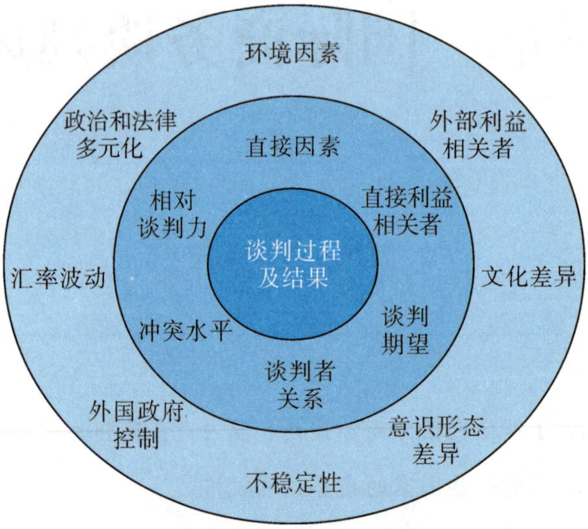

图 3-1 国际谈判的环境

资料来源：ARVIND V PHATAK, MOHAMMED M HABIB. The dynamics of international business negotiations [J]. Business Horizons, 1996, 39 (3): 30-38.

环境因素中使国际商务谈判比国内商务谈判更具有挑战性的因素如下：政治和法律多元化、汇率波动、外国政府控制、不稳定性、意识形态差异、文化差异以及外部利益相关者。这些因素限制或制约了那些进行国际化运营的组织的谈判进程和谈判结果，因此国际商务谈判者了解这些因素产生的影响极其重要。

一、政治和法律多元化

在不同国家的不同时期，政治环境是否稳定会对商务谈判产生促进或抑制作用。例如，2022 年 2 月开始的俄乌冲突导致俄罗斯的相对封闭式商业环境与冲突前的开放式商业环境大不相同，会大大影响到商务人员的谈判过程和谈判决策。政治环境的变化，通常都会对谈判的内容、进程乃至协议的履行产生重要影响。因此，在国际贸易中，优秀的谈判者都非常重视对政治环境的分析，特别是会对国际形势、谈判对手国家的政局以及政府之间的双边乃至多边关系等方面的现状及变化趋势进行较为深入的分析，以确保谈判可以顺利进行。

与不同国家建立贸易关系的企业会与不同的法律和政治体系打交道。通过谈判达成的协议通常会以合同的形式加以确认，只有符合相关法律规定的合同才能受到法律的保护。由于国际商务谈判的合同通常会涉及不同国家的法律，因此谈判者在谈判前必须对与谈判内容有关的本国的、对方国家的、国际的各项法律规则有所了解，并就各项法律规则有可能对当次谈判产生的影响进行分析，以保证最终合同中的各项条款可以符合谈判涉及的各方法律，避免给合同的履行带来不必要的麻烦。另外，企业支付的各项税款、必须遵循的劳动法或标准以及强制执行的标准等也会有所不同。

二、汇率波动

国际货币的汇率经常波动，直接影响到谈判者的经济利益，因此谈判人员在与不同的国家进行谈判时必须考虑汇率因素。货币越不稳定，谈判双方所需承担的风险就越大。货币价值的波动（上升或下降）会严重影响协议给谈判双方带来的价值，有可能把一个原本互惠的协议变成对一方来说像是飞来横财，而对另一方来说则是损失惨重的协议。例如，当A国货币升值时，在A国与B国的商务谈判中，A国出口商需要更多地衡量A国货币升值可能带来的汇率损失。

三、外国政府控制

不同的国家政府对行业和企业的管制程度也不尽相同。相对而言，美国的企业较少受政府干预，但有的行业会受到比较严厉的限制，如能源和国防等。一般来说，在美国进行商务谈判并不需要获得政府批准，只需要依据商业因素由谈判各方决定是否达成协议。相反，许多发展中国家则会限制进口和合资企业，而且通常会由一个政府代理机构来负责处理本国与外国的商贸业务。

四、不稳定性

世界上各个国家和地区的商业谈判环境并非一样的稳定。环境的不稳定性表现为多种形式，包括旅行受限、在商业谈判中缺少一些必备的物资条件以及当地社会叛乱频现、战火纷飞、政府政策朝令夕改等。国际谈判者所面临的挑战就是能否准确地预见这些变化，并且是否有能力对可能出现的变化提前做出调整。当谈判者面临环境中的不稳定性时，可以在合同中附加一些条款，以便能够取消合同、寻求中立仲裁或考虑购买保险来保障合同能得到及时履行。

五、意识形态差异

国际谈判中的意识形态冲突会使谈判双方的有效沟通面临挑战，因为各方对所要谈判的问题在基本层次上就存在分歧。一般来说，美国商人高度信奉个人权利，看重个人的投资特别是能否从生意中获取利润。但是，一些国家的谈判者可能会更信奉集体主义而非个人主义，并认为相对于私人投资而言，公共投资能更好地分配资源。另外，各方在获取利润及共享利润方面也很有可能存在不同的理念。

六、文化差异

来自不同文化背景的谈判者有着不尽相同的谈判方式。除了行为不同之外，不同文化背景的人对谈判的基本流程也可能会有不同看法。一些文化背景的谈判者会以演绎的方式进行谈判，而另一些文化背景的谈判者则可能采用归纳的方式进行谈判。一些文化背景的谈判者极为重视实质性的问题，而容易忽略谈判各方之间的关系；另一些文化背景的谈判者则把谈判各方之间的关系列为谈判工作至关重要的部分，从而忽略了实质性问题。另外，解决谈判冲突的方式也会因文化差异而有所不同。

七、外部利益相关者

外部利益相关者指的是其利益与谈判结果利害相关的各种人和组织。外部利益相关者主要包括商会、工会、大使馆、行业协会等。例如，某些工会之所以会反对与外国公司的谈判，是因为其担心会造成国内的失业问题。某些国际谈判可能会经由大使馆的贸易部和一些专业的行业协会，从政府和商业人士那里寻求指导与帮助。

第二节　世界各国的商务谈判风格

一、美洲商人的商务谈判风格

（一）美国商人

美国在国际贸易中占有重要地位，美国人独特的谈判风格也对世界各国的商务谈判有较大影响。把握和美国商人的谈判机会，研究、学习以及掌握其谈判风格，对提高商务谈判的成功率具有重要意义。

1. 性格随意

美国人的性格比较外向，普遍具有开朗、坦率、爽快、热情、不拘小节和幽默等特点。他们的行为、语言大多可以展现出他们的情绪。在商务谈判中的美国人不论是在己方观点的陈述上，还是在针对对方的立场和观点做出回应时，往往都直抒胸臆，直率地说出自己的想法。即使对对方的观点难以接受，美国人也会坦言相告。

2. 自信且具有优越感

美国的经济实力强大，科学技术水平领先。美国人的母语——英语更是国际谈判中的普遍用语。这些因素都导致美国人对国家、民族具有强烈的自豪感，形成他们自信的谈判风格。

不仅在谈判风格上，美国人的自信还体现在他们对其认为的公平合理原则的坚持上。美国人认为，当谈判双方进行交易时，谈判双方都对利益有所需求。因此，他们会提出一个其认为相对合理的方案，使谈判双方共同获利。美国人一般会采取以下谈判方式：第一，在谈判双方进行接触之前，美国人会提前表明自身立场，将自己的方案展示出来，从而争取在谈判中的主动权；第二，在双方进行谈判时，美国人往往会自信满满，语言肯定，计算精准。即使谈判双方出现分歧，美国人也会对对方的分析提出质疑而坚持己见。谈判场上的美国人普遍信心十足，他们会直率地提出自己的意见，在气势上显得盛气凌人。此外，美国人比较喜欢开玩笑。这种心态常常会使他们在谈判桌上形成一种优势，无论其年龄或资历如何，似乎都不把对方放在眼里。但是，美国人热情、激烈的谈判风格很容易感染谈判对手。因此，当面对美国谈判人员时，我们应对这点加以利用，营造轻松的谈判氛围，以助力谈判取得成功。

3. 注重效率

美国人拥有较强的时间观念，他们对活动效率十分在意。和美国人进行约会，无论是早到还是迟到都是很不礼貌的。当不能准时抵达约会地点时，谈判人员要及时通知对方并表达歉意，不然会被认为没有诚意。

在谈判中，美国的谈判人员不喜欢拖沓，希望可以节省礼节时间，对谈判问题进行直接讨论，从而在一定程度上减少谈判时间。在谈判中，美国人常常认为一些国家的谈判人员工作效率低。因此，在和美国人进行谈判时，己方应尽可能缩短谈判时间，在报价符合己方谈判预期时，可以考虑达成交易。

4. 注重实际利益

美国人往往以获取经济利益作为最终目标，更多考虑的是做生意所能带来的实际利益，而不是生意伙伴之间的私人交情。美国人注重以智慧和谋略取胜，从国内市场到国际市场的走势，甚至最终用户的心理感受等各个方面，他们会讲得有理有据，劝说对方接受其价格要求。但是，美国商人一般不会漫天要价，也不喜欢对方漫天要价。美国商人对商品既重视质量，又重视包装。

5. 办事干脆利落

谈判中的美国人头脑灵活，善于将一般沟通引导到实质谈判中，对谈判问题进行连续不断地讨论，乐于以积极的态度谋求自己的利益。美国人会对谈判时间进行科学合理的规划，依照谈判阶段进行谈判，并且逐项进行谈判，从而将整个谈判完成。

美国人的这种按照合同条款逐项进行讨论，解决一项，推进一项，直到最后完成整个协定的逐项议价方式被称为“美式谈判”。美国人经常以最后期限为由向对手施加压力，使对手迫不得已做出让步。正因为美国人具有办事干脆利落的特点，与美国人谈判，表达意见要直接。当己方难以接受美国人的协议条款时，也应明确告知，以免他们心存希望。

6. 希望对手态度诚恳

即使谈判双方在谈判中经历了激烈的辩论，但是只要己方的态度足够诚恳，美国人就不会介怀。但是，在谈判时绝不能点名批评某某人或公司，美国人认为这种行为会对其他人的人格造成损害。例如，美国人认为直接对某人的纰漏或公司的纰漏加以指责是一种蔑视的行为。

7. 法律意识根深蒂固

美国人口的高度流动性，使他们彼此之间无法建立稳固的持久关系，因此只能将不以人际关系为转移的契约作为保障生存和利益的有效手段。他们这种法律意识在商业交易中也表现得十分明显。

生意场上的欺诈现象比较常见，美国人往往会提前进行防范。当要进行商务谈判时，美国人会携带律师，同时也会多次提醒对方遵守承诺。当产生纠纷时，美国人会依靠法律手段解决。合同一旦签订，美国人普遍会认真履约，不会轻易变更或放弃。

8. 尊重个人的作用

美国人对角色等级的要求较低，他们注重个人的作用，看重个人的责任。无论是在美国的企业中，还是在谈判队伍中，往往都是由少数人进行谈判，人数较多的代表团极为少见。在代表团中，可以进行决策的人也仅有一个人或两个人。

9. 不同地域的处事风格存在差异

上述特点仅是一些普遍性特点。由于美国地域辽阔，具有较多种族，也导致美国人的行为习惯和谈判方式存在较大差异。

美国中西部地区以汽车工业、钢铁工业和制造业为主，是美国工业的心脏。该地区的人普遍比较保守，同时又比较和蔼和朴素、易于交往。某一方如果在准备与他们做生意之前就常以朋友的身份款待他们，日后与他们进行商业谈判时，往往会收到较好的效果。美国中西部地区有个商业习惯，每年 9 月到 11 月是黄金采购时间，他们往往把一年所需的货物集中在这个时候一次采购。因此，某一方在和他们做生意时要注意不要错过这段时间。

美国的东部特别是以纽约等大城市为中心的东北部，是美国现代文明的发祥地，200 多年来一直处于美国政治、经济、金融、贸易活动的中心地位。这一地区的谈判人员的谈判会依照国际规则进行，比较严谨，同时不会放过点滴利益。

美国南部地区的人比较直爽，但是有时稍显急躁。谈判人员在与其谈判时要注意：如果他们在谈判桌上气势汹汹、言辞激烈，谈判人员千万要沉得住气，向他们对这一问题进行解释。当倾听完谈判人员的解释之后，他们往往会理解并且再次进行商谈。美国南部地区的人性格保守，谈判节奏缓慢，如果想和他们建立合作关系，则需要较长时间。

（二）加拿大商人

加拿大的经济比较发达，外贸总额约占国民生产总值的 1/3，但是其对外贸易额的约 2/3 是与美国进行的。加拿大的出口商品主要是汽车、原油、小麦、木材、纸浆、矿产品、面粉等，进口商品主要是机器、石油产品、电器设备和纺织品等。加拿大的绝大部分工业集中在安大略省和魁北克省，尤以蒙特利尔和多伦多两个城市的工商业最为发达。此外，温哥华的运输和贸易也很发达。该城市是加拿大距离亚洲最近的港口，是加拿大每年定期举行国际贸易博览会的地点。

1. 性格特点

加拿大是个移民国家，民族众多，各民族相互影响，文化彼此渗透。加拿大人的性格普遍温和、开朗、友善且讲礼貌，他们对自由及个性极为看重。加拿大商人相对比较保守，他们不喜欢上下浮动的价格，也不认同以降价的方式来增加销量。他们崇尚冰雪运动，也时常会以冰雕、滑雪等话题展开讨论。加拿大人尤其避讳“13”这个数字，活动时间的安排也应尽量将这个数字避开。加拿大人通常喜爱蓝色，在进行谈判时，谈判人员可以拿一份蓝色的礼品或鲜花赠予他们，使其对己方产生好感。

2. 加拿大英裔商人与法裔商人的区别

加拿大居民大多数是英国和法国移民的后裔，在加拿大从事对外贸易的商人也主要是英国和法国移民的后裔。英裔商人大多集中在多伦多和加拿大的西部地区，法裔商人主要集中在魁北克。温哥华则是华侨的主要聚居地。在温哥华商人中，华侨有一定势力，他们对我国与加拿大的商务合作起到桥梁作用。

英裔商人行事周密、谨慎，只有完全了解此次谈判的具体细节之后，才会答应对方的要求。他们会建立一些障碍，阻碍谈判进程。对于对方的条件而言，他们也不会直接答应。因此，在谈判过程中，谈判人员对英裔商人一定要具有充足的耐心，对谈判也不能操之过急。但是，英裔商人一旦签订了谈判合同，基本上不会出现违约行为。

法裔商人在日常生活中蔼然可亲，但当他们处于谈判中，对问题进行探讨和争论时，他们就会变得捉摸不定。在这种状态下，谈判人员很难和他们达成具体的谈判结果。因此，具备耐性是谈判人员和法裔商人进行谈判的基本前提。法裔商人普遍认为，谈判的目的是签订主要条款，而对一些次要条款他们往往选择忽视，或者将其放在签约之后再细细商榷。但是，出现问题的往往也是那些次要条款，因此谈判人员在和法裔商人谈判时，要将合同条款拟定得更加细致、精准，以免在合同签订之后产生麻烦。

二、欧洲商人的商务谈判风格

（一）英国商人

英国是最早的工业化国家，其贸易早在 17 世纪就遍及世界各地。自 19 世纪以来，美国、德国的经济水平相继赶超英国。近年来，英国的经济增长率不高，经济实力增长不快，在资本主义世界中经济实力在第五位至第七位徘徊。英国商人的谈判风格主要有以下几个方面：

1. 性格谨慎

英国人相对内敛、缜密，他们不会轻易与他人进行交往，即使是本国人也是如此。他们的感情内敛，很少外露，对别人的事情也很少打听，如果没有经过介绍则不会和陌生人进行交流。因此，在外国人眼中，英国人具有孤傲清高的形象，难以接近。在谈判的初次接触中，英国人一般会与谈判对手保持一定距离，绝不轻易表露感情。

2. 注重礼仪，有绅士风度

英国商人普遍严格恪守社会公德，具备礼让精神，且举止优雅。无论身处何地，他们都很在意个人修养。在谈判中，他们尊重对手，不会毫无风度地向对方施压。美国商人对谈判人员的修养也十分在意。如果能将己方良好的内在修养体现在谈判中，可以赢得英国商人的尊重，为谈判奠定基础。

英国商人在谈判时不易动怒，但也不易放下架子，喜欢有很强的程序性的谈判；谈判条件既定后不愿轻易变动，喜欢用逻辑推理表明自己的想法。英国商人听取意见时态度随和，采纳意见时却不直接，处理复杂问题比较冷静。“绅士风度”常常使英国谈判人员受到一种形象的约束，甚至成为他们的心理压力，谈判人员对此应加以充分利用，在谈判中以确凿的论据、有理有力的论证施加压力。英国谈判人员不会因坚持其不合理的立场而丢面子，因此谈判可以取得良好的谈判效果。

3. 等级观念深厚

受传统的影响，英国人具有严格的等级观念。因此，在谈判中，谈判人员的身份应该尽可能地对等，如年龄、社会地位、职务等，从而表现出对英国人的重视及尊重，进而推动谈判发展。

4. 拒绝冒风险

英国人看重生活的秩序性及舒适度，他们对物质利益的追求并不强烈。他们拒绝一些需要冒高风险以求高额利润的交易，更趋向于利润少但风险较小的交易。

5. 行动按部就班

在一般的商务活动中，英国人会耗费大量的时间接待客人。作为被接待的客人，事后应以写信的形式向其表示感谢，否则就是失礼的表现。在和英国人约会之前，如果双方以前未曾见过，谈判人员要先将约会的目的进行告知。在约会时间、目的确定之后，谈判人员无论如何都不能爽约，并且一定要准时抵达，否则会给英国人留下极差的印象，从而影响后续谈判活动的开展。

6. 没有讨价还价的余地

在谈判的关键时刻，英国人往往表现得既固执又不肯花大力气争取，使谈判对手很头痛。如果出现分歧，英国人往往不肯轻易让步。

7. 重视合同的签订

当英国人不了解或不认可谈判的某一细节时，他们则不会签订谈判合同。这时，谈判人员应耐心向英国人进行解释，并提供相应数据。在合同签订之后，英国人普遍会严格遵照合同条款行事。目前，国际上对英国人仍具有一些固有印象，如不按时交货等，这也导致了英国人有时在谈判中处于被动地位。

（二）法国商人

1. 性格特点

法国人的性格开朗，眼界豁达，对事物比较敏感，为人友善，处事时而固执，时而随和。

2. 国家意识浓厚

法国人对本民族的灿烂文化和悠久历史感到无比骄傲，他们时常把祖国的光荣历史挂在嘴边。例如，他们拥有巴黎公社、波拿巴王朝、法兰西共和国的历史等。重视历史的习惯使法国谈判人员很注意商业与外交的历史关系以及交易的历史状况，即过去的交易谈判情况。

3. 思路灵活，手法多样

为促成交易，法国商人常会借助行政、外交的手段，或者让名人、有关的第三者介入谈判。例如，有些交易中常会遇到进出口许可证问题，往往需要政府出面才能解决问题。当交易项目涉及政府的某些外交政策时，其政治色彩就很浓厚。为达成交易，法国人会寻求政府从税收、信贷等方面予以支持，从而改善交易条件，提高谈判的成功率。

4. 要求对方以法语交谈

法国人为自己的语言而自豪，他们认为法语是世界上最高贵、最优美的语言。因此，即使一些法国人英语出色，也希望谈判对手以法语进行谈判。如果要保持和法国人的长期合作，学习法语是关键因素之一。谈判人员使用法语可以博得法国人的好感，以促进谈判顺利开展。

5. 交谈新闻趣事

谈判人员在与法国人谈判时，不应只顾谈生意上的细节，法国人喜欢在谈判过程中谈些新闻趣事，喜欢通过讨论趣事以缓和谈判中紧张的气氛。因此，和法国商人进行谈判时，谈判人员可以准备一些社会话题与之讨论，共同营造轻松自在的谈判氛围。法国人虽然喜欢幽默，但是对一些家庭或个人问题基本不会涉及，谈判人员在谈判时要注意。

6. 重视人际关系

法国人很重视交易过程中的人际关系。一般来说，在成为朋友之前，他们是不会轻易与人做大宗生意的。一旦建立起友好关系，他们又会乐于遵循互惠互利、平等共事的原则。因此，与法国人做生意，必须和他们建立起友好关系。这不是一件容易的事，需要做出长期努力。在社会交往中，家庭宴会常被视为最隆重的款待形式。无论是家庭宴会还是午餐招待，法国人都将之看成人际交往和发展友谊的时刻，而不认为是交易的延伸。因此，当法国人发现设宴是以推动商业交易为目的时，他们往往不会赴约。

7. 注重个人决策权力

法国人一般认为，由一个人负责决策会提高办事效率。因此，无论是在企业事务，还是在商务谈判中，法国人基本上都推崇个人力量，以个人负责制为标准，个人具有较大的权力。在谈判中，法国人也是由个人承担责任，提高决策效率。法国商人大多具有很强的专业性，对产品极为熟悉，知识面涉猎较广。

8. 偏爱横向式谈判

与美国人对议题逐个磋商的方式不同，法国商人在谈判方式上偏爱横向式谈判，即先为协议勾画出一个轮廓，之后达成原则协议，最后再确认谈判协议各方面的具体内容。法国人看重谈判结果，希望能以文字的形式将谈判的不同阶段进行记录。在谈判中，法国人起初并不重视细节，在敲定了合同的主要条款之后，他们便会迫切地想要直接签订合同。但是，在合同签订之后，他们往往又会纠结于一些细节并要求重新修改合同。因此，在与法国人签约时，谈判人员要保证合同具有法律约束力，以防止他们不严格遵守合同。

9. 对商品的质量包装要求严格

法国商人对商品的质量要求十分严格，同时十分重视商品的美感，要求包装精美。法国人历来就认为法国是世界潮流领导者，巴黎的时装和香水就是典型代表。因此，法国人在穿戴上都颇为讲究。在法国人看来，衣着穿戴是身份及修养的代表。在和法国人谈判时，谈判人员要保持着装的整洁得体。

10. 时间观念较弱

法国人在商业往来或社会交际中经常迟到或单方面改变时间，并且总会找一些冠冕堂皇的理由。在法国，有一种非正式的“习惯”，即在正式场合，来宾身份越高，来得越迟。

尽管法国人自身经常迟到，但他们却不会轻易原谅他人迟到。

11. 严格区分工作与休息的时间

在严格区分工作与休息的时间这一方面，法国人与日本人相比存在极大的差异。法国人在工作时认真投入，讲究效率，在休闲时则痛快地玩。他们十分珍惜假期，舍得在度假上花钱。法国全国在每年 8 月都会放假，很多法国人此时都去度假了，任何因素都难以让他们放弃或推迟假期去做生意。因此，谈判人员应尽量避免在这段时期与法国人谈生意。

（三）德国商人

1. 性格特点

德国人具有自信、谨慎、保守、刻板、严谨的特点，办事富有计划性，注重工作效率，追求完美，做事雷厉风行。

2. 谈判前准备周密

在谈判前，德国人会对谈判对手的公司、评价、商品质量、价格等方面进行充分的调查，以判断是否可以进行合作。除此之外，德国人也会对谈判的具体细节进行考量，预测可能存在的问题，并事先提出相应策略。只有做了这些周密细致的安排后，德国人才会自信满满地走上谈判桌。同时，德国人看重谈判对手的信用情况并会提前了解，以避免因对方信用问题造成不必要的损失。因此，谈判人员在和德国人做生意之前要对本公司的资料进行汇总，以便解答德国人的疑问。

3. 自信而固执

在谈判中，德国商人常会以本国的产品为衡量标准。他们对产品的质量要求很高，只有当对方公司的产品达到其标准时，他们才会与之合作。同时，在谈判中，谈判对手很难让德国商人让步，他们对自身提供的方案十分自信，一般情况都不会妥协。德国商人还会注重强调、反复阐述自身方案的优点，以争取使对方让步。因此，在与德国商人进行谈判时，谈判人员应尽量向其阐明观点、原因，使其心悦诚服，以保障双方之间的合作能够持续。

4. 讲究效率

德国商人决策果断，雷厉风行。在谈判中，德国商人会表明所希望达成的交易，准确确定交易方式，详细列出谈判议题，提出内容详细的报价表，清楚、坚决地陈述问题。德国商人善于明确表达思想，准备的方案清晰易懂。当双方在讨论问题清单时，德国商人一定会要求在问题的排序上体现各问题的内在逻辑关系。因此，在与德国商人谈判时，谈判人员应进行严密的组织、充分的准备、清晰的论述，并有鲜明的主题，从而提高谈判效率。

5. 有较强的权利和义务意识

德国人的权利和义务意识极强，对合同，他们会认真细致地进行研究，再三确认合同中无纰漏之后，才会签订合同。德国商人十分重视合同，也会认真执行合同，基本上不会出现毁约的情况。同时，德国商人对合作方也有极高的要求，在交货期限上，无论何种原因，只要对方未按时交货，他们都会执行惩罚条款。在合同签订之后，有关合同内容的更改，如付款时间、交货时间等，德国商人往往都不会理会。德国商人注重发展长久的贸易伙伴关系。

6. 时间观念很强

不论工作还是做其他事情，德国人往往都是有板有眼、严守规矩的。因此，与他们打交道时，谈判人员不仅在谈判时不应迟到，在一般的社交活动中也不应迟到。对迟到的谈判人员，德国商人对之不信任的反感心理会毫无遮掩地流露出来，破坏谈判气氛。

7. 谈判时间不宜定在晚上

虽然德国人工作起来废寝忘食，但是他们都认为晚上是家人团聚、共享天伦之乐的时间，因此谈判时间不宜选择在晚上。

（四）意大利商人

1. 与外商做生意的热情一般不是太高

意大利的商贸较为发达，意大利人更愿意与国内企业打交道。由于历史和传统的原因，意大利人不太注意外部世界，不主动向外国观念和国际惯例看齐。他们信赖国内企业，认为国内企业生产的产品一般质量较高。因此，与意大利人做生意要有耐性。

2. 在处理商务时，意大利人通常不动感情，决策过程也较缓慢

意大利人并不像日本人那样要与同事商量，他们不愿仓促表态。因此，对意大利人使用最后期限策略往往效果较好。

3. 善于社交，但情绪多变

意大利人做手势时情绪激动，表情富于变化。意大利人喜好争论，他们常常会为很小的事情而大声争吵，互不相让。

4. 重视商人个人的作用

意大利商人在这一点上与法国商人一样。意大利的商业交往大部分是公司之间的交往，在商务谈判时，往往是出面谈判的人决定一切。意大利商人个人在交往活动中比其他任何国家的商人都更有自主权。因此，与谈判对手关系的好坏是能否达成协议的关键因素之一。

5. 有节约的习惯，关心商品的价格

意大利人对合同条款的注重明显不同于德国人，而接近于法国人。意大利人特别看重商品的价格，谈判时表现得寸步不让，而在商品的质量、性能、交货日期等方面则比较灵活。意大利人力争节约，不愿多花钱追求高品质。德国人却宁可多付款以换取高质量的产品和准确的交货日期。

6. 时间观念较弱

有时，意大利人不知会谈判对手就不去赴约了，或者单方面推迟会议时间。虽然意大利人在工作时有点松松垮垮，不讲效率，但是在做生意时绝不马虎。

7. 崇尚时髦，注重着装

意大利人的办公地点及设施一般都比较讲究，他们对生活中的舒适度，如住宿、饮食都十分注重。意大利人注重着装，与他们谈判时，注重着装会给他们留下好印象。

（五）俄罗斯商人

1. 俄罗斯人办事断断续续，效率较低

在一般情况下，俄罗斯人都不会通过提高自身工作效率的方式迎合外商提供的具体时间安排。同时，如果外商采用信函或电话的方式向俄罗斯人征求意见，他们很难立刻回答。俄罗斯商人在商务谈判时，往往会带上各领域的专家以提高决策的科学性，这一行为难以避免地造成谈判队伍规模的扩大化，并且意见难以统一，对谈判时间造成极大影响。因此，与俄罗斯人谈判时，谈判人员不要急躁，要耐心等待。

2. 俄罗斯商人的谈判能力很强

在商务谈判中，俄罗斯商人重视合同中的索赔条款和技术内容。特别是对技术内容，俄罗斯商人往往会向对手索要关于产品的零件清单、技术说明、装配图样等，对细节进行反复观察，使其可以通过低廉的价格获取优秀的技术。因此，在与俄罗斯人进行谈判时，谈判人员要有充分的准备，可能需要就产品的技术问题进行反复磋商。

3. 俄罗斯人善于讨价还价、动用各种技巧

俄罗斯商人在商务谈判中常用的技巧有制造竞争、欲擒故纵、虚张声势等。当俄罗斯商人要引进某一项目时，他们首先会采取对外招标的形式，使其他公司相互竞争，之后再在这些公司中选择。同时，他们还会促使前来竞标的公司互相争夺，从而坐收渔翁之利。当谈判合同正式签订之后，俄罗斯商人会参照合同执行具体事务，而对于对方希望更改合同的需求，他们往往不予接受。在谈判中，俄罗斯商人对每个条款尤其是技术细节十分重视，并在合同中精确表达各条款。

4. 俄罗斯人非常谨慎，缺少敏锐性和创新精神，喜欢墨守成规

长期以来，俄罗斯是以计划经济为主的经济体。严格的计划性束缚了个性能力的发挥，而且这种计划性要求经办人员对所购进商品的适用性、可靠性和质量进行审查，并要对所做出的决策承担全部责任，因此俄罗斯人非常谨慎。俄罗斯人往往以谈判小组的形式出现，等级地位观念重，责任却常常不太明确具体。由于俄罗斯人在谈判中经常要向领导汇报情况，因此谈判中决策与反馈的时间较长。

5. 俄罗斯人喜欢非公开的交往，喜欢私人关系早于商业关系的沟通方式

当彼此之间关系熟稔时，俄罗斯人在态度上会变得热情、爽快。俄罗斯人喜欢和他人交谈本国的建筑、文化等。

6. 俄罗斯人很重视仪表，喜欢打扮

俄罗斯人文明程度较高，不仅家中比较整洁，而且注意公共卫生。俄罗斯人重视仪表，在公共场合注意言行举止。在商务谈判中，俄罗斯人注意对方的举止，如果对方仪表不俗，他们会比较欣赏；相反，如果对方不修边幅就坐在谈判桌前，他们则会很反感。

三、亚洲商人的商务谈判风格

（一）日本商人

日本资源匮乏、人口密集、市场有限，民众有很强的危机感。第二次世界大战后，日本通过引进高科技并发展外向型经济，创造了经济上的奇迹，从战后废墟一跃而成为世界

经济强国。日本积极开拓中国市场，中日经济交往日益密切。因此，了解和掌握日本文化和日本人的谈判风格是十分必要的。

1. 性格特点

日本人的特点是慎重、规矩、礼貌、团体倾向强烈。虽然与其他国家相比，日本人可能在能力、素质等方面存在一定差异，但是当他们集合成为团体时，则具有十分强大的力量。日本的家族企业较多，他们将个人、家庭以及企业紧紧联合在一起，提高了个人对企业的归属感，从而使企业内部的协调性和统一性极强。在进行谈判时，日本人经常采取团队共同参与的形式，同时也希望对方的谈判队伍可以达到与之相等的谈判规模。

2. 注重人际关系

日本商人在与外商进行初次商务交往时，喜欢先进行个人的直接面谈，而不喜欢通过书信交往。在和日本商人进行初次交流时，谈判人员可以找一些日商熟悉的人，为双方搭建联络的桥梁，因为日本商人比较喜欢与经过熟人介绍的商人进行合作。日本商人善于把生意关系人性化，他们通晓如何利用不同层次的人与谈判对方不同层次的人交际，以便于了解对方的情况，进而提出相关对策。日本谈判人员十分擅长把握和创造多种机会，以拉近和谈判对手领导的关系。

3. 注重集体决策

在日本企业中，决策往往不是由最高领导层武断地做出的，而是要在公司内部反复磋商，有关人员都有发言权。当需要对某一问题进行决策时，日本企业中的领导往往会询问各个部门的意见，并且进行相应的整理，再根据所了解的具体内容进行决策。参与谈判的人员基本上都是同事，他们之间比较熟悉并且相互了解和信任，有利于协作。在进行谈判时，我们可以学习日本谈判人员的这一特点，使企业中形成良好的协作氛围，以取得更好的谈判成果。

4. 等级观念根深蒂固

日本人非常重视尊卑秩序。日本人具有比较严重的等级观念，他们希望谈判双方的参与人员地位相等。在谈判中，通常由谈判人员对谈判内容进行协商，积极争取自身利益，领导人物一般在最后的紧要关头出现，以达成谈判。

在日本，女性的地位相对较低，无论是在企业谈判还是在其他商务活动中，很难看到日本女性的身影。因此，和日本人进行谈判时，尽可能不要派女性谈判人员。女性谈判人员出现在谈判中可能会使日本人产生不满情绪，影响谈判结果。同时，日本人具备尊老爱幼的优良传统，我们在谈判时可以选择一些地位、官职相对较高的谈判人员参与，以推动谈判顺利进行。

5. 重视合同的履行

在签订合同之前，日本商人通常格外谨慎，会认真审查全部细节。合同订立之后，日本商人一般较重视合同的履行。但是，这并不排除在市场行情不利于他们时，日本商人会千方百计寻找合同漏洞以拒绝履约的情况。

6. 富有耐心

日本商人在谈判时虽然表现得彬彬有礼、富有耐心，但实际上他们普遍固执而坚毅。

在谈判中，日本商人不会先将己方的意图表现出来，而是耐心等待事态的发展。日本人勤奋用功，在谈判中夜以继日是常有的现象。当细节发生变化时，他们会主动将其整合、汇总成文字，这也是日本人的谈判策略之一。日本人常通过在整理过程中使用词语发生的细微变化，尽量使协议有利于自己。

7. 待人接物讲究礼仪

在商业活动中，日本人时常会送一些小礼物，可能并不会多么贵重，但这些礼物通常具有纪念意义。同时，日本人也会将不同档次的礼物送给不同地位的人。日本人对交换名片也十分看重，即使谈判人数较多，他们也会相互交换名片。交换名片时，日本人首先根据对象不同行不同的鞠躬礼，同时双手递上自己的名片，之后以双手接过对方的名片。

8. 谈判时不喜欢拒绝

日本人认为，直接的拒绝会使对方难堪甚至恼怒，是极大的无礼。因此，即使他们对对方的看法有不同意见，也不会直接进行辩驳，他们一般会间接地将己方观点进行陈述。当和日本商人进行谈判时，谈判人员要保持语气的温和。同时，谈判人员不能把日本人礼节性的表示误认为是同意。日本人在谈判中往往会不断点头，这常常是告诉对方他们在注意听，并不是表示同意。

9. 谈判时通常不带律师

日本人认为携带律师的目的是制造法律纠纷，这一行为并不友好，并且不值得信赖。当谈判双方因合同问题产生争吵时，日本人也不会选择用法律手段来解决，他们会寻找机会提出模棱两可的合同条款，为日后解决纠纷做准备。

（二）韩国商人

韩国是一个自然资源匮乏、人口密度很大的国家，近几十年经济发展较快。韩国人在长期的贸易实践中积累了丰富的经验，常在不利于己的贸易谈判中占据上风，被西方国家称为“谈判的强手”。

1. 韩国商人非常重视商务谈判的准备工作

在进行谈判之前，韩国商人会通过各种方式了解、咨询对方的基本情况，比如生产规模、经营作风、经营项目等。他们认为掌握对手的有关资料是他们进行谈判的基础。只有做好了这些基础性工作，韩国商人才会进行谈判。

2. 韩国商人逻辑性强，做事条理清楚，注重技巧

韩国商人在谈判中更喜欢先进行主要问题的谈论。在谈判手法上，他们通常采用以下两种方法：横向谈判，先勾勒出谈判协议的框架，在原则上的协议达成后，再对具体谈判内容进行细致交谈；纵向谈判，依照双方条款的顺序进行协商，从而达成整个协议。在进行谈判时，韩国商人会依照谈判对象采取不同的策略，如调虎离山、出其不意等，以争取更多的己方利益。即使自己处于相对弱势的地位，韩国商人也会果断让步谋取其他利益。在合同的签订上，韩国商人倾向于使用三种具备法律效力的语言，即韩语、对方国家的语言以及英语。

3. 韩国商人重视在会谈初始阶段创造友好的谈判气氛

在第一次与谈判对手进行见面时，韩国商人会将自己的职务、姓名等介绍给对方。就

座以后，韩国商人会通过如选取对手喜爱的饮料等投其所好的办法来表示对对手的了解和尊重。

4. 韩国商人很注重谈判礼仪

对谈判地点的拟定，可以充分体现韩国商人的这一特点。韩国商人一般喜欢在有名气的酒店、饭店会晤洽谈。如果由韩国商人选择谈判地点，他们定会准时到达，以尽地主之谊。如果由对方选择谈判地点，韩国商人则会推迟一点到达。进入谈判地点时，地位最高的人会走在队伍的最前面，这个人一般具有决策权。

第三节　中西方商务谈判风格比较

一、原则与细节的处理

中国商人喜欢在处理细节问题之前先就双方关心的一般原则取得一致意见，把具体问题安排到以后的谈判中去解决，即“先谈原则，后谈细节”。西方商人往往是“先谈细节，避免讨论原则”。西方人认为，细节是问题的本质，细节不清楚，问题实际上就没有得到解决，而原则只不过是一些仪式性声明而已。因此，西方商人比较愿意在细节上多动脑筋，对原则性的讨论则比较松懈。这种差异常常导致中西方交流中的困难。

中国人重视“先谈原则，后谈细节”的原因包括：首先，先谈原则可确立细节谈判的基调，使之成为控制谈判范围的框架。其次，利用先就一般原则交换意见的机会可以估计和试探对方，看看对方可能存在哪些弱点，创造出一些有利于己方的机会。再次，先谈原则可以很快地把原则性协议转变为目标性协议。另外，先谈原则可以赢得逻辑上或道德上的优势。最后，原则问题的讨论可以在与对方上层人物的谈判中确立下来，从而既避免了与实质性谈判中的下层人员可能的摩擦，又能在一定程度上控制他们的举动。

二、集体与个人的权力

西方人比较强调集体的权力、个体的责任，是一种“分权”。中国人比较强调集体的责任、个体的权力，是一种“集权”。这种差异导致谈判场合出现这样两种现象：西方人表面看起来是一两个人出场，但是他们身后却往往有一个高效而灵活的智囊群体或决策机构，决策机构赋予谈判者个体以相应的权限，智囊群体辅助谈判者个体应对谈判中的复杂问题；中方则习惯于众人谈判，一人决定。因此，在谈判中，谈判人员应当科学而恰当地处理好集体与个人、集权与分权之间的关系，以在与西方人的谈判中始终处于较为主动的地位。

三、立场与利益

中国人注重立场。在立场上投入的注意力越多，越不会注意如何调和双方利益。任何达成的协议，都只是机械式地消除双方在最后立场上的分歧，而不是精心制订出符合双方合法利益的解决方案。立场争执往往会使谈判陷入僵局，导致彼此的对立。同时，谈判人员在立场上争执时，会使自己陷入该立场中。谈判人员越澄清立场，越会抵抗对方对之做出的攻击，就越会执着于该立场；越设法叫别人相信不会改变立场，就越难做到这一点，于是自我与立场便混为一体。立场争执往往会使谈判陷入僵局，导致彼此的尖锐对立。

西方人对利益看得比立场更为重要。对商务谈判人员，西方人评价其工作绩效的标准是看其谈判成果。西方人重效果而轻动机，他们对立场问题往往表现出极大的灵活性，在谈判中努力追逐利益。西方人对待事物的态度取决于事物是否会为自己带来好处、是否会损害自己的利益。

思考题

1. 在国际商务谈判中，环境因素所引起的问题体现在哪些方面？
2. 请从文化差异的角度比较中国人和美国人的商务谈判风格。

案例分析讨论

美国商人马克在与他的日本客户田中的交往中逐步认识到互赠礼品的重要性。起初几次，马克赠送的是书籍类的礼品。旁人友好告知马克，这些是过于实际且不能给人留下深刻印象的礼物。后来，马克发现送田中难以买到的物品更为合适。于是最近一次，马克从美国为田中带来了马克的家乡肯塔基州的波本酒。爱酒的田中收到礼物时喜笑颜开，后续的谈判进展顺利。

问题： 该案例带给我们的启示是什么？

第四章　商务谈判心理研究

本章要点

1. 理解马斯洛的需要层次理论。
2. 掌握商务谈判的构成。
3. 了解挫折心理的应对内容。
4. 掌握商务谈判人员的心理素质要求。

导入案例

王先生想在出国定居前将私房出售，经过几次磋商，他终于同从外地到本地经商的杨先生达成意向：50万元，一次付清。准备签约时，王先生的护照等文件不小心从皮包中掉落出来，杨先生见状立即改变了态度，一会儿说房子的结构不理想，一会儿又说他的计划还没有最后确定。总之，杨先生表示不太想买房了，除非王先生愿意在价格上有大的让步。王先生看穿了对方想要压价的心思，不肯就范。双方相持不下。王先生的出国日期日益临近，另寻买主已不太可能，但王先生仍不动声色。当对方再一次上门试探时，王先生说："我们的差距实在太大，一时难以成交，我过几天就要出国了，现在没有心思跟你讨价还价，过半年再说吧。如果那时你还想要这房子，再来找我。”说着还拿出了自己的飞机票给对方看。杨先生这下沉不住气了，当场拿出了他准备好的50万元现金。其实，王先生也是最后一搏了，他做了最坏的准备，即以40万元成交。

杨先生一再改变态度，是因为他从王先生不小心掉出来的护照上了解到王先生近期要出国的情况，他想利用王先生行期紧迫、急于出国和需要金钱的心理迫使王先生在价格上做出大的让步。王先生不急于成交是看穿了对方的心思，于是将计就计的做法为自己争取了主动。王先生拿出飞机票让杨先生看，并说如果仍想要买房，过半年再说，是在了解杨先生不能久等的实情和心理的情况下发出的最后通牒。这种欲擒故纵的做法，既很好地掩饰了自己，又迫使对方不得不立即做出成交的决定，从而让王先生取得了谈判的胜利。

以上案例告诉我们，商务谈判与人的心理密切相关。因此，学习与研究商务谈判心理，既有助于培养自身的心理素质，又有助于揣摩对手的心理，从而实施有针对性的心理策略，促成交易。

第一节　需要层次理论

任何人类活动，特别是人类有目标的活动都与需要不可分割。需要是人类典型的心理现象，是人类一切活动的内在驱动力。谈判活动也是因为不同的个人或组织需要的不同而坐下来面对面或通过电话、视频等方式交流观点、进行磋商的活动。需要是谈判的内生动力，是实现谈判对象诉求的目标。掌握谈判对象的诉求，是引导谈判成功的关键。

需要是一个动态的过程，在不同时期、不同空间，人类的需要是不断变化的。尽管人类的需要是动态的、变化的，但是具有层次与规律性。在商务谈判中，如何将需要理论贯穿其中，发现谈判对象的需要，是本节主要探讨的内容。

一、需要的含义与特点

需要是人对客观事物的某种欲望，但不等同于欲望。欲望是想得到某种东西或想达到某种目的要求，是世界上所有动物最原始、最基本的一种本能。人类的欲望是无限的，受到外界环境的限制与激发。例如，社会发展水平、意识形态、文化观念、流行趋势等影响，是人类产生、发展的一切动力。需要是欲望的来源，如精神需要映射出求知欲、创造欲；物质需要映射出物质欲；权利需要映射出权力欲等。在对事物的表达上，需要是一般的、抽象的，并不特别指向某一具体需要。人们的欲望则更为具体，即知道自己想得到什么。在某个时刻，个人的多种欲望可能表现为为数不多的甚至是一种需要。因此，相对而言，需要比欲望更能被满足。

人类活动总是为某种需要所驱使，而行动的目的又总是反映某种需要。谈判活动也是建立在人们需要的基础上。在产品贸易谈判中，卖方想要出售自己的产品，买方想要购买所需的产品，这样促使交易双方坐下来，磋商具体条款。需要是谈判行为活动的动力和基础，谈判是满足各方需要的过程。无论任何个人、组织、团体、企业甚至国家，采取什么样的协商形式，都是建立在产生需要并满足需要的基础上的。

我们要研究需要对人的行为的支配作用，就有必要了解需要的一般特点。

（一）需要具有对象性

对象性是指需要总是包含具体的内容，如想要购买一批价格适宜、性能良好的计算机，想要以市场价出售一批配件等。

（二）需要具有选择性

人们的需要是多种多样的，已经获得满足需要的经验使人们能够对需要的内容进行选择。例如，企业要购买上述设备，既可以通过函电洽商，也可以通过采购人员面谈洽商；既可以把销售者请到企业来，也可以走出去上门购买。当然，要购买哪一家的产品，可供选择的对象就更多了。

（三）需要具有连续性

需要具有连续性是指人的需要不断地出现、被满足，再出现、再被满足，周而复始，不断上升。例如，交易双方出于合作的需要，坐到谈判桌边，准备洽商合作的事宜。反复磋商的结果，达成了双方都满意的协议。当合同顺利执行后，双方可能还要产生合作的欲望，也许交易的规模更大了。

（四）需要具有相对满足性

需要具有相对满足性是指人的需要在某一具体情况下所达到的满足标准。人的行为活动要达到一定的目的，但目标的满足只是相对的。例如，一个产品滞销的企业在一次交易中能签约售出数百件产品，可能是值得庆贺的事。但是，这对于一个产品畅销的企业来讲，很可能是微不足道的。

（五）需要具有发展性

人的需要的出现、被满足以及再出现，不是简单的重复，而是不断发展、不断上升的。这一方面表现为标准不断提高，另一方面表现为需要的内容不断变化。

二、需要层次理论

人的需要是多种多样、不断发展的，因此从需要的种类上讲，需要是无穷无尽的。这正是推动人类不断进化的根源。但是，人的需要的产生又是有层次的，研究需要的层次性，可以从根本上揭示需要对人的行为的支配作用。关于人的需要，人们有过许多研究和大量论述。在众多的需要理论研究中，得到最广泛认可与应用的是美国著名社会心理学家、人格理论和比较心理学家马斯洛的需要层次理论。亚伯拉罕·马斯洛（Abraham H. Maslow，1908—1970）在其于 1954 年发表的代表作《动机与个性》中提出了人类的需要层次理论，指出人的需要是有层次的，全部发展的一个最简单的原则就是满足各层次的需要。马斯洛把人类的需要分为五个层次，认为人类动机的发展和需要的满足有着密切的关系，需要的层次有高低的不同，并由低级向高级发展，低层次需要的满足或基本满足有助于高层次动机的出现。

（一）生理的需要

生理的需要是需要层次理论的基础。这些需要是人类生存的生物学成分，如对食物、水、住房等物质条件的需要。马斯洛认为，人们有关生理的需要是第一位、最优先的需要。也就是说，人类为了追求更高层次的内在满足，不得不首先满足生理的需要。这意味着如果一个人生理的需要都不能较好地实现，其就不愿意寻求安全、社交、尊重和自我实现的需要的满足。

生理的需要是人类最低层次的需要，也是最强烈的需要，它的满足是其他需要产生的基础。很好地满足生理的需要是满足其他层次的需要的条件。

（二）安全的需要

在生理的需要得到满足以后，人们接着考虑安全的需要。和挨饿的人一样，一个寻求安全保障的人对生活的全部看法因缺乏安全感而受到影响，在其看来，任何事物都不如求得安全那么合乎需要。

安全的需要是人们为了保障自身的安全与健康，或者在经济上、财产上不受威胁等的需要。这是在人类的生理需要得到满足后接踵而至的，仍然是属于低层次的需要。例如，在经济危机或突发公共卫生安全事件中，人们对“铁饭碗”情有独钟，这也是对就业保险、医疗保险等的安全的需要。又如，人们对食品安全的关注，这是对自身健康安全的需要。在商务谈判中，己方给对方安全感、稳定感特别重要，否则对方会认为风险太大，不值得交易。

（三）社交的需要

社交的需要是指当一个人的物质需要和安全需要获得了相对的满足后产生的一种社交需要。这是人的中等层次的需要。人是生产关系的总和，这种社会属性决定了任何人在社会上都不能孤立地存在和生活。人需要交往、组织家庭、参加团体活动等社交活动，需要被集体接纳。如果一个人不被他人或集体接受，他将会产生孤独感、自卑感、精神压抑、心情郁闷。在经济文化较为发达的社会里，社交的需要就更加重要了，直接关系着人类社会的生存和发展。商务谈判是当今社会实现人与人之间交往、协调的典型的社交活动之一。

（四）尊重的需要

尊重的需要是指人们的自尊得到满足，在社会中拥有一定的地位，受到认可的需要，这是属于人类较高层次的需要。马斯洛认为，所有正常人都有自尊心和荣誉感，希望有一定的社会地位和自我表现的机会，博得别人的敬重，得到社会的尊重和承认，使自尊心得到满足。社会和其他人的承认与鼓励无疑会使人增强信心、感到满足，从而有所作为、有所成就。有研究者做过这样一个实验，将同等水平的学生分成三个班，对第一个班的学生经常表扬、鼓励，采取认可的教育方法，对第二个班的学生采取放任自流的教育方法，对第三个班的学生使用批评的方法。最终，放任自流的班的学生学习成绩最差；批评的班的学生学习成绩较好，但学生缺乏自信；表扬的班的学生学习成绩最好，并且学生充满信心和热情。这个例子说明，尊重的需要得到满足，对于人的成长、成功，乃至整个社会的发展都是非常重要的。

（五）自我实现的需要

当上述种种需要都已得到充分的满足之后，人们需要的层次又会上升，上升到自我实现的需要，即每个人都处在最适合他的工作岗位，充分发挥个人的能力。因此，人们又称这一层次的需要为创造性的需要。就拿商务谈判活动来讲，有项目负责人、专业人员、辅助人员，每个人所具备的能力与应发挥的作用是不一样的。领导者不但要把谈判小组中每个成员协调在一起，充分发挥集体的智慧，还要使谈判小组的成员明确各自承担的具体工作，各司其职，使谈判活动取得理想的结果。

从某种意义上讲，人的一生就是一场为满足需要而拼搏的持久斗争，行为动机是生物体为减轻需要的压力而做出的反应。马斯洛的需要层次理论为我们进行论证和辩论提供了广泛的选择余地，使我们能从双方需要的不同侧面、不同角度进行解释和评论。了解了每一种需要的相应的动力和作用，谈判人员就能对症下药，选择最佳方法。在每一种情况下，谈判人员采用的方法所针对的需要越是基本，就越可能获得成功。谈判人员的目的就是运用这些关于人类需要的基本知识去进行合作谈判。

商务谈判的目的是满足谈判双方的需要，马斯洛的需要层次理论是商务谈判心理方面的重要依据。谈判人员掌握好需要层次理论，才能在商务谈判过程中取得成功。

第二节　需要层次理论在商务谈判中的应用

谈判活动是建立在人们需要的基础上的，正是因为有了需要，才使谈判的各方坐下来进行磋商，最后达成满足彼此需要的目的。我们研究需要与谈判，是要研究是哪一层次的需要支配着人的活动、是显现的需要还是潜在的需要、在什么条件下人的需要会发生转化，从而更好地探究人的行为变化的内因。

潜在的需要是人们的一种下意识的欲望，它没有被明确地表示出来，但在某种情况下，更能影响谈判者的思维活动。买卖交易谈判双方能够坐下来洽商，彼此都清楚有合作的要求，经过初步的洽商，卖方的具体条件、买方的要求也都清楚了，但是谈判的结果可能是多样的。谈判可能非常成功，各方都十分满意；谈判可能只获得了一方的赞许；谈判可能使双方都不满意；谈判可能破裂，没有达成协议。会出现多种谈判结果，一个最重要的原因就是需要的满足。

我们知道，人的需要是会变动的，是受许多因素影响的。另外，满足需要的方式也是多种多样的。我们所研究的谈判活动的需要是集体的需要，是理性的需要，是由代表企业的人来实现的。这种需要的满足与否是由人来评价的。这就难免会带有个人感情的因素，受个人需要的影响。谈判中经常会出现这样的场面：一方由于语言或行为的不慎，使另一方感到受到了不公正的待遇和丢了面子，即使后者的目的达到了，其也会感到不满意，甚至还可能出现为维护面子而中止谈判的行为。谈判中也有这样的情况：双方在最初的洽商时，都感到各方的要求差异很大，很难协调，但随着谈判的进展、关系的融洽、感情的加深，居然达成了双方都十分满意的协议。原因很简单，就是谈判双方都感到了他们的要求得到了满足。

应该指出的是，这里需要的满足，不一定就是达到企业原有的既定目标，而是谈判者认为的需要的满足。谈判所签订的协议条款，很可能与企业原计划相差较大，这可能是在双方的洽商中制订计划的一方认为原有的标准过高，不符合实际情况，或者情况发生了变化，签订这个协议是值得的，这就是需要对谈判的影响。如果我们细心观察现实生活中的各种谈判，情形大致如此。一名企业员工感到他在企业的贡献与所得报酬不相等时，他可能会向经理要求增加工资或奖金。但是，他在与经理谈话之后却改变了这种想法，企业处于艰难时期，他是企业核心岗位的员工，理应为企业振兴做出贡献，而不是先考虑个人的得失。谈判之后，他的增加劳动报酬的需要（生理的需要）没有得到满足，而他的自尊的需要却得到了满足。可见，满足不同层次的需要是取得理想的谈判结果的关键因素，同时也是缓和谈判僵局的关键，有利于谈判人员采取灵活变通的办法，取得双方满意的结果。

【案例 4-1】　《独立宣言》签署者们的需要

大部分人相信在《独立宣言》上面签字的美国开国元勋们都是凭借着满腔的爱国热情，主动自愿地签下自己的大名的。事实如何呢？托马斯·杰斐逊在暮年写给朋友的信中说："那时签字的独立厅就在马厩的隔壁，七月的天气非常闷热，到处都是苍蝇。代表们穿着马裤和丝袜参加会议，一边发言一边不停地用手驱赶腿上的苍蝇。代表们心烦意乱。最后，大家决定立即在《独立宣言》上签字，以便尽快离开那个鬼地方。"杰斐逊几年之后曾经说道："在不舒服的环境下，人们可能会违背本意，言不由衷。"

【案例思考】哪些需要促使了代表们在《独立宣言》上签字？

通常，我们还会见到这样的情况：一些谈判协议的签订，对某一方来讲并不合算，但他们却感到很值得。那么，他们的目的是什么呢？显然，他们是为了建立联系，为以后的长期交易打基础，这是出于社交的需要。至于从满足谈判各方的生理的需要来实现理想的谈判结果就更为常见了。例如，主方在就餐、娱乐、休息方面精心安排，热情款待客方，希望以此达到自己生意上的目的。但是，如果这样做达不到目的，那么很可能情况会给客方造成种种生活上的不便，形成一定的心理压力，迫使客方妥协。

同样，满足人的尊重的需要与自我实现的需要也是谈判活动比较常见的心理现象。

【案例 4-2】　矿主的特殊需要

荷伯曾代表一家大公司去买一座煤矿。该煤矿的主人是一个强硬的谈判者，他的开价为 2 600 万美元，荷伯还价为 1 500 万美元。谈判在几个月的讨价还价中艰难地进行，荷伯已将还价抬高到 2 150 万美元，但矿主始终坚持 2 600 万美元，拒绝退让。因此，谈判陷入了僵局。荷伯意识到这背后肯定有其他的原因，只有挖出这一原因，谈判才能进行下去。

荷伯非常诚恳地与矿主交流，并邀请矿主打网球。终于，矿主被荷伯的耐心和诚意所打动，向荷伯说出了他的意图。他说："我兄弟的煤矿卖了 2 500 万美元，外带一些附加条件。"荷伯恍然大悟，矿主坚持原始报价的真正原因是想与他的兄弟攀比，他要超过他的兄弟，这样他才会有成就感，感觉在兄弟面前有自信和尊严。这是矿主的特殊需要。

找到矿主的特殊需要后，荷伯就去了解矿主的兄弟的煤矿的卖价及附加条件，之后采取了新的谈判方案，而矿主也做出了让步，双方终于达成了协议。最后的买价并没有超出预算，但付款方式及附加条件使矿主感到自己的成就远远超出了他的兄弟。

【案例思考】矿主的特殊需要是指什么需要？这种特殊需要对谈判的重要性是什么？

在实际谈判活动中，人们在谈判时经常运用的最低报价策略，就是利用了这一心理。诸如“这是我们最优惠的价格”“这是特别优待价”等，就是利用了另一方追求自我实现的需要。实际上，这是人们最普遍的心理要求。这就是尊重的需要与自我实现的需要的体现。如果能掌握人的需要的特点，巧妙地满足人各个层次的需要，谈判者就是个成功的谈判家。

在谈判中，各层次的需要主要表现在以下几个方面：

第一，权力的需要。这实际上是尊重的需要的表现，是个人控制环境的需要，在自我表现欲强的人身上表现得最为明显。他们通常在谈判中表现得咄咄逼人、立场强硬、支配欲望强目标要求高，他们为掌握权力、支配他人、控制局面，可以牺牲其他方面的利益，甚至为了获得权力而不择手段。

第二，交际的需要。谈判是一种社会交往活动，广泛的社会交往、良好的人际关系是谈判成功的保证。在很多情况下，人们为了建立关系、寻求友谊而谈判。

第三，成就的需要。这是自我实现的需要的表现。敢于冒险的人，目的是追求更大的成就，也是为了获得自我满足。

总而言之，需要是谈判的心理基础。没有需要，就没有谈判。人们通过谈判，达到满足需要的目的。一方的需要越迫切，越想达成谈判的协议，相应地，要取得理想的谈判结果就越困难，而形势对另一方就越有利。从这一点上说，需要的程度直接影响着谈判行为活动的结果。

第三节　商务谈判中的心理挫折

一、心理挫折

人们的行为活动很少有一帆风顺的，都会遇到这样或那样的困难，碰到各种各样的障碍。当实际活动受阻时，人的心理会受到影响，从而形成各种挫折感。心理挫折是指人在实现目标的过程中遇到自感无法克服的阻碍、干扰而产生的一种焦虑、紧张、愤懑、沮丧或失意的情绪性心理状态。

心理挫折是人的一种主观感受，有别于实际上的行动挫折。从客观上来说，人们的行为活动遭受挫折是常有的，但并不是遇到了挫折人们都会产生挫折感，而且面对同一挫折，人们的感觉反应也不相同。例如，在商务谈判中，当双方就某一问题各不相让、僵持不下时，出现了活动中的挫折，对此人们的感受可能是不同的。有的人遇到了困难，反而会激起他更大的决心，全力以赴把这一问题解决好；而有的人则感到沮丧、失望乃至丧失信心。

人们的行动挫折的产生有主观、客观两方面的原因。主观原因在于人的知识、经验、能力、智商等方面，客观原因在于活动对象、环境条件的复杂和困难程度。在人的行为活动遇到挫折时，人们的主观心态由于各种原因的作用会产生不同的反应，如对行为挫折的情境的主观判断、遭受挫折后目标的重要性以及对挫折的忍受力都会影响人们遭受挫折后的心态反应。

二、心理挫折对行为的影响

（一）心理挫折的行为反应

心理挫折是人的内心活动，是通过人的行为表现和摆脱挫折困扰的方式反映出来的。

1. 攻击

人在受挫时，生气、愤怒是最常见的心理状态。这在行动上可能表现为攻击。例如，语言过火、言辞激烈、情绪冲动、容易发脾气以及伴有挑衅和煽动的动作。

攻击是在人产生心理挫折感时可能出现的行为，但攻击的程度却因人而异。例如，理智型的人善于自我调节，比感情易冲动的人更容易控制自己；文化程度低的人受挫后产生攻击行为的可能性比较大；经验丰富、见多识广的人受挫后会有多种排解方法，攻击的可能性比较小。此外，受挫目标的期望程度、动机范围等因素都可能影响人的攻击性。

2. 倒退

倒退是指人遭受挫折后可能发生的幼稚的、儿童化的行为。例如，像孩子一样的哭闹、暴怒、任性等，目的是威胁对方或唤起别人的同情。

3. 畏缩

畏缩是指人遭受挫折后发生的失去自信、消极悲观、孤僻离群、盲目顺从、易受暗示等行为表现。这时其敏感性、判断力都相应降低。

4. 固执

固执是指顽固地坚持某种不合理的意见或态度，盲目地重复某种无效的动作，不能像正常情况下那样正确、合理地做出判断。其表现为心胸狭窄、意志薄弱、思想不开明，这都会直接影响人们对具体事物的判断分析，导致行动失误。

此外，不安、冷漠等都是心理挫折的表现。

（二）摆脱挫折困扰的心理防卫机制

在出现心理挫折时的情绪状态是人的应激状态，无论对谁，都是一种不适的困扰，甚至是苦恼的折磨。人人都会自觉地采取措施来消除心理挫折，摆脱困扰。比较常见的方式有以下几种：

1. 理喻作用

理喻作用是指人在受挫时，会寻找理由和事实来解释或减轻焦虑困扰的方式。例如，谈判所签订的协议没有达到原订的价格标准，会不自觉地拿“今年价格上涨”的理由来安慰自己。

理喻的作用有积极与消极之分，如果是不合逻辑的“自我理喻”，即寻找不符合客观实际的理由推卸个人的责任。

2. 替代作用

替代作用，即以调整目标来取代遭受挫折的目标，主要采取升华、补偿、抵消等形式。例如，在上笔交易中吃了亏，在下笔交易中赚回来的心理就是替代作用的表现。消极意义的替代是将自己的不当、失误转嫁到他人身上，以减轻自己的不安。例如，自己憎恨某人，却大谈某人憎恨自己，以小人之心度君子之腹。

3. 转移作用

转移作用是指将注意的中心转移到受挫事件之外的事情中，以减轻和消除心理困扰。消极的转移称为逃避，最为常见的是有的人现在失意，却大谈自己过去的辉煌。

4. 压抑作用

压抑作用是指人有意控制自己的挫折感，不在行动上表露出来。通常所讲的临危不乱、宠辱不惊、具有大将风度，就是压抑作用的结果。这也是一个优秀的谈判者所应具备的。

三、商务谈判与心理挫折

谈判活动是一种协调行为，即协调交易各方的利益与冲突。因此，在商务谈判活动中，谈判人员会遇到这样或那样的矛盾，碰到各种挫折，难免会产生心理波动，并直接影响其行为活动。

商务谈判活动所产生的心理挫折主要表现在以下几个方面：

（一）成就需要与成功可能性的冲突

成就感在人的需要层次中表现为尊重和自我实现的需要，是一种高层次的追求。正是这种追求促使人们认真努力、不懈追求，希望有所成就、获得良好的工作业绩。但是，谈判活动的不确定性又造成了谈判人员的谈判结果的不确定性，由此构成了成就需要与成功可能性的冲突。

交易洽商既涉及交易各方的实际利益，又具有很强的伸缩性和变动性。就连什么是成功的谈判、什么是理想的结果，都没有统一的标准。即使谈判前制订了详细的目标与计划，谈判的结果在很大程度上也取决于双方力量的对比和谈判人员作用的发挥。这既增加了取得工作业绩的难度，也为谈判人员更好地发挥自己的潜力创造了条件。其中，努力、勤奋、创造性都是获得成功的必要因素。

心理挫折对人的行为有直接的影响，但并不只是消极的影响。对于振奋型的人来讲，遭受挫折尽管使人蒙上心理阴影，但也可以起到激励、鞭策的作用，从而取得成功。

（二）创造性与习惯定向认识的冲突

谈判是一种创造性较强的社交活动，没有哪两个谈判项目是完全一致的。适用于上次谈判的方式方法，可能完全不适用于这一次谈判。虽然每进行一定规模的交易活动，各方都要进行详细、周密、认真的准备，但很大程度上要取决于谈判人员的“临场发挥”。因此，谈判人员的应变能力、创造性、灵活性都是十分重要的。

但是，人们的认知心理都存在着一种思维惯性，这在心理学上被称为“习惯定向”，即人们在思考、认识问题的过程中，习惯于沿着某一思路进行，这样考虑问题的次数越多，采用新思路的可能性就越小，这种习惯思维对人的束缚性就越强。这就导致人们习惯于用某种方法解决问题后，对出现的新问题不寻求更好的方法，而是机械地套用老方法去处理。因此，我们认为，“习惯定向”是影响谈判人员创造性地解决问题的主要障碍。如何摆脱“习惯定向”对人们认识活动的影响，怎样既重视经验又不依赖于经验，怎样创造性地解决洽商活动的问题，可能是每一位参与谈判活动的人都面临的问题。最重要的是培养谈判人员良好的心理素质、正确的工作态度和坚强的意志品质。

【案例 4-3】 **大将狄青造“天意”**

有一次，北宋大将狄青对外征讨，军队刚出发就遇到许多困难，将士颇多怨言。为统一全军将士的意志，狄青取出 100 枚铜钱，与上天誓约：“此行若能大获全胜，那么我投的这些钱一定都面朝上。”左右随从劝阻道：“要是不能全部朝上，恐怕容易动摇军心，还是不投的好。”狄青意志坚决，不听劝告。众将士全神贯注地观看，只见狄青将手一挥，一下将钱投出，100 枚铜钱全部面朝上落在地上，众人立刻欢呼起来，声震山林旷野。狄青也十分欢喜，命人取 100 枚钉子，立刻将钱钉住，又扣上青纱笼。狄青亲手加封说：“等我军胜利回师，在此拜谢神灵，届时再取走钱。”

后来，狄青果然大获全胜。班师路经此地时，狄青履行诺言，拔钉取钱，此时大家才发现，100 枚铜钱都是两面钱，正反面一模一样。

【案例思考】狄青是如何解决创造性与习惯定向的冲突的？

（三）角色多样化和角色期待的冲突

在实际生活中，每个人在不同的情况下可能会充当不同的角色，如一个人在家里是父亲，在单位可能是领导者，而从事洽商活动又是临时组织的负责人或专业人员，还可能是其他组织的负责人等。不同的角色、不同的社会地位，社会规范的行为方式自然也不同。由于在不同的情况下担任不同的角色，各种角色之间必然会有矛盾冲突。作为具体的个人，要承担如此多的角色，而且都要符合角色的要求，是难免会出现挫折、形成心理冲突的。特别是当原有角色与洽商活动中所扮演的角色相冲突时，会直接影响谈判者的心理活动，进而影响其作用的发挥。例如，一个人在原单位是一名技术人员，但在谈判活动中成为一名主谈人员，还承担着决策重任，那么他很可能不适应这种角色的转化；一个人在原单位是主要负责人，但在洽商活动中他只扮演了一个从属的角色，他会感到不被重用，这也会影响其作用的发挥。可见，这种原有角色与实际角色的心理冲突是值得我们认真研究并加以注意的。

第四节　成功谈判者应具备的心理素质

一、意志力

耐心是在心理上战胜谈判对手的一种战术与谋略，也是成功谈判的心理基础。在谈判中，耐心表现为不急于取得谈判结果，能够很好地控制自己的情绪，掌握谈判的主动权。

耐心可以使我们更多地倾听对方，了解和掌握更多的信息；耐心也可以使我们更好地克服自身的弱点，增强自控能力，更有效地控制谈判局面。有关统计资料表明，人们正常说话的速度是每分钟120~180个字，而大脑思维的速度却是它的4~5倍。这就是为什么常常对方还没讲完，我们却早已理解了。但是，如果这种情况表现在谈判中却会直接影响谈判者倾听，会使思想“溜号”的一方错过极有价值的信息，甚至失去谈判的主动权。因此，保持耐心是十分重要的。

耐心还可以作为谈判中的一种战术与谋略。耐心使谈判者认真地倾听对方讲话，冷静、客观地谈判，分析谈判形势，恰当地运用谈判策略与方法；耐心使谈判者避免了意气用事，融洽谈判气氛，缓和谈判僵局；耐心使谈判者正确区分人与问题，学会采取“对人软、对事硬”的态度。此外，耐心也是对付脾气急躁、性格鲁莽、咄咄逼人的谈判对手的有效方法，是实施以软制硬、以柔克刚的最为理想的策略方法。

具有耐心也是谈判者心理成熟的标志，它有助于谈判人员对客观事物和现象进行全面分析和理性思考、有助于谈判者做出科学决策。

需要指出的是，耐心不同于拖延。在谈判中，人们常常运用拖延战术打乱对方的战术运用，或者借助拖延实施己方策略。耐心主要是指人的心理素质，从心理上战胜对方。心理学研究表明，人是否具有耐心，与人的气质有直接的联系。黏液质气质类型的人，天生性格稳重、平和，而胆汁质气质类型的人则脾气暴躁，缺乏耐性。因此，黏液质气质类型的谈判者运用耐心则得心应手，而对于胆汁质气质类型的谈判者来讲，其需要克服较大的心理障碍。

在谈判活动中，谈判者要自始至终保持耐心，其动力来自对利益目标的追求，但人们的意志、对谈判的信心以及追求目标的勇气都是影响耐心的重要因素。

【案例4-4】 **吉米·卡特的耐心**

美国前总统吉米·卡特的最大特点就是有惊人的耐心。科恩评论道，不论什么人同卡特在一起待10分钟后，就像服了镇静剂一样。正是由于他的耐心和毫不动摇，使他成功斡旋了埃以两国争端，达成了著名的戴维营和平协议。

埃及和以色列两国争端由来已久，积怨颇深，谁也不想妥协。卡特邀请两国的领导人坐下来进行谈判，精心考虑之后，谈判地点确定在戴维营。尽管那里设施齐备、安全可靠，但没有游玩之处，散步成了人们主要的消遣方式。此外，那里还有两辆供锻炼身体用的自行车，还有三部电影。因此，两国谈判代表团在住了几天之后，都感到十分厌烦。

但是，每天早上8点钟，埃及总统萨达特和以色列总理贝京都会听到敲门声，接着就是那句熟悉的话语：“你好，我是卡特，再把那个乏味的题目讨论上一天吧。”结果等到第13天，他们谁都忍耐不住了，再也不想为谈判中的一些问题争论不休了，这就有了著名的戴维营和平协议。卡特的耐心助力了该谈判的成功。

【案例思考】 卡特的耐心为什么会促成和平协议的签订？

二、自制力

自制力是谈判者在环境发生巨大变化时克服心理障碍的能力。由于商务谈判会涉及双方的经济利益，谈判双方在心理上是对立的，因此僵持、紧张、激烈的局面不可避免，这会引致谈判者情绪的波动。如果是明显的情绪波动，如发怒、沮丧，可能会造成疏漏，从而给对方创造击败己方的机会。因此，谈判者应善于在激烈变化的局势中控制自身的情绪和行为。具体来说，谈判顺利时，谈判者不要沾沾自喜，被胜利冲昏头脑；遇到挫折时，谈判者不要心灰意冷、萎靡不振；遇到气恼的事，谈判者要能够控制情绪。

三、应变力

应变力是指谈判者具有善于与他人相处，有良好的人际关系，并能调动其他谈判人员的积极性，协调他们的意志，统一他们行动，根据谈判局势及时调整谈判部署、策略的心理素质。商务谈判既是一种涉及人员与领域比较多的复杂活动，又是一种局势变化莫测的商务活动。因此，在谈判过程中，谈判者要察言观色，及时掌握对方动向，摸清对方“底牌”，随机应变。

四、抗压力

谈判是一个较量的过程，参与谈判的各方都将面临各种压力，因此要有相当高的承受压力的心理素质，尤其是面对拖延、时间紧张、失败的时候更是如此。在谈判中，不管有什么样的困难和压力，谈判者都要显示出奋战到底的决心和勇气。

五、感受力

美国的尼尔伦伯格在他的《谈判的艺术》一书中有这样的描述：“老练的谈判家能把坐在谈判桌对面的人一眼望穿，断定他将采取什么行动和为什么行动。”合格的谈判者要随时根据谈判中的情况变化及有关信息，透过复杂多变的现象，抓住问题的实质，迅速分析，综合判断，并采取必要的措施，果断地提出解决问题的具体方案。

六、信念

良好的心理状态是取得谈判成功的心理基础。只有具备必胜的信念，才能使谈判者的能力得到充分发挥，使谈判者成为谈判活动的主宰。

信念是人的精神支柱，是人的信仰的具体体现。持有什么样的信念，往往决定了人们拥有什么样的行为活动方式。我们坚持谈判者必须具备必胜的信念，不是仅仅指求胜心理，而是有着更广泛的内涵和更深的层次。信念决定了谈判者在谈判活动中所坚持的谈判原则、方针，运用的谈判策略与方法。例如，谈判的一方为达到目的不择手段，甚至采取欺诈、威胁的伎俩迫使对方就范，为获得己方的利益，不惜损害对方的利益。在某种情况下，这些做法也是被求胜心理支配的。我们不能提倡这种必胜信念，这是不道德的。实践证明，这样做的后果是十分消极的。不择手段的做法虽然使一方获得了合同，也获得了利益，但失去了信誉，失去了朋友，失去了比生意更加宝贵的东西。

我们认为，必胜的信念是符合职业道德的，是具有高度理性的自信心。这是每一个谈判人员取胜的心理基础。只有满怀取胜信心，才能有勇有谋、百折不挠，达到既定目标；

才能虚怀若谷，赢得对方的信任，取得合作的成功。

七、诚意

谈判是两方以上的合作，而合作能否进行、能否取得成功，还要取决于各方合作的诚意。谈判需要诚意，诚意应贯穿谈判的全过程。受诚意支配的谈判心理是保证实现谈判目标的必要条件。我们认为，诚意是谈判的心理准备，只有各方都致力于合作，才会全心全意考虑合作的可能性和必要性，才会合乎情理地提出自己的要求并认真考虑对方的要求。所以说，诚意是合作的基础。

诚意也是谈判的动力。希望通过洽商来实现合作的谈判人员会进行大量细致、周密的准备工作，拟订具体的谈判计划，收集大量的信息情报，全面分析谈判对手的个性特点，认真考虑谈判中可能出现的各种突发情况。诚意不仅能够保证谈判人员有良好的心理准备，而且也使谈判人员心理活动始终处于最佳状态。在诚意的前提下，双方求大同、存小异，互相理解，互相让步，以求达到最佳的合作状态。

八、冒险精神

对于谈判者来说，敢于冒险是力量和勇气的象征。在谈判中，愿望、风险、成功的可能性三者息息相关。只有目标高的人才敢于进取，因此也就具有了某种成功的可能性。冒险不应是不加分析、不动脑筋地盲目冒险。冒险也要讲究策略。策略一：变“在乎”为“不在乎”。在商务谈判中，常因谈判情况变幻莫测而陷入困境，谈判者面对困境要有超脱的态度，变“在乎”为“不在乎”。策略二：掌握冒险的度。谈判者确定自己所冒风险的度是指这种冒险成功的可能性有多大。但是，冒险绝不应该被解释为永无止境地贪得无厌，也就是说谈判的利益绝不可以被一方独占，即使出现了损失也要理智，千万不可孤注一掷，铤而走险。

思考题

1. 简述需要的一般特点。
2. 谈判者遭遇心理挫折时的心理反应一般有哪些？
3. 简述成功的谈判者需要具备的心理素质。

案例分析讨论

2005 年的中欧纺织品竞争，现在回想起来仍然历历在目。

中国加入世界贸易组织对诸多国家的进出口贸易产生了巨大的影响，其中就包括欧盟国家。中国向来就是纺织品产业的行家，借着加入了世界贸易组织，对外输出产品也顺畅了许多。这自然对其他国家自产纺织品的企业造成了不小的冲击。于是，欧盟贸易组织为了保护欧盟成员国国内的纺织品经济不受冲击，对中国出口的产品配额进行了限制。

就这样，2005 年 8 月，欧盟各成员国海关共囤积来自中国的羊毛衫和毛裤 8 000 万件。如此巨大的数量，一时间无法让各海关清关，只能报告欧盟委员会，让欧盟委员会想办法解决。

经过欧盟组织的评估鉴定，如果这批货物不能顺利进关，将会给欧盟成员国国内的进口商造成巨大的损失，损失保守估计在 3.8 亿欧元，这样也间接使这些国家少征收约 1.4 亿欧元的关税等。

于是，欧盟决定与中方贸易组织进行一次谈判，以求尽快解决这 8 000 万件产品的问题。

中方清楚，局势很明显，产品迟一天入关，欧盟进口商损失的就越多，进而欧盟的税收就会减少。于是，中方谈判代表决定保持一种平和的心态，冷静地面对此次谈判。

欧盟首先提议，中方提前使用明年的配额指标，以确保产品进关。可是中方很清楚，欧盟之前的限额条件很严苛，这次谈判正是一次争取高配额的机会。于是，中方的谈判代表决定打持久战，迟迟不给出具体的答复。

正像事后中方代表回忆所说的："我们就是抱着'隔岸观火'的心态，等待时机的出现。"也正如中方所料，欧盟不能眼睁睁看着即将到手的关税溜走，万分焦急中，终于向欧盟各成员国政府提交了增加中国纺织品配额的计划书。

各欧盟成员国政府也基于税收和进口商的利益免受损失等方面的考虑，最终纷纷答应了欧盟组织的申请。中方也因为在谈判中保持平和的心态，最终等到了增加产品配额的好时机。

（资料来源：孙科炎. 业务谈判技能案例训练手册 2.0［M］. 北京：机械工业出版社，2013.）

问题：

1. 中方谈判人员是如何在此次商务谈判过程中捕捉对方心理的？

2. 谈判人员的心理素质是如何在此次谈判中表现出来的？谈判人员应该从此次谈判中吸取哪些经验？

第五章　商务谈判准备

本章要点

1. 了解和掌握商务谈判的目标与内容。
2. 掌握商务谈判信息的收集与整理。
3. 掌握商务谈判的组织准备。
4. 掌握如何制订商务谈判计划。
5. 了解商务谈判物质条件的准备。

导入案例

一场有准备的商务谈判

法方有一项产品的技术经过5年的研制才完成，此次要转让给中方，法方认为中方应支付费用。

中方认为法方的提议有道理，但该费用应如何计算呢？

法方解释说，他们每年需投入科研费200万美元，5年为1 000万美元，考虑到仅转让使用权，他们计算提成费，以20%的提成率计算，即200万美元，仅收中方1/5的成本费用，对中方是优惠的。

中方听后，表示研究后再谈。中方内部进行了讨论，达成如下共识：分头去搜集该公司的产品目录，调查该公司近几年来新产品的推出速度如何，如果推出的新产品多，说明他们每年的科研投入不仅为一个产品，可能是多个产品。同时，搜集该公司近几年的年报，调查其资产负债状况和损益状况。如果利润率高，说明有资金投入科研开发；如果利润率低，大量资金投入科研就没有可能，除非是借钱搞开发。另外，如果负债率不高，说明没有借钱；如果负债率高就有可能借钱。此外，中方还请海外机构的代表查询该公司每年缴纳企业所得税的情况。纳税多，说明利润高；纳税少，说明利润偏低。

各路人员查了这几方面的信息，分析发现：

（1）该公司每年有5种新产品推向市场。

（2）该公司资产负债率很低，举债不高。

（3）该公司利润率不高，每年的利润不足以支持开发费用。

结论是法方每年的投入量数据是假的，若投入量数据为真，该企业必须逃税漏税才能实现。

在后续会谈中，中方基于上述资料和推断，请法方表态。法方还坚持其数据为真实数据。中方问法方，怎么解释低负债？怎么解释低利润呢？法方无法解释低负债、低利润和高投资的关系，又不能在中方面前承认有逃税漏税行为，只好放弃原价格要求。

从这个案例中可以看出，在谈判中，中方之所以会成功，关键在于中方在谈判前进行了调查，掌握了谈判信息，从而在谈判中从容不迫，占据了谈判主动权。

第一节　商务谈判目标的确定

一、确定谈判的主题

谈判的主题是指参与谈判的目的。谈判目标是谈判的主题的具体化，整个谈判活动都是围绕主题和目标进行的。在实践中，一次谈判只为一个主题服务，因此谈判人员在制订谈判方案的过程中要以主题为中心。谈判的主题必须简单明确，为确保全体谈判人员能牢记谈判的主题，在表述上不可赘述，而应言简意赅，尽量用一句话来进行概括和表述，比如“以最优惠的条件达成某交易”或“达成一笔交易”等，至于什么是最优惠的条件和如何达成这笔交易就不是主题的问题了，而是谈判目标的问题。谈判方案中的主题，应是己方可以公开的观点，不必过于保密。另外，谈判的主题不一定非得和对方经过磋商的谈判的主题完全一致。

在谈判的主题确定以后，接下来的工作就是这一主题的具体化，即制定出谈判目标。谈判目标是对主要谈判内容确定期望水平，一般包括技术要求、考核或验收标准、技术培训要求、价格水平等，当其他条件满足时，则以价格为其代表。谈判的具体目标，体现着参加谈判的基本目的，整个谈判活动都必须紧紧围绕这个目标来进行，都要为实现这个目标服务。

达到商务谈判目标是商务谈判的最终结果之一，商务谈判目标的内容因谈判类别、谈判各方的需求不同而异。如果是为了取得资金，那么就以可能获得的资金数额作为谈判的目标；如果是为了销售产品，那么就以某种或某几种产品可能的销售数量和交货日期等作为谈判目标；如果是为了获取原材料，那么就以满足本企业对原材料需求量、质量和规格等作为谈判追求的目标。还有一些谈判以实际价格水平、经济利益水平等作为谈判目标。因此，商务谈判目标因谈判的具体内容不同而有所区别。

谈判的具体目标可以分为最高目标、实际需求目标、可接受目标和最低目标四个层次。

（一）最高目标

最高目标又称最优期望目标，它是己方在商务谈判中的最高追求，也往往是对方能忍受的最大限度。如果超过这个目标，谈判往往有破裂的危险。在实践中，最高目标一般是可望而不可即的理想方向，实现的可能性很小，因为商务谈判是双方利益分配的过程，没有哪个谈判者会心甘情愿地把自己的利益全部让给他人；同样，任何谈判者也不可能指望在每次谈判中都独占鳌头。尽管如此，这也并不意味着最优期望目标在商务谈判中没有价值。

美国著名谈判专家卡洛斯对 2 000 多名谈判人员进行调查发现，一个好的谈判者必须坚持“喊价要狠”的准则。这个“喊价”的尺度往往接近最优期望目标。

最优期望目标是谈判开始的话题，如果一个诚实的谈判者一开始就推出他实际想要达到的目标，由于谈判的作用和对手的实际利益，他最终可能达到这个目标。例如，在资金供求中，需方可能实际只想得到 50 万元，但谈判一开始，需方可能报价 80 万元，这 80 万元就是需方的最优期望目标。这个数字比其实际需要的 50 万元多 30 万元，可用一个简式表示如下：

$$Y + \Delta Y = E$$

式中，Y 为需方的实际需求资金数额；ΔY 为多报价，即增量；E 为需方的最优期望目标。但是，供方绝不会做提供 80 万元资金的慷慨之事。根据供方了解的信息（如偿还能力、经济效益和利率等情况），明知对方实际只需要 50 万元，为了使谈判深入，掌握主动权，就故意压低对方报价，只同意提供 30 万元。如此这般交锋，双方列举各种理由予以论证，谈判结果既不是 80 万元，也不是 30 万元，可能是低于或略高于 50 万元。

如果需方一开始不提出 80 万元或供方不提出 30 万元的目标，谈判就无法进行。形成这种习惯的原因极为复杂，涉及心理、信誉、利益，乃至历史成见等诸多因素。需要说明的是，最优期望目标不是绝对达不到的。一个信誉极高的企业和一家资金实力雄厚、信誉良好的银行之间的谈判，达到最优期望目标的机会是完全可能存在的。

（二）实际需求目标

实际需求目标是谈判各方根据主客观因素，考虑到各方面情况，经过科学论证、预测核算、纳入谈判计划的谈判目标。这是谈判者调动各种资源，使用各种谈判手段达到的谈判目标。例如，上例中的 50 万元资金就是实际需求目标。实际需求目标有如下特点：

（1）实际需求目标是秘而不宣的内部机密，一般只在谈判过程中某几个微妙阶段提出。

（2）实际需求目标是谈判者“坚守的最后防线”，如果达不到这一目标，谈判可能陷入僵局，这时就要暂停谈判，以便谈判小组内部讨论对策。

（3）实际需求目标一般由谈判对手挑明，而己方则“见好就收”或“给台阶就下”。

（4）实际需求目标关系到谈判一方的主要或全部经济利益。例如，企业若得不到50万元将无法更新主体设备，最终导致企业在近期内停产或不能扩大再生产等。正因为如此，实际需求目标对谈判者有着强烈的驱动力。

（三）可接受目标

可接受目标是指在谈判中可以努力争取或做出让步的范围。它能满足谈判一方的部分要求，实现部分经济利益。在上述例子中，供方由于各种原因（如资金筹措能力、偿还能力等）只能提供部分资金（如35万元或40万元等），没有满足需方的全部需求，这种情况经常发生。因此，谈判者在谈判前制订谈判方案时，应充分估计到这种情况，并制定相应的谈判措施和目标。谈判者对可接受目标应采取两种态度：一是现实态度，即树立“只要能得到部分资金就是谈判的成功”的观念，绝不能抱着“谈不成也要出口气”的态度，这样可能连可接受目标也无法达到；二是资金来源多样化，只要多结交谈判伙伴，就有可能达到实际需求目标的总体要求。

（四）最低目标

最低目标是商务谈判必须实现的目标，是谈判的最低要求。若不能实现，谈判者宁愿谈判破裂也没有讨价还价、妥协让步的可能性。最低目标与最优期望目标之间有着必然的内在联系。在谈判中，一方表面上一开始要价很高，往往提出最优期望目标，实际上这是一种策略，保护的是最低目标，乃至可接受目标和实际需求目标。这样做的实际效果往往是超出谈判者的最低目标或至少可以保住这一目标，之后通过对最优期望目标的反复压价，最终可能达到一个超过最低目标的目标。之所以确定一个最低目标，是因为如果没有最低目标作为底线，一味追求高目标，往往带来僵化的谈判策略。这种结果有以下两个弊端：

第一，不利于谈判进程的推进。谈判者的期望值过高，容易产生盲目乐观的情绪，往往对谈判过程中出现的变化缺乏足够的思想准备，对突如其来的情况不知所措。最低目标的确定，不仅可以创造良好的应变心理环境，还为谈判双方提供了可选择的契机。

第二，不利于成员和团体经济行为的稳定。例如，某生产厂家对某项产品销售的谈判期望值过高（销售量和销售价格的期望值过高），并用这种过高的期望值去影响和激发成员的积极性，尽管能起到一定的作用，但是一旦在商务谈判中预定过高的期望值，或者以达到最高目标作为合作的起点，对于该企业来讲，谈判将是对企业群体凝聚力的一个考验。

可以确定，最低谈判目标是低于可接受目标的。可接受目标在实际需求目标与最低目标之间选择，是一个随机值。最低目标是谈判一方依据多种因素，特别是其拟达到的最低收益而明确划定的限制。例如，在上述获得资金的例子中，最低目标如定在10万元，那么可接受目标在10万~50万元。以上四种目标之间的关系用公式表示如下：

最高目标>实际需求目标≥可接受目标≥最低目标

实际需求目标是一个定值，它是谈判一方依据其实际经济条件做出的预算。最优期望目标（最高目标）是一个随机数值，只要高于实际需求目标即可，是谈判的起点，是讨价还价的筹码。

谈判者在确定商务谈判目标系统和目标层次时，要注意坚持三项原则，即实用性、合理性和合法性。所谓实用性，是指制定的谈判目标能够谈和可以谈。也就是说，谈判双方要依托自己的经济能力和条件进行谈判。如果离开了这一点，任何谈判的结果都不能付诸实施。如一个企业通过谈判获得了一项先进的技术装备，但由于该企业的职工素质、领导水平及其他技术环节上存在问题，该项技术装备的效能就无法发挥，这种引进谈判的目标就不具有实用性。所谓合理性，是指谈判目标的时间和空间确定在一个双方都能接受的范围。市场千变万化，在一定时间、一定空间范围内是合理的东西，而在另一时间、另一空间范围内就不一定是合理的。同时，商务谈判的目标对不同的谈判对象及其在不同的时空区域，同样也有不同的适用程度。此外，商务谈判的主体也应对自己的利益目标追求在时间和空间上做全方位的分析，只有这样才能获得成功。所谓合法性，是指商务谈判目标必须符合一定的法律规范。在商务谈判中，为达到自身的利益目标追求，有的人对当事人采取行贿等方式使对方顺从，有的人以损害集体利益使自己得到好处，有的人以强大的经济实力强迫经济实力不强者妥协，还有的人提供伪劣产品、过时技术和虚假信息等，这些均属不合法行为。

假设某公司的某次谈判以出售价格为谈判目标，则以上四种目标可以表述为：最高目标是每台售价 1 400 元，实际需求目标是每台售价 1 200 元，最低目标是每台售价 800 元，可接受目标是每台售价 800~1 200 元。

值得注意的是，谈判中只有价格目标的情况较为少见。一般的情况是存在多个谈判目标，谈判者需要考虑谈判目标的优先顺序。

当谈判中存在着多重目标时，谈判者应根据重要性对其进行排序，确定是否要达到所有的目标、哪些目标可以舍弃、哪些目标可以争取达到、哪些目标是绝不能降低要求的。与此同时，谈判者还应考虑长期目标和短期目标的问题。

例如，某商家欲采购某种商品进行销售，可以做如下考虑：

（1）只考虑价格，牺牲质量以低价进货。

（2）只考虑质量，以高价购入高质量商品，期望能以高价销售保证利润。

（3）质量与价格相结合加以广告宣传。

（4）能否得到免费的广告宣传。

（5）将价格、质量和免费的广告宣传三个因素结合起来加以综合考虑。

在上述五种可能的目标中，不难看出，价格和质量问题是基本目标，若这两个问题得不到解决，谈判就不可能取得成功。免费广告是最高目标，是在对价格和质量不做出任何让步的情况下才追求的目标，而价格和质量是不可能因为免费广告而放弃的目标。

谈判者在确定谈判目标时，必须以客观条件为基础，即综合企业或组织外部环境和内部条件。一般来说，具体谈判目标要考虑以下因素：

（1）谈判的性质及其领域。

（2）谈判的对象及其环境。

（3）谈判项目所涉及的业务指标的要求。

（4）各种条件变化的可能性、变化方向及其对谈判的影响。

（5）与谈判密切相关的事项和问题等。

二、谈判目标的优化及其方法

谈判目标的确定过程是一个不断优化的过程。谈判者对多重目标必须进行综合平衡，通过对比、筛选、剔除、合并等手段减少目标数量，确定各目标的主次和连带关系，使目标之间在内容上保持协调性、一致性，避免互相矛盾。

评价一个目标的优劣，主要是看目标本身的含义是否明确、单一，是否便于衡量以及在可行前提下利益实现的程度如何等。从具体目标来说，表达要简单明了，最好用数字或简短的语言体现出来，如“在报价有效期内，如无意外风险因素，拟以12%的预期利润率成交”。需要指出的是，谈判的具体目标并不是一成不变的，它可以根据交易过程中各种价值和风险因素进行适当的调整和修改。

值得注意的是，这种谈判方案的调整只反映了卖方的单方面愿望，在谈判的磋商阶段，买方不会被卖方牵着鼻子走。为了达到谈判的目标，卖方有时应当做出一些让步，做出让步是因为对方提出了要求。如果对方未提出要求，卖方也可以在其他方面做出让步来换取谈判中的主动。但是，谈判者必须牢记一个原则：任何让步都应建立在赢得一定利益的基础之上。

（一）分清重要目标和次要目标

谈判者在开始谈判之前一定要把目标写下来，并根据优先等级做相应的排序。目标要分清轻重缓急，哪个是最重要的目标、哪个是次要的目标，把最高目标、实际需求目标和最低目标一一排列。另外，谈判者在谈判时是否应该留有余地，在进行谈判准备时要制定一个最低目标。实验表明，一个人的最高目标定得越高，他的最终结果就会越好。有人做过一个实验，给两组人相同的条件，把其中一组人的目标定得高些，另一组人的目标定得低些，实验表明目标定得高的那组人的最终结果比较好。

（二）分清哪些可以让步、哪些不能让步

谈判者在列出目标的优先顺序之后，还要分清哪些是可以让步的、哪些是不能让步的，同时要简要、清楚地用一句话来描述。因为谈判是一个复杂的过程，如果描述的话写得很长、很多，就需要花很多的时间去理解，比较麻烦，也容易出错，还可能导致在不应该让步的地方做了让步，在该让的地方却没让步，使谈判陷入僵局。

（三）设定谈判对手的需求

谈判者在明确什么是己方想要和需要的之后，接下来要明确谈判对手想要和需要的内容。谈判者在确定谈判目标的时候，一定要分清自己想要的和需要的内容，并罗列出来，包括价格、数量、质量、交货期、付款、折扣、培训、售后服务等。在谈判前，谈判者先列出自己谈判的目标，再列出对方的目标，考虑对方可能关心的内容，尽可能一一地列出。谈判者在设定目标时，作为卖方，最关注的可能首先是价格、时间，然后是数量、质

量。但是，客户在买东西时，最关注的不一定是价格，也可能是产品质量、售后服务。不同的客户、不同的谈判对手的目标也是有差别的，但不管怎么样，谈判对手所列出的目标和自己所列出的目标一定有差距，谈判就是要通过双方的交流和协商，使各自的目标趋于一致。卖方希望买方能够按照卖方的目标来成交，买方肯定也希望卖方按照买方的要求来成交，怎样才能达成共识呢？这需要双方进行沟通和协商，在沟通和协商之前，谈判者一定要确定、设定谈判目标。

第二节 商务谈判信息的准备

从许多理想的谈判结果来分析，往往可以将谈判理解为是双方信息的交流、竞争。谁能够更多地掌握谈判对手信息，谁就能在谈判中占据主动，因此无论是政治谈判还是商务谈判，获取、搜集、识别对手的信息是一项重要的谈判准备工作。

在商务谈判准备过程中，及时地收集、筛选、分析有关信息和资料是十分必要的。准确而全面的信息能帮助己方在谈判中走向主动和成功，不准确的和片面的信息则会使己方在谈判中陷于被动和失败。

商务谈判信息是指反映与商务谈判相联系的各种情况及其特征的有关资料。商务谈判信息资料同其他领域的信息资料相比，有以下不同的特点：

首先，商务谈判资料无论是资料来源还是资料构成都比较复杂，有些资料的取得和识别具有相当难度。

其次，商务谈判资料是在特定的谈判圈及特定的当事人中流动，谈判者对谈判资料的敏感程度高低是其在谈判中成败的关键。

最后，商务谈判涉及己方和谈判对手的资金、信用、经营状况、成交价格等，具有极强的保密性。

一般来说，需要收集和分析的商务谈判信息资料主要有与商务谈判业务有关的市场信息资料、谈判对手的有关资料、与谈判环境有关的资料以及自身实力的资料四大类。

一、广泛收集市场信息资料

在正式谈判的序幕拉开之前，一个成熟的谈判方案的提出是建立在对相关信息资料的搜集与整理的基础之上的。谈判者对与谈判相关的资料的搜集和分析越充分，谈判的可行性研究工作就能做得越到位。这就要求谈判者在展开一场谈判之前，要尽可能多地掌握信息、占有信息，哪怕是暂时无用的资料、信息也不要放过。

市场信息资料是指市场的总体分布状况、产品的供需情况、销售渠道、竞争态势以及市场发展空间等。掌握大量的市场信息资料是进行商务谈判的重要基础工作。

例如，美国通用电气公司处理劳务问题时，首先将过去每一次劳工罢工抗议的原因、性质、形态、次数……输入电脑中，加以分析研讨，之后再决定解决方案，最后才派代表进行谈判。

（一）一般市场资料调查

市场资料调查是商务谈判可行性研究的重要内容。市场情况瞬息万变、构成复杂、竞争激烈，对此必须进行有关供给、需求、营销、消费、政治政策、经济环境、竞争状况等多角度、全方位、及时的了解和研究。一般市场资料调查包括以下信息：

（1）交易商品市场需求量、供给量分布情况，市场潜力和发展前景。

（2）交易商品的流通渠道和习惯性销售渠道。

（3）交易商品市场分布的地理位置、运输条件、政治和经济条件等。

（4）交易商品过去几年的交易价格、销量、价格变动情况、优惠措施及效果等。

（5）潜在需求量有多大？购买该产品的决定者、使用者是否统一？购买频率如何？有无季节性因素？消费者的评价及要求是否最能影响新用户、潜在顾客？

（6）交易商品的供应商竞争者数量、各自产品的特点或需求者范围、偏好品牌、功能要求及售后满意期望等。

市场情况对企业的商务谈判活动会产生重大影响，谈判者要密切关注市场的变化，根据市场的供求运动规律，选择有利的情况，并在谈判中注意对方的要价及采取的措施。

（二）市场交易资料信息

交易资料是商务谈判准备的必要内容。交易资料一般包括商品名称、品质、数量、包装、装运、保险、检验、价格和支付等方面的资料。

1. 商品名称的资料

商品名称的资料主要包括以下内容：

（1）同一商品在国际上的通称和在各地的别称。谈判者了解这一点可以避免因名称叫法不一致而失去交易机会或发生误会。

（2）品名在运费、关税及进出口限制方面的有关规定。

（3）世界各地消费者对商品名称的喜好与忌讳。

2. 商品品质的资料

商品品质的资料主要包括以下内容：

（1）商品在品质表示方法上的通用做法和特殊做法。

（2）世界各地对交易品品质标准的最新规定。谈判者了解这一点以便在合同中能明确规定交易的商品品质以什么地方、何时颁布的何种版本中的规定为依据，从而避免日后发生误解或造成不必要的损失。

3. 商品数量的资料

商品数量的资料主要包括以下内容：

（1）世界各地就同一计量单位所表示的数量差异与习惯做法。谈判者只有把这些情况了解清楚，才能在合同中明确规定，避免日后发生纠纷。

（2）世界各地在计量概念上的不同解释。谈判者了解这一点可以避免因实际交货量和原订货量有差异而产生争议。

4. 商品包装的资料

商品包装的资料主要包括以下内容：

（1）国际市场上同类商品在包装的种类、性质、材料、规格、费用以及运输标志等方面的一些共同规定或通用做法。

（2）世界各地同类商品的包装种类、性质、材料、规格上的变化或趋势。谈判者了解这一点可以改进包装，适应市场，增强己方商品的竞争力。

（3）世界各地对商品包装装潢的图案和色彩的喜好与忌讳。谈判者要了解各个国家（地区）的消费者对包装在式样、构图、文字、数字、线条、符号、色彩的设计上的不同心理联想与特殊喜好要求，改进包装以迎合其喜好，避免其忌讳，增强己方商品的竞争力。

5. 商品装运的资料

商品装运的资料主要包括以下内容：

（1）有关同类商品的习惯运输方式属于海上（航空、铁路、公路、管道、邮政、联合）运输方式中的哪一种或哪几种，因为不同的运输方式在运费和责任范围上是不同的。

（2）世界上各种运输方式的最新运费率、附加费用以及运输费支付方式。谈判者了解这一点可以确定己方的报价及划清双方费用的界限。

（3）世界各主要运输线路、港口（包括车站、码头、机场）的营运情况，各条运输路线的运行情况，交接货手续、导航费、装卸费、仓储费、驳运费等的有关规定。谈判者了解这一点可以在不影响成交的前提下，选择合理的运输方式，在遵循世界各地关于商品装运时间和交货时间的规定下，确定切实可行的装运时间和交货时间，避免违反法律法规，避免纠纷和影响信誉。

（4）世界各国对交易品运输方面的特殊要求及国际组织对运输方面的习惯的不同解释等。

6. 商品保险的资料

商品保险的资料主要包括以下内容：

（1）国际上同类商品在保险险别、投保方式、投保金额等方面的通用做法。

（2）世界各地对交易商品在保险方面的特殊规定及世界各主要保险公司的有关规定。

（3）世界各地对保险业务用语在叫法上的差异和不同的解释。谈判者了解这一点可以在谈判中争取有利条件，避免损失。

7. 商品检验的资料

商品检验的资料主要包括以下内容：

（1）世界各国主要检验机构的权限、信誉、检验设施等情况。谈判者只有事先了解清楚检验机构的有关情况，才能在谈判中选择较有利的交易商品的检验机构。

（2）同类商品在检验内容、检验标准、检验方法、检验时间和地点等方面的做法和规定。谈判者了解这一点可以事先掌握交易商品顺利通过检验的各种因素，防患于未然。

8. 商品价格和支付的资料

商品价格和支付的资料主要包括以下内容：

（1）世界各主要市场同类商品的成交价和影响因素以及价格变动情况。谈判者了解这一点可以制定己方的价格策略。

（2）国际上对与价格术语有关问题的规定和不同解释。谈判者了解这一点可以避免日后发生误解和纠纷。

（3）世界各地商人在报价还价方面的习惯和技巧，特别是交易对方在报价中的水分。谈判者了解这一点可以有针对性地使用有效的讨价还价的技巧。

（4）商品交易的主要方式和信用等情况。谈判者了解这一点可以在谈判中确定货款支付方式及支付货币等事项，避免造成损失。

市场调查获得的信息资料毕竟只能作为商务谈判过程中的参考，调查的结果能让谈判者心中有底，但如果过分强调这些结果而忽略了谈判现场的发挥和谈判策略的运用，未免会显得死板。

二、全面收集谈判对手的有关资料

英国著名哲学家弗朗西斯·培根曾在《谈判论》一文中指出“与人谋事，则须知其习性，以引导之；明其目的，以劝诱之；谙其弱点，以威吓之；察其优势，以钳制之。与奸猾之人谋事，惟一刻不忘其所图，方能知其所言；说话宜少，且须出其最不当意之际。于一切艰难的谈判之中，不可存一蹴而就之想，惟徐而图之，以待瓜熟蒂落。”培根的精辟见解告诉我们：对谈判对手，你了解得越具体、越深入，估量越准确、越充分，就越有利于在谈判中掌握主动权。

《孙子兵法》曰：“知己知彼，百战不殆。”这在商务谈判中也是极为重要的准则。在谈判准备过程中，谈判者在对自身情况进行全面分析的同时，还要设法全面了解谈判对手的情况。谈判对手的有关资料是商务谈判所应具备的最有价值的资料，是谈判双方力量对比中的一个重要的砝码，会影响谈判天平的倾斜度。

在谈判准备过程中，谈判者对谈判对手应重点掌握哪些资料呢？

（一）对手的营运状况与资信

谈判者应弄清楚所有可能的谈判对手的资信、企业性质、资金状况及注册资金情况、市场地位、社会影响、信誉、历史、现状、资本积累与投资状况、技术装备水平、产品（服务）品种、产品（服务）质量、产品（服务）数量、经营状况与财务状况以及发展趋势等。谈判者对对手的情况了解得越多，就越容易抓住对手的弱点、避开对手的锋芒，并能有针对性地找到突破口，使己方在谈判中占据主动地位，同时也可以避免上当受骗。

（二）对手的真正需求与诚意

谈判者应尽可能摸清对手本次谈判的真正目标及需求，要透过表面现象去辨别、发现本质。谈判者只有认真了解对手的需求，寻找我方目标与对手条件的最佳结合点，通过比较选定一个或两个最有利于实现我方谈判目标的可能谈判对手作为正式洽谈的伙伴，才能有针对性地激发其成交的动机。越是有针对性地围绕需求谈判，交易就越有可能达成。

谈判者要明白对手与我方谈判的意图、目的是什么？谈判愿望真诚与否？对手对实现这种合作的迫切程度如何？可供对手选择的谈判伙伴的余地有多大？对手过去的履约率和信誉如何？对手的经营风格是什么？对手与我方所在地区的其他企业是否有过往来？总之，谈判者要尽可能广泛地了解对手的需要、信誉、能力与作风等。

在商务活动或职业晋升谈判中，谈判者必须学习的一个技巧是判断对手是否有诚意。

【案例5-1】 **猪了解鸡的诚意**

鸡和猪是两位决定合伙做生意的朋友。

它们觉察到速食品行业是个成长很迅速的行业。鸡决定最好开一家烧烤排骨餐厅。起初，这两个朋友充满了新企业家的热情，但是在做出决定的次日，猪来找鸡，说它要退出。

鸡问道："为什么呢？你昨天还热情十足的！"

猪兄回答说："我已经好好考虑过了，我目前要延缓一下合伙做生意的事。对你来说，这只是一项投资，但是对我来说，是全心的付出、倾力的投入。"

的确，全心的付出、倾力的投入是谈判应具备的要素。除非谈判双方能全力以赴，否则毫无谈判可言。辨识对方是否有诚意，这是一项必须由经验累积而学得的技巧。例如，有的人只要房屋销售者带他们参观房子，可是根本没有购买意愿，也没有钱可以购买。同样，有的人根本没有实权决定公司里的人事任用，却喜欢招考员工，并予以面试。很明显，与这些人谈判往往会一无所获，因为他们根本不受任何承诺的拘束，只是空谈而已。

（三）对手的身份权限

谈判者在谈判前要了解对方谈判人员的身份、分工。对手是进出口商、批发商、零售商还是代理商。如果是代理商，谈判者必须弄清其代理的权限范围及对方公司的经营范围。

绝大多数国家规定，如果代理商越权或未经被代理人授权而代本人行事，代理商的行为就对被代理人无约束力，除非被代理人事后追认，否则被代理人不负任何责任。同样，代理商订立的合同超出了公司章程中所规定的目标或经营范围也属于越权行为。对属于越权行为的合同，除非事后经董事会研究予以追认，否则公司将不负任何责任。

在谈判中，同一个没有任何决定权的人谈判是浪费时间，甚至会错过最佳交易时机；弄清代理商的代理权限范围和对方公司的经营范围，才能避免日后发生纠纷和损失。

（四）对手谈判的最后期限

谈判者在情报收集工作中需要格外注意的是谈判的最后期限，任何谈判都有一定的期限，最后期限的压力常常迫使人们不得不快速行动，立即做出决定。因此，重要的结论和最终的结果都是在谈判结束之前才能最后确定的，期限在其中起了极其重要的、仅次于价格的影响作用。

（五）对手的谈判团队组成和风格

谈判对手存在不确定性及多样性，不同的谈判对手，由于出身经历、文化背景、民族特性、价值观念、工作作风和性格不完全一致，因此各自表现出不同的谈判风格。谈判人员在谈判之前，应尽可能了解谈判对手的特点、谈判风格，从而适应对手的谈判风格，有针对性地采取不同的策略和做法。

具体来说，谈判者要了解谈判对手的人员组成，各组成人员的身份、地位、性格、爱好、谈判经验，谁是首席代表，其能力、权限、以往的成败经历、特长、弱点以及对谈判的态度、倾向意见等。

根据谈判性质、要求的不同，谈判者有时还要搜集一些更为深入、细致、针对性较强的情报，如对方谈判者各自的想法和打算是什么？相互之间关系如何？是否存在矛盾？谁可能是主要对手？谁可能是争取对象？有没有幕后操纵者？谈判代表与幕后操纵者之间存在怎样的关系……有时谈判者甚至还必须考察对手以往不成功的谈判实例，以便从中了解对手的思维习惯、行为方式、心理倾向和自身需求。所有这些都会为谈判者了解对手提供线索。

谈判者要重视首席谈判代表（主谈人）的年龄、文化素质、性格特点、为人状况、能力、权限、业绩、经验、工作作风（冒险或保守）、思维习惯、行为方式、心理倾向、个人需求，甚至其家庭情况、嗜好、个性（倔强、软弱、内向、外向）、经历（一帆风顺或经历坎坷）等。

对方主谈人的详细情况在初次打交道时不太容易获得，因此谈判者要设法从侧面去打听。谈判者可以通过寻访一些认识对方的熟人、朋友或中间人去了解，方式要委婉、含蓄。如果由于种种原因了解不清或效果不好，谈判者则可以采用延长正式谈判前社交时间的办法来直接观察，如多安排一些参观、考察、娱乐、旅游、宴会等活动，在各项活动中观察和了解对方，发现其特点，特别是弱点。

【案例 5-2】 善于观察的麦克·麦高梅

美国著名企业家麦克·麦高梅在事业上之所以成功，最重要的一点就是善于观察、了解谈判对手，掌握其特点。

当麦高梅在谈判前招待他的客户打高尔夫球时，他会通过观察对方对各种球的处理方法，来推断此人的商业行为。

例如，有些打球者拒绝所有的“保送”，坚持要自己打入每一杆球，并且正确记录下结果。那么，要这类人在商场上给予别人利益是相当困难的。

有些人则迫不及待地想得到“保送”，即别人的让步。这种人往往有很强的自我意识，认为自己随时都能控制全局，让球进洞。那么，这种人在交易上也不愿意给别人提供帮助，只是期待别人来帮助自己。

还有一种人拿着球杆打球时，多多少少表现出漫不经心的样子，如果打进了，那很好；如果没打进，他们就会说：“我没好好打。”那么，这种人在商场上就很难向他们取得诺言，他们喜欢自欺，喜欢夸张。当他们有所改变时，他们也能自圆其说。

在商业交往中，特别是在谈判桌上，最难对付的人就是这种能自己创造一种说法来解释事实，而且坚持不懈，最后他们反而成了拥有真理的人。

了解对方主谈人的情况，对谈判结果是有直接影响的，有时甚至会产生重大的影响。

【案例 5-3】 “黄昏症”

香港有位知名律师曾代表一家公司参加了一次贸易谈判，对方公司的总经理担任主谈人。

在谈判开始前，这位知名律师从自己的信息库里找到了一些关于那位总经理的材料，其中有这样一则笑话：这位总经理有个毛病，每天一到下午 4~5 点就会心烦意乱，坐立不安，并戏称这种“病”为“黄昏症”。

这则笑话使这位知名律师灵感顿生，他利用那位总经理的“黄昏症”，制定了谈判的策略，把每天所要谈判的关键内容拖至下午4~5点。此举果真使谈判获得了成功。

在真正成功的谈判中，了解对手是一种必需的准备。谈判者只有在准备的基础上，才能选择具体而有效的谈判方式，反击对手，使自己立于不败之地。谈判者要真正地了解对手，必须明确谈判对手属于哪一种类型，这样才能在谈判桌上采用行之有效的手段和方法，既可节省精力又可一击命中。因此，在谈判之前，获悉谈判对手属于哪种谈判风格和类型，并确定相应的谈判方式与策略是很重要的。

三、熟悉和掌握与谈判环境有关的资料

在商务谈判中，不同的环境背景对具体的谈判项目的进程、结局会起到相当重要的影响。因此，谈判者在谈判准备阶段必须熟悉并掌握与谈判环境有关的资料。与谈判环境有关的资料具体包括谈判对手所属国或所在国的所有客观因素，如政治状况、宗教信仰、法律制度、商业习惯、社会文化、财政金融、经济水平、基础设施与保障供应系统、自然资源、气候条件及地理位置等。

（一）有关政治、经济、法律、政策的环境资料

1. 政治状况

政治状况关系到谈判项目是否成立和谈判协议履行的结果。因此，谈判者必须了解对手所在国家的政治制度和政府的政策倾向、政治体制、政策稳定性以及非政府机构对政策的影响程度。谈判者特别要了解对方国家和地区的政局稳定性，判断政治风险的大小。政治风险一般来自政府首脑机构的更替、社会的动荡乃至爆发战争、政府的经济政策突然变化、国家间关系的重大变化等。若在合同履行期内发生重大的政治风险，将使有关的组织蒙受重大的经济损失，这是应该尽力避免的。

2. 法律制度

这主要是为了解与商贸谈判活动有关的法律法规。谈判者除了要熟知我国现行的《中华人民共和国民法典》《中华人民共和国公司法》《中华人民共和国反不正当竞争法》《中华人民共和国消费者权益保护法》以及相关税法等外，还要认真了解当事各国的法规及一些国际法规，如《联合国国际货物销售合同公约》《联合国国际贸易委员会仲裁规则》等。

3. 商业习惯

商业习惯不同会使商务谈判在语言使用、礼仪和效率以及接触报价、谈判重点等方面存在较大的差异。商业习惯在国际贸易谈判中显得更为重要，因为几乎每个国家乃至地区的做法都有自己的特色，并且差别较大，如果不切实了解其商业习惯就会误入陷阱，或者使谈判破裂。例如，法国商人往往在谈妥合同的重要条件后就在合同上签字，签字后又常常要求修改，因此同法国商人谈成的协议必须以书面形式互相确认。

4. 社会文化

社会文化主要包括文化教育、宗教信仰、生活方式和社会习俗等。与外国商人谈判，

谈判者特别要注意对宗教信仰和社会习俗的了解。了解这些情况，谈判者不仅可以避免不必要的冲突和误会，而且可以更快更好地理解对方的谈判行为，促使谈判的成功。

5. 财政金融

谈判者应随时了解各种主要货币的汇率及其浮动现状和变化趋势，了解国家的财政金融政策以及银行对开证、承兑、托收等方面的有关规定等情况。

（二）有关科技信息资料

科技信息资料包括相关商品体现的科学技术与先进技术的发展趋势，具体包括新产品开发信息、设备更新和技术改造信息、产品试制和科研发展信息等。把握有关科技信息资料是准确进行谈判的关键。

获得有关科技信息资料的途径大体有以下几种：

（1）阅读国内外有关专业杂志。

（2）参观国内外博览会和各种专业展览会。

（3）收集和熟悉国内外产品样本和产品目录。

（4）旁听有关商务谈判。

（5）查阅专利信息，了解技术发展现状及趋势。

（6）向国内外有关咨询机构求助。

（7）与有关情报中心取得联系。

（8）与联合国等国际性机构联系。

（三）有关价格资料

价格资料包括相关的商品的过去、当前的价格水平及未来的价格走势。

（四）有关货单、样品资料

有关货单、样品资料主要包括货单、样品，双方交换过的函电抄本、附件，谈判用的价格目录表、商品目录、说明书等资料。货单必须做到具体、准确，每个谈判人员对此必须心中有数。谈判样品必须准备齐全，特别要注意样品必须与今后交付的商品相符。

四、自身实力的资料

谈判是各方凭借自身实力所进行的一种交易，决定谈判最终结果的基本因素之一是自身实力。因此，正确评估自身实力是谈判前的一项重要准备工作。

许多谈判者往往重视对谈判对手的信息收集，评估对方的谈判资本，却没有正确地把握自身的情况，未能客观、正确地评估自身的实力，在当前市场争夺激烈的情况下盲目“接单”，以至于在己方的谈判目标的确定、谈判策略的运用上无法做出恰当的选择。究其原因，主要是对“知己知彼，百战不殆”理解失误。谈判者仅仅设法全面了解、分析谈判对手的情况，即做到了“知彼”，却没有对自身情况进行全面分析，未能“知己”，不能冷静地理清自己在谈判中究竟有哪些可以调动的资源和应当坚守的原则。

谈判者如何进行自身实力的分析呢？

（一）确立谈判目标

任何一次谈判都应该以目标的实现为导向。因此，己方的首要工作便是要确立谈判目标——要明确己方在这次谈判中的主要需求并将追求的目标固定下来。一般来说，优秀的谈判者通常将其追求的谈判目标划分为以下四个层次：

（1）必须达成的最低目标。

（2）能够接受的目标。

（3）力争达成的实际目标。

（4）乐于达成的最优目标。

在这四个目标中，乐于达成的最优目标是己方的最优期望目标，在必要时可以放弃；力争达成的实际目标是己方力保的实际需要目标，只有在万不得已的情况下才考虑放弃；必须达成的最低目标则是己方要坚守的不能被突破的最低目标，毫无妥协、让步的余地。这就给己方的谈判事先划定了明确的界线。

（二）明晰自身状况

1. 弄清己方所拥有的谈判资本与优势

谈判者对己方的经营状况必须有详细的了解，弄清己方所拥有的谈判资本与优势有哪些，如价格低的优势、质量高的优势、市场服务优质的优势、交货迅速的优势等。谈判者要做到心中有数且能拿出准确的数据。谈判者要能够根据谈判对象的需求，判断己方拥有的哪些优势最能吸引对方。这些优势应在谈判中作为“王牌”适时打出，往往能使交易顺利达成或在出现僵局时打开局面。以价格举例，己方处于不同的经营状况可以让谈判者选择不同的交易手法：当己方处于兴旺发达时期，不愁客户来源，便可采取最小幅度让利的策略；当己方处于发展时期，需要增加客户数量，就可采取较大幅度让利的策略，以达到长期“抓住”客户的目的。

2. 明了可供己方选择谈判对象的范围

谈判者在谈判中能够拥有多少优势，依赖于其有多少谈判对象可供选择。选择的面越广，己方的优势就越明显。在商务谈判中，对于买方来说，当其与卖方谈判时，其重要的谈判力量之一来自其他卖方的存在。买方随时都可以转向其他卖方，这种可能性成为买方与对方进行谈判时一个还价的法宝。这里有一个重要的谈判技巧就是己方可以自己去主动寻找一些实际生活中存在的非常吸引人的选择对象，以此来增强自身的优势。己方也可以去虚拟出一种自己拥有这些优势的假象，虚拟对手存在竞争者，让对手觉得除了他以外，己方还有一个条件不错的备选者。这就能成为己方与对方进行磋商时有力的筹码。

3. 认清己方的弱点

谈判者要能客观认识自己的谈判劣势或弱点，并且一旦己方的弱点在谈判中被对手抓住，常会使己方处于不利的境地。因此，谈判者应提前准备好几套应对方案，预留出回旋的余地。谈判者在谈判中要尽量避谈己方的弱点，实在回避不了的，就要设法用自己事先考虑好的应对方案去弥补实际的弱势。例如，己方产品质量虽然不高但价格便宜；价格虽然偏高但交货期很短；虽然眼前这笔生意不大，但能成为对方长期稳定的客户等。总之，了解自己的弱点，弱点才可能不“弱”，甚至还可能对成交有利——由于人们的心理错觉，弱点有时会把优点衬托得更为鲜明。

第三节　商务谈判的组织准备

一、谈判班子的规模

组建谈判班子首先碰到的就是规模问题，即谈判班子的规模多大才是最为合适的。

根据谈判的规模，谈判可分为一对一的个体谈判和多人参加的集体谈判。个体谈判是指参加谈判的双方各派出一名谈判人员完成谈判的过程。美国人常常采取此种方式进行谈判，他们喜欢单独或在谈判桌上只有极少数人的情况下谈判，并风趣地称之为“孤独的守林人”。个体谈判的好处如下：在授权范围内，谈判者可以随时根据谈判桌上的变化做出自己的判断，不失时机地做出决策以捕获转瞬即逝的机遇，而不必像集体谈判时那样，对某一问题的处理首先要在内部取得一致意见，之后再做出反应，因而常常延误时机；不必担心对方向己方谈判成员中较弱的一个人发动攻势以求个别突破，或者利用计谋在己方谈判人员间制造意见分歧，从中渔利。一个人参加谈判独担责任，无所依赖和推诿，只有全力以赴，因此会产生较高的谈判效率。

谈判班子由一个人组成，也有其缺点，只能适用于谈判内容比较简单的情况。在现代社会里，谈判往往是比较复杂的，涉及面也很广。从涉及的知识领域来讲，谈判涉及商业、贸易、金融、保险、运输、海关、法律等多方面的知识，并且谈判中所要运用、收集的资料也非常多，这绝不是一个人的精力、能力、知识所能应对的，何况还有“智者千虑，必有一失”的情况。

在通常情况下，谈判班子的人数在一个人以上。由多个人组成的谈判班子首先可以满足谈判多学科、多专业的知识需要，谈判人员在知识结构上互补，可以发挥综合的整体优势。谈判人员分工合作、集思广益、群策群力，形成集体的进取与抵抗的力量，常言说得好：“三个臭皮匠，顶过一个诸葛亮。”

成功的谈判有赖于谈判人员集体智慧的发挥。谈判班子人数的多少没有统一的标准，谈判的具体内容、性质、规模以及谈判人员的知识、经验、能力不同，谈判班子的规模也不同。实践表明，直接上谈判桌的人不宜过多。如果谈判涉及的内容较广泛、较复杂，需要由各方面的专家参加，则可以把谈判人员分为两部分：一部分主要从事背景材料的准备，人数可以适当多一些；另一部分直接上谈判桌，这部分人数以与对方相当为宜。谈判者在谈判中应注意避免出现对方出场人数很少，而我方人数很多的情况。

二、谈判人员的配备

在一般的商务谈判中，所需的知识大体上可以概括为以下几个方面：有关技术方面的知识，有关价格、交货、支付条件等方面的知识，有关合同法律方面的知识，有关语言翻译方面的知识。

根据谈判对知识方面的要求，谈判班子应配备相应的人员。

（一）技术精湛的专业人员

熟悉生产技术、产品性能和技术发展动态的技术员、工程师可以在谈判中负责有关产品技术方面的问题，也可以与商务人员配合，为价格决策做技术参谋。

专业人员是谈判组织的主要成员之一。其具体职责主要有以下几点：

（1）同对方进行专业细节方面的磋商。

（2）修改草拟谈判文书的有关条款。

（3）向谈判首席代表提出解决专业问题的建议。

（4）为最后决策提供专业方面的论证。

（二）业务熟练的商务人员

商务人员是谈判组织中的重要成员。商务人员由熟悉贸易惯例和价格谈判条件、了解交易行情且有经验的业务人员或公司主管领导担任。其具体职责主要有以下几点：

（1）阐明己方参加谈判的愿望和条件。

（2）弄清对方的意图和条件。

（3）找出双方的分歧或差距。

（4）掌握该项谈判总的财务情况。

（5）了解谈判对手在项目利益方面的期望指标。

（6）分析、计算修改中的谈判方案所带来的收益变动。

（7）为谈判首席代表提供财务方面的意见和建议。

（8）在正式签约前提供合同或协议的财务分析表。

（三）精通经济法的法律人员

法律人员是一项重要谈判项目的必需成员。如果谈判小组中有一位精通经济法律的专家，将会非常有利于谈判所涉及的法律问题的顺利解决。法律人员一般是由律师或既掌握经济学知识又精通法律专业知识的人员担任，通常由特聘律师或企业法律顾问担任。其具体职责主要有以下几点：

（1）确认谈判对方经济组织的法人地位。

（2）监督谈判在法律许可范围内进行。

（3）检查法律文件的准确性和完整性。

（四）熟练业务的翻译人员

翻译人员一般由熟悉外语和企业相关情况、纪律性强的人员担任。翻译是谈判双方进行沟通的桥梁。翻译的职责在于准确地传递谈判双方的意见、立场和态度。一个出色的翻译人员不仅能起到语言沟通的作用，而且能够洞察对方的心理和发言的实质，既能改变谈判气氛又能挽救谈判失误，增进谈判双方的了解、合作和友谊。因此，商务谈判对翻译人员有很高的素质要求。

（五）谈判首席代表

谈判首席代表是指那些对谈判负领导责任的高层次谈判人员。其在谈判中的主要任务是领导谈判组织工作。这就要求谈判首席代表除具备一般谈判人员必须具备的素养外，还应经历丰富、目光远大，具有审时度势、随机应变、当机立断的能力以及善于控制与协调谈判小组成员的能力。因此，无论从什么角度来说，谈判首席代表都应该是富有经验的谈判高手。其具体职责主要有以下几点：

（1）监督谈判程序。

（2）掌握谈判进程。

（3）听取专业人员的建议和说明。

（4）协调谈判班子成员的意见。

（5）决定谈判过程中的重要事项。

（6）代表单位签约。

（7）汇报谈判工作。

（六）记录人员

记录人员在谈判中也是必不可少的。一份完整的谈判记录既是一份重要的资料，也是进一步谈判的依据。为了出色地完成谈判的记录工作，记录人员要有熟练的文字记录能力，并具有一定的专业基础知识。其具体职责主要是准确、完整、及时地记录谈判内容。

这样，不同类型和专业的人员就组成了一个分工协作、各负其责的谈判组织群体。

三、谈判班子成员的分工与协作

当合适的人员组成谈判班子后，成员之间必须根据谈判内容和目的以及每个人的具体情况做出明确适当的分工，明确各自的职责。此外，各成员在进入谈判角色尽情发挥时，还必须按照谈判目的与其他人员相互呼应、相互协调和配合，从而真正赢得谈判。这就好像一场高水准的交响音乐会，之所以最终赢得观众雷鸣般的掌声，除了演奏家的精湛技术外，更离不开每位演奏家的配合。

1999年美国国家航空航天局在火星进行的人造气象卫星任务失败，就是因为一组工程师使用公制单位撰写程序，而另一组工程师却使用英制单位运算。这个例子说明了协调与配合的重要性。

如何才能使谈判班子成员分工合理、配合默契呢？

具体来讲，就是要确定不同情况下的主谈人与辅谈人、他们的位置与职责以及他们之间的配合关系。

所谓主谈人，是指在谈判的某一阶段或针对某一个或几个方面的议题，以谁为主进行发言，阐述己方的立场和观点。这时，其他人处于辅助的位置，称为辅谈人。一般来讲，谈判班子中应有一名技术主谈人和一名商务主谈人。

主谈人作为谈判班子的灵魂，应具有上下沟通的能力；有较强的判断、归纳和决断能力；必须能够把握谈判方向和进程，设计规避风险的方法；必须能领导下属齐心合力，群策群力，突破僵局，达到既定的目标。

确定主谈人和辅谈人以及他们之间的配合是很重要的。主谈人一旦确定，己方的意见、观点都由他来表达，一个口子对外，避免各吹各的调。主谈人在发言时，自始至终都应得到己方其他人员的支持。例如，己方其他人员口头上的附和“正确”“没错”“正是这样”等，在姿态上也可以做出赞同的姿势，如眼睛看着己方主谈人不断地点头等。辅谈人的这种附和对主谈人的发言是一个有力的支持，会大大加强主谈人说话的分量和可信程度。如果己方主谈人讲话时其他成员东张西望、心不在焉，或者坐立不安、交头接耳，就会削弱己方主谈人在对方心目中的分量，影响对方的理解。

有配合就有分工，合理的分工是很重要的。

（一）洽谈技术条款的分工与合作

在洽谈合同技术条款时，专业技术人员处于主谈人的地位，相应的经济人员和法律人员则处于辅谈人的地位。

技术主谈人要对合同技术条款的完整性、准确性负责。在谈判时，对技术主谈人来讲，其除了要把主要的注意力和精力放在有关技术方面的问题上外，还必须放眼谈判的全局，从全局的角度来考虑技术问题，要尽可能地为后面的商务条款和法律条款的谈判创造条件。对商务人员和法律人员来讲，他们的主要任务是从商务和法律的角度向技术主谈人提供咨询意见，并适时地回答对方涉及商务和法律方面的问题，支持技术主谈人的意见和观点。

（二）洽谈商务条款的分工与合作

很显然，在洽谈合同商务条款时，商务人员和经济人员应处于主谈人的地位，而技术人员与法律人员则处于辅谈人的地位。

合同的商务条款在许多方面是以技术条款为基础的，或者是与之紧密联系的，因此谈判需要技术人员给予密切的配合，从技术角度给予商务人员有力的支持。例如，在设备买卖谈判中，商务人员提出了某个报价，这个报价是否能够站得住脚，首先取决于该设备的技术水平。对卖方来讲，如果卖方的技术人员能以充分的证据证明该设备在技术上是先进的、一流水平的，即使报价比较高，也是顺理成章、理所应当的；而对买方来讲，如果买方的技术人员能提出该设备与其他厂商的设备相比在技术方面存在的不足，就会动摇卖方报价的基础，从而为买方谈判人员的还价提供了依据。

（三）洽谈合同法律条款的分工与合作

事实上，合同中的任何一项条款都是具有法律意义的，在某些条款上，法律的规定性更强一些。在涉及合同中某些专业性法律条款的谈判时，法律人员以主谈人的身份出现，对合同条款的合法性和完整性负主要责任。由于合同条款法律意义的普遍性，法律人员应参加谈判的全过程，只有这样才能对各项问题的发展过程了解得比较清楚，从而为谈判法律问题提供充分的依据。

应该指出的是，谈判小组成员之间的相互配合，不仅在谈判桌上需要，在其他场合也一样需要。例如，有位领导同志在与外商谈判前，把谈判组的成员介绍给对方时说：“这是小王，刚上任的财务科科长，大学毕业没几年，没什么谈判经验，这次带他来长长见识。”这样一来，对方在谈判中对小王的意见可能就不重视了。如果换一种讲法：“这是王××先生，本厂的财务科科长，负责本厂的资金调度，是一个精力充沛、精明能干的小伙子。”效果就会大不一样。

四、谈判人员的素质

人是谈判的行为主体，谈判人员的素质是筹备和策划谈判谋略的决定性主观因素，直接影响整个谈判过程的发展，影响谈判的成败，最终影响谈判双方的利益分割。可以说，谈判人员的素质是谈判成败的关键。

那么，一个优秀的谈判人员应具备怎样的素质呢？

在心理学中，素质是指人的神经系统和感觉器官的先天的特点。在广义上，人的素质不仅有生理、心理两个方面的基本特点，而且包含了一个人的知识修养和实际能力方面的内容。人的素质可以在实践中得到逐步发展与提高。

一个商务谈判人员应该在自身素质培养方面做好哪些准备？这个问题就如同一个运动员必须取得何种资格条件方能参加重大国际比赛一样。一般来讲，商务谈判人员必须具备以下几个方面的素质：

（一）知识素质

通晓相关知识是任何一个以商务活动为职业的人员开展工作的基础，对于一个谈判人员来讲也不例外。通常，除了国际贸易、国际金融、国际市场营销这些必备的专业知识以外，谈判人员同时还要掌握心理学、经济学、管理学、法学、历史学、财务会计等方面的知识。谈判是一个人与人之间、团体与团体之间的利益关系协调磋商的过程。这种协调需要谈判者有较强的洞悉力与体察对方心理状态及其变化的能力，并能借以做出相应的反映。这种协调不仅表现为谈判一方与对手之间的外部的相互适应过程，还更多地表现为谈判一方内部的观点、意见、立场的统一过程以及对谈判策略、谈判方式、谈判进程的选择与控制等。因此，对谈判队伍的组织协调与控制必须借助于科学的方法来指导。

谈判既然是对现存利益的分割或对未来共同创造利益的分享，那么资金的筹措与利用的效率，包括价格、利率的变动就成了直接影响谈判双方利益的敏感因素。因此，懂得一些经济学、金融学理论及其操作技巧是谈判者能够统揽全局，进而做到知己知彼、进退自如的前提。

政治学、经济学、经济法方面的知识也是商务谈判人员的知识结构中十分重要的组成部分。政治与经济是不可分离的，经济是基础，政治反作用于经济，这是由社会存在与社会意识对立统一的关系所决定的，无论是发达国家还是发展中国家都是如此。在国际经济活动中实行的普惠制、最惠国待遇以及有些发达国家出于某种政治目的对发展中国家的经济制裁，都是政治与经济相结合的表现。各个国家在对外贸易中也存在着国别政策。因此，谈判者具有政治方面的知识对弄清商务活动背后种种非经济因素的影响，并因势利导地去实现其可能给商务活动带来的潜在利益将起到积极的作用。

除了上述方面的知识以外，掌握宏观经济学的知识非常有助于培养与提高谈判人员对经济形势的观察力和判断力，从而使谈判者更好地把具体的商务洽谈放在整个经济发展格局中去考虑，由此而取得短期利益与长期利益的同步增长。同时，各个国家有自己的国情，各国都是依据本国的利益制定各种相应的经济政策的，从另一些国家的角度去看待一些国家的政策往往会感到难以理解与无所适从。然而，对于这些国家来说，出于对国家利益的考虑，非这样做不可。因此，在国际经济合作中，各方必须重视对对方国家特殊政策的了解与研究。

商务谈判特别是国际商务谈判必然会涉及法律问题，不仅在讨论合同条款时要尽可能做到仔细、详尽，而且要注意合同引起争议时有关法律的规定。谈判者不仅要有较强的法律意识，还要尽可能熟练地掌握本国经济法规及国际经济法律的有关规定。

学习与掌握有关工程技术知识对于一个商务谈判者来说是必不可少的，否则合同中有关的技术标准、验收标准等条款的确定就会变得相当困难，甚至在合同的实施过程中也会出现类似的争议与纠纷。一般而言，很少有既是技术专家又是国际商务活动专家的谈判人员。如果商务谈判者本人缺乏必要的工程科学知识，那么无论是内部沟通还是与合作方沟通都会缺乏必要的基础。因此，许多国家在培养工商管理硕士（MBA）时，比较倾向于招收那些具有理工科背景的学生，使他们进一步接受系统的商务知识教育。

在一些涉及面较广的商务谈判中，我们经常可以发现，来自发达国家的谈判人员常常只有几个人出场，而发展中国家却会以数倍于对方的人员坐到谈判桌上。这反映了发展中国家相对于发达国家而言，既懂技术又懂商务的复合型人才比较缺乏，也说明了掌握上述各种知识的必要性和迫切性。

在知识结构上，商务谈判者还要了解有关国家和地区的社会历史、风俗习惯以及宗教信仰等，否则就会闹笑话。例如，有的谈判者向来自热带地区国家的商人大谈要用“滚雪球”的方式积累资金，使对方百思不得其解。此外，谈判者还要了解对方谈判人员在其特有的文化背景下所形成的谈判作风与谈判方式。例如，对有些商务谈判人员由于长期生活习惯所形成的迟到、散漫等现象要能给予宽容。更多地了解对方的情况，可以避免在与其交往的过程中失礼，更重要的是可以避免在谈判中判断失误、沟通中断，以至于不能有效地做出必要的反应。如果我们对对方的情况比较了解，对其文化背景比较熟悉，我们的表达方式也符合对方的习惯，那么我们的想法和观点也就比较容易被对方接受。

知识的增长主要靠自己用心积累，仔细观察，多考虑一些问题，在平时多听、多学、多分析、多实践。日积月累，知识就会丰富起来，谈判者就能得心应手地驾驭谈判的过程。

不言而喻，熟练掌握一门外语在商务谈判中具有十分积极的意义。在国际谈判中，商务合同可能会用外语写成。作为商务谈判者，懂得外语不仅便于沟通，而且更能准确地在合同中表达出双方所达成的一致意见。当然，这并不是排斥商务活动中翻译人员的作用，谈判人员懂得外语与充分发挥翻译的作用不仅不是矛盾的，而且在商谈过程中，翻译人员的翻译过程可以为谈判者赢得一个更长的思考时间。不少国际商务谈判者往往很善于利用这种技巧来获得对问题深思熟虑的时机，这一点是值得我们学习和借鉴的。

全面的知识结构不仅构筑了一个谈判者的自信与成功的背景，而且在谈判实践中，当谈判者碰到某些复杂的专业问题时，这种背景也能帮助他很快地找到通往成功之路的钥匙，至少他会知道该向谁请教什么问题。

一个商务谈判人员必须善于与别人讨论、向别人学习，敢于承认自己不懂，之后诚恳地向别人请教。一个优秀的谈判人员虽然拥有较为广博的知识，但终究不可能涵盖谈判中所需要的全部知识，如与外商交往中需要了解和尊重的对方的宗教习俗问题，谈判项目涉及的某些具体技术标准、法律条文、金融财务手段的运用等专业问题。如果谈判者采取得过且过甚至不懂装懂的态度，则一定会破坏和谐的谈判气氛，最终损害自身的利益。其实，这是一种对工作不负责任的态度。对于一个谈判者而言，十分重要的是要善于了解谈判可能涉及的各个方面的问题，之后及时研究或者向别人讨教。可怕的是，对一些重要的问题，谈判者根本就不能意识到其存在，忽略其影响。当这些问题导致了不能挽救的后果时才幡然悔悟，但为时已晚。

谈判人员应该谦虚好学，善于从各方面专家那里汲取所需要的知识。提倡这种良好的学习作风还有利于增强谈判小组中各方面专家的彼此互补合作，弘扬团队合作精神，增强谈判实力。谈判者的谦虚好学不仅是指谈判一方内部的相互学习、取长补短，还体现在向有经验的外商虚心求教。特别是在同发达国家进行商务合作时，谈判者更要善于向他们学习。在国际商务谈判中，发达国家在处理技术、项目管理、国际惯例、支付方式等问题方面积累了丰富的经验。认真听取、分析外方提出的意见、建议，或者由我方提出一些具体设想，请外方加以充实完善，或许不仅可以给外方带来方便，而且也会为我方节约大笔的资金。这种学习对象可以是曾经与我方友好合作过的国外厂商、国际金融机构、商务咨询公司、会计师事务所，也可以是现在的谈判对手。

一个人不可能事事精通，但只要充分认识到“三人行，必有吾师焉”“十步之内，必有芳草”的道理，就能克服盲目自信的障碍，从而避免给工作造成不必要的损失，博采众长，最终比较完美地完成任务。可以说，谦虚好学是任何一个商务谈判者成长的必备素质。

（二）心理素质

耐心、毅力是一个谈判人员应该具备的基本素质。有时谈判是一项马拉松式的工作，在长时间的谈判中始终如一地保持镇静、信心与机敏不是一件容易的事情。周恩来总理是一位举世公认的谈判高手，虽然他经常夜以继日地工作，但只要一到谈判场合，他总是精神抖擞，这种精神实在叫人钦佩。

在商务谈判中，有些人试图以拖延时间来消磨对方的意志，以求获取更好的谈判条件，对付这种手段没有顽强的毅力是不行的。

这种意志力、忍耐力还表现在一个谈判人员无论是在谈判的高潮阶段还是在谈判的低潮阶段都能心平如镜。特别是当胜利在望或陷入僵局时，更要善于控制自己的情感，喜形于色或愤愤不平不仅有失风度，而且也会被对手抓住弱点与疏忽，给对手以可乘之机。

顽强的意志品质与一个谈判人员对工作一丝不苟、认真负责的态度和坚持原则的精神也是联系在一起的。谈判人员经常会面临四面受压的局面，压力既有来自谈判对手一方的，也有来自自己一方的。当谈判陷入争执不下、久拖未果的境地时，这种压力还会呈几何级数增长。来自内部的压力往往是由于某些领导者不了解实际情况，急于求成，以主观臆断代替客观分析，以行政命令干预谈判具体工作造成的。领导者的决策正确性与具体工作人员的工作水平、工作作风关系密切。在具体的项目谈判中，谈判人员一定要坚持实事求是的原则，不管谁说了什么，不管周围的压力有多大，都应该据实测算分析，如实向领导反映报告，这样才能帮助领导做到心中有数，保证决策的正确性，为项目合作争取有利的条件。谈判的压力也常常来自谈判对手“霸权”。有些厂商总是以自己的优势地位来强迫对方接受他们提的不平等条件。我们要坚持用客观标准来进行商务谈判，坚持平等、互利、公平、合理的合作准则，坚持把达成协议的基础建立在相互合作的原则上，而不是屈服于压力。

能否在谈判中顶住来自内部和外部的压力，不但是对谈判人员耐心、毅力的考验，也是对谈判人员能否坚持原则的考验。谈判人员应该从实际工作出发，严格按商务谈判的客观规律办事，顶住来自各方面的压力，有效维护国家利益，争取项目的最大效益。

（三）仪态素质

不卑不亢、有理有节始终是商务谈判人员应该坚持的谈判态度，这也是谈判双方把谈判引向成功的基础。这看起来简单，但要准确地把握分寸却是很不容易的事情。如何表现强硬？如何表现灵活？如何表现妥协？这些技巧的掌握来自平时不断积累的经验。有的人认为对谈判对手要客气些，甚至认为对方讲的都是对的；有的人会有莫名其妙的优越感，在实际谈判中表现粗鲁，常常将不平等的条件强加于人。例如，在有些发展中国家，某些人在与发达国家的商人的交往过程中常常表现出既非常自卑、盲目崇洋媚外，又过分骄傲、妄自尊大的矛盾心理。这些都是不正确的态度。当然，如果个别商人企图欺骗我们，向我们推销劣质产品，那我们就要识破、制止他们的行为，并予以必要的反击。同时，我们也不能因为自己手上有些筹码而自鸣得意，摆出一副高高在上的架势，趁机向外商提出一些过分和无理的要求，动辄以最后通牒方式向对方压价，即使对方报价相当合理也无动于衷。自卑易受人欺辱，而莫名其妙的傲慢与拒绝妥协也不是理智的反应。在商务谈判中我们应该始终遵循不卑不亢、有理有节、互相尊重、友好协商的方针。

在与对手的谈判中，我们要表现出应有的诚意，要树立一种认真负责的形象，及时答复对方提出的问题，严格履行允诺过的东西。对方有些做法不对，我们要适时指正；我们自己的做法不妥，要敢于承认。同时，谈判者不能轻易向对方承诺，而一旦承诺就要尽力履行。这样对方就会认为我方是可靠的。寻求有效的合作有时需要营造竞争的局面。然而，有时我们准备招标一个项目，随随便便向一些商家发出邀请洽谈的函电是不妥当的。对方可能会以为这只是我们的摸底与试探，因而不予以重视，结果来洽谈的商家就会十分有限，竞争也就无从谈起。因此，在商务交往中，态度一定要诚恳，要通过适当的渠道让有关厂商充分了解我们的意图，让他们感到合作的条件已经具备，接下来的谈判将不是一个旷日持久、漫无边际的过程，从而众商云集。这样我们就能广泛地选择合作伙伴，在公平竞争中占有优势地位。事实上，在商务谈判中，认真、诚恳的态度也是不卑不亢的作风的自然延伸。

（四）谈判技能素质

知识广博是一个谈判人员素质构成中的基本要素，而技能则是知识的外在表现与具体应用。谈判人员的技能主要表现在以下几个方面：

（1）谈判人员应该有必要的运筹、计划能力。谈判的进程如何把握？谈判在什么时候、什么情况下可以由准备阶段进入接触阶段、实质阶段，进而达成协议？在谈判的不同阶段要注意重点的转移，采取何种技巧、策略？对此，谈判者都要进行精心设计与统筹安排。当然，这种计划离不开对谈判对手背景、需要、可能采用的策略的调查了解与充分评估。

（2）所谓谈判，就是靠“交谈”来消除双方观点中的分歧，达成一致观点的过程，因此语言驾驭能力就是谈判人员的基本技能之一。谈判人员应善于表达自己的见解，叙述条理清晰，用词准确明白；对某些专业术语也能以简明易懂的语言加以解释。同时，谈判者还要善于说服对方接受自己的观点与条件，善于通过辩论来批驳对方的立场，维护自己的利益。谈判者驾驭语言方面的能力不足不仅容易引起交流中的误解，造成沟通障碍，而且还会使自己的合理要求在谈判结果中得不到有效的表达和保障。当然，我们强调提高语言驾驭能力并不是提倡在谈判中泛泛而谈、虚张声势，这种做法会影响谈判气氛，使对方产生不满。例如，有的谈判者在解释自己的观点时常常词不达意，漫无边际。我们强调语言驾驭能力是因为谈判的过程是双方表达、辩论与说服的过程，谈判也只有在这种多层次、全方位的沟通过程中才能达成逐渐趋向一致的结果。

（3）对谈判进程的把握、谈判中语言技巧的运用，都离不开对谈判对手的了解与认识。这种了解与认识的依据不能仅仅从对对手的背景调查中得到，面对面的谈判为了解与认识谈判对手提供了直接的机会和丰富的信息。这依赖于谈判者的观察能力以及对对手在口头语言、动作语言、书面语言等各方面表述中所体现的心理状态及其细微变化的体察能力。此外，谈判者捕捉到信息后应能做出迅速的判断与有效的反应。理论与实践相结合，是提高这种观察力的重要途径。

（4）创造力与灵活性是谈判人员素质中“天然”的组成部分，与谈判人员意志力的坚韧、顽强互为补充、相得益彰，并在谈判中具体表现为既不轻易退让又善于妥协的谈判能力。如果一个人在谈判中只是表现出单纯的“原则性”，往往会使双方陷入争执，这时候坚持强硬的立场常常使僵持局面得不到化解。在这种情况下，谈判人员发挥应有的创造力、想象力，并在制订与选择方案上表现出灵活性，对推动谈判的发展具有关键性的作用。

（5）商务谈判人员应该有较强的人际交往能力，特别是要注意积累各方面的关系。谈判人员应该同政府机关、金融机构、工商企业等各界朋友建立广泛的联系，这样在谈判时就可能获得一个方便的信息通道或若干咨询顾问。这对了解谈判对手、确定谈判方案、突破谈判僵局都大有益处。

第四节　制订商务谈判计划

商务谈判方案是指企业最高决策层或上级领导就本次谈判的内容所拟定的谈判主体目标、准则、具体要求和规定。谈判方案的制订可以根据谈判的规模、重要程度的不同而定。内容可多可少，可简可繁，可以是书面形式，也可以是口头形式。

一、制订谈判计划的原则

由于商务谈判的规模、重要程度不同，商务谈判的内容会有所差别。商务谈判的内容的多少，要视具体情况而定。尽管内容不同，但其要求都是一样的。一个好的谈判方案要求做到以下三点：

第一，简明扼要。所谓简明，就是要尽量使谈判人员容易记住其主要内容与基本原则，能根据方案的要求与对方周旋。

第二，明确具体。谈判方案要求简明扼要，也必须与谈判的具体内容相结合，以谈判的具体内容为基础，否则会使谈判方案显得空洞和含糊。

第三，富有弹性。在谈判过程中，各种情况都有可能发生变化，要使谈判人员在复杂多变的形势中取得比较理想的结果，就必须使谈判方案具有一定的弹性。谈判人员可以在不违背根本原则的情况下，根据情况的变化，在权限允许的范围内灵活处理有关问题，取得较为有利的谈判结果。谈判方案的弹性表现在有几个可供选择的谈判目标；指标有上下浮动的余地；把可能发生的情况考虑在计划中，如果情况变动较大，原计划不适合，可以实施第二套备选计划。

二、确定谈判的基本策略

谈判的基本策略是指谈判者为了达到和实现自己的谈判目标，在对各种主客观情况充分估量的基础上，拟采取的基本途径和方法。

制定商务谈判的策略，就是要选择能够达到和实现己方谈判目标的基本途径与方法。谈判不是一个简单的讨价还价的过程，而是双方在实力、能力、技巧等方面的较量。因此，制定商务谈判策略前应考虑如下影响因素：对方的谈判实力和主谈人的性格特点；对方和己方的优势所在；交易本身的重要性；谈判时间的长短；是否有建立持久、友好关系的必要性。通过对谈判双方实力及以上影响因素细致而认真的研究分析，谈判者可以确定双方的谈判地位，即处于优势、劣势或均势，由此确定谈判的策略，如报价策略、还价策略、让步与迫使对方让步策略、打破僵局策略等。

基本策略确定的步骤如下：第一步，确定双方在谈判当中的目标是什么，包括最高目标、最低目标、中间目标的目标体系；在交易的各项条款中，哪些条款是对方重视的，哪些条款是对方最想实现的，哪些条款是对方可能做出让步的，让步的幅度有多大等。第二步，确定在己方争取最重要的条款的时候将会遇到对方哪些方面的阻碍，对方会提出什么样的交换条件等。第三步，针对以上情况，我们采取怎样的策略。

以上谈判计划的制订，有赖于对双方实力及其影响因素的正确估量和科学分析。否则，谈判计划就没有什么意义了。

三、确定谈判地点和时间

谈判地点的选择不是一件随意的事情，选择恰当的地点往往有助于取得谈判的主动权。谈判者要将谈判的策略与谈判的时间、地点安排结合起来，进行综合考虑。

根据地点的不同，谈判可以分为三种形式，即主场谈判、客场谈判和主客场轮流谈判。一般来说，谈判地点要争取在己方，因为在主场举行谈判洽商活动获胜的可能性更大。一些谈判学家所做的研究也证明了这一点。例如，美国谈判专家泰勒尔的实验表明，多数人在自己家的客厅与人谈话，比在别人家的客厅里更能说服对方。这是因为人们在自己的所属领域里，能更好地释放能量，因此行为的成功的概率更高。事实上，这种情况也适用于谈判。

此外，谈判具体地点的选择也很讲究艺术性。一般来说，在大型会议室中举行的往往是正式的谈判，因此在谈判的开始阶段需要选择大型会议室，因为这样能造成一种气势，使双方认真对待。谈判结束签订合同时，也常在大型会议室举行，同样是为营造一种合作的气氛和社会影响。这些内容便于公开，双方也希望更多的人了解这样的结果。

小会议室中安排的一般是讨论型的谈判，双方是认真负责的，因此大量具体的细节问题在这样的场合中讨论比较合适。同时，其内容仅限与会者知道，特别是对有争议的问题，在这种场合比较容易表达。可见，正式谈判设在小会议室中进行的机会也比较多。

办公室约见主要是私密性会见，谈判中也经常需要，个别交谈和征求意见不做正式决策时选择这种场合最有效。谈判和内部讨论不一样，谈判中的约见是平等的。

以上所说的谈判场合都是正式场合，双方都受到一种无形的压力，即责任的压力，每一句话、每一个行为都会表达出个人的思想和责任。因此，谈判场合的安排应该与这些要求一致。

在餐桌上或高尔夫球场上，双方比较放松，可以谈论正事，可以诉说友情，还可以讨论无关的问题。这样的交流在谈判过程中也是不可或缺的，不仅可以通过非正式的议论了解对方的真实想法和个人意见，同时也是建立长期感情的方式和渠道，从而有利于正式谈判时的顺利决策。

人们对时间的安排是很直接的，因此在谈判时间的选择上也要深思熟虑。如果谈判定在星期一上午开始，而且主要谈判人员出席的话，说明主方很在乎要讨论的主题，并准备花足够的时间来解决。如果谈判定在星期五下午则表达了一个信息，该问题应该尽快解决，没有拖延的时间了。

四、安排议程

谈判议程是人们在进行谈判之前，预先拟定的谈判目标和实现目标的步骤。有时，安排好谈判议程可以使谈判在不损害他人利益的基础上达成对己方更为有利的协议，可以卓有成效地运用预先制定的谈判技巧，而又不为他人觉察。

【案例 5-4】　　**AB 公司与 PH 公司合资成功的秘诀**

AB 公司：主营某轻工产品装备的开发和制造

PH 公司：主营某轻工产品装备配件的制造和销售

随着中国经济的持续、稳步增长，AB 公司的主要产品在中国逐步打开销路，经营业绩逐年增长。在市场开拓的过程中，AB 公司的营销人员和公司高管注意到，位于中国上海的PH公司加工生产的同类产品在中国占有较大的市场，并在业内受到好评。此前，AB公司的同类配件均在美国本土配套。为了降低成本，方便产品的售后服务，AB公司拟与PH公司在中国合资建立一家企业，从事该产品的生产、销售和售后服务。为此，AB公司向PH公司发出了提议建立合资企业的业务建议书。

收到该业务建议书后，PH公司召集了多次分析研讨会议，对AB公司的合资意图、合资企业的市场定位、管理架构、运行模式等进行了深入分析，并聘请一家资深的企业并购咨询管理公司对合资方案进行战略分析。该咨询管理公司在大量调研的基础上，对合资方案进行了全面透彻的分析，并出具了关于AB公司与PH公司设立合资企业的专题分析报告。根据该报告，PH公司确定了合资谈判的谈判计划，明确了在合资合同谈判中的重点、难点以及应对方案。PH公司认为，在本次合资合同谈判中，重点和难点有两个：出资比例和出资形式。出资比例涉及未来公司的控股权问题，而出资形式则涉及AB公司拥有的两条生产线的关键制造技术。PH公司试图通过合资让AB公司以技术投入的方式将该两项关键制造技术投入合资公司，且这种投入具有独占性和排他性。这可以看成对己方利益的初步分析。接下来的进一步分析是在控股权和关键技术之间哪一个对PH公司更重要？结论是关键技术对PH公司更重要，并且作为一家生产整条轻工产品装备性生产线的合资企业，外方要求拥有控股权也是合理的，即外方在控股权问题上让步的可能性比较小。基于这些分析，PH公司最后制定出的谈判方案和策略为：在第一轮谈判时，由PH公司先行提出PH公司投资超过51%占绝对控股地位；AB公司对此可能不会同意，在经过多轮磋商后，PH公司表示可以放弃控股，但作为一种对PH公司让步的回报，PH公司坚持AB公司除现金投入外，其拥有的两项关键制造技术应以合理的评估价进入，并以特别约定的形式，明确该技术的投入是独占的、排他的。PH公司依据这一计划，与AB公司进行多轮谈判后，达成一致意见，签订了AB公司与PH公司合资成立中外合资上海A-P机械有限公司合同，最终达到了PH公司的预期，较好地维护了中方的利益。由此可以看出，周密细致的计划对保证谈判顺利进行有多么重要。

议程本身就是一种谈判策略。谈判议程一般包括谈判时间的安排和谈判议题的确定。谈判议程可以由一方准备，也可由双方协商确定。议程包括通则议程和细则议程，通则议程由谈判双方共同使用，细则议程供己方使用。谈判议程主要包括以下三个方面：

（一）时间安排

时间安排包括确定在什么时间举行谈判、谈判多长时间、各个阶段的时间如何分配、议题出现的时间顺序等。谈判的时间安排是议程中的重要环节，如果时间安排得很仓促，准备不充分，匆忙上阵，心浮气躁，就很难沉着冷静地在谈判中实施各种策略；如果时间安排得过长，不仅会耗费大量的时间和精力，而且随着时间的推延，各种环境因素都会发生变化，还可能会错过一些重要的机遇。

（二）谈判议题

所谓谈判议题，就是谈判双方提出和讨论的各种问题。谈判议题首先必须明确己方要提出哪些问题、讨论哪些问题。谈判人员要对所有问题进行全盘比较和分析，如哪些问题是主要议题，要列入重点讨论范围；哪些问题是非重点问题；哪些问题可以忽略；各个问题之间是什么关系，在逻辑上有什么联系。谈判者还要预测对方会提出什么问题，哪些问题是己方必须认真对待、全力以赴去解决的，哪些问题是可以根据情况做出让步的，哪些问题可以不予讨论。

（三）通则议程和细则议程

1. 通则议程

通则议程是谈判双方共同遵守使用的日程安排，一般要经过双方协商同意后方能正式生效。通则议程通常应确定以下内容：谈判总体时间及分段时间安排、双方谈判讨论的中心议题、问题讨论的顺序、谈判人员的安排、谈判地点以及招待事宜。

2. 细则议程

细则议程是己方参加谈判的策略的具体安排，只供己方人员使用，具有保密性。其内容一般包括以下几个方面：谈判中统一口径，如发言的观点、文件资料的说明等；对谈判过程中可能出现的各种情况的对策安排；己方发言的策略，何时提出问题、提出什么问题、向何人提出问题、谁来提出问题、谁来补充问题、谁来回答对方问题、谁来反驳对方提问、在什么情况下要求暂时停止谈判等；谈判人员更换的预先安排；己方谈判时的策略安排与谈判时间期限。

谈判人员在拟定谈判议程时，应注意以下五个问题：

第一，谈判的议程安排要依据己方的具体情况，在程序安排上做到扬长避短，也就是在谈判的程序安排上，保证己方的优势能得到充分发挥。

第二，议程的安排和布局要为己方出其不意地运用谈判策略埋下伏笔。一个成熟的谈判者是决不会放过利用拟定谈判议程的机会来筹谋的。

第三，谈判议程的内容要能够体现己方谈判的总体方案，统筹兼顾，引导或控制谈判的速度以及己方让步的限度和步骤等。

第四，议程的安排不要过分伤害对方的自尊和利益，以免导致谈判过早破裂。

第五，不要将己方的谈判目标特别是最终谈判目标通过议程和盘托出，使己方处于不利地位。

当然，议程由己方安排也有短处，如己方准备的议程往往透露了自己的某些意图，对方通过分析可猜出并在谈判前拟定对策，使己方处于不利地位。同时，对方如果不在谈判前对议程提出异议而掩盖其真实意图，或者在谈判中提出修改某些议程，容易导致己方被动甚至谈判破裂。

五、起草商务谈判计划书

商务谈判计划书是关于谈判的总体规划及具体安排。由于谈判的不确定性和复杂性，商务谈判计划书不可能面面俱到，同时鉴于谈判在一定程度上存在保密要求，因此好的商务谈判计划书应满足以下基本要求：

第一，在起草过程中，商务谈判计划书要围绕本次谈判目标，深入思考谈判的核心，制定好对策。

第二，注意通则议程与细则议程的区别。为确保谈判顺利，商务谈判计划书的通则部分很多时候需要谈判的各方共同制定，这本身就是一个谈判过程。议程的安排往往与谈判目的和结果有一定的相关性，对一方有利的安排很可能不会被轻易察觉。

第三，商务谈判计划书不要求将全部内容都写出来，但要写清主要内容。

关于××××的谈判计划书

主方：××××

客方：××××

一、谈判时间

××××年××月××日

二、谈判地点

××××

三、谈判小组人员组成

首席代表：（决策人）

主谈人员：（包括技术主谈、商务主谈等）

其他人员：（包括法律顾问、翻译人员、记录人员、文书资料保管人员）

四、基本情况分析

（一）谈判双方的背景

1. 我方公司分析

2. 客方公司分析

（二）谈判的项目

依照主题和目的对谈判内容进行细分，形成多个项目

（三）谈判目标

1. 主要目标

2. 次要目标

3. 最低目标

（四）谈判形势分析

1. 我方优势分析

2. 我方劣势分析

3. 我方人员分析

4. 客方优势分析

5. 客方劣势分析

6. 客方人员分析

（五）谈判的形式

五、谈判的方法及策略

1. 开局阶段的策略

2. 磋商阶段的策略

3. 成交阶段的策略

（要根据谈判的进程，及时调整方案）

六、谈判效果及风险预测

(一) 谈判效果预测

(二) 谈判的风险

(主要说明出现意外情况时处置的方法、策略、合同如何约定)

七、谈判费用预算

八、谈判议程

1. 双方进场
2. 介绍会议安排和与会人员
3. 进行正式谈判
4. 达成协议
5. 签订协议
6. 祝贺谈判成功

九、附属计划

1. 谈判日程表
2. 接待计划
3. 会务保障计划
4. 保密要求
5. 谈判终结的判定和处理

第五节　商务谈判物质条件的准备

一、商务谈判的场所布置

选择环境优美、条件优越的具体谈判地点，并巧妙地布置会谈场所，使谈判者有一种安全舒适、温馨柔和的心理感受，不仅能显示出己方热情、友好的态度，也能使对方深表感谢，这就为谈判制造了和谐的气氛。当然，谈判者也要警惕一些不道德的商人利用场所搞一些阴谋诡计。

(一) 场所的选择

谈判场所的选择应该满足以下几个方面的要求：

1. 交通、通信便利

谈判场所应选在交通、通信便利，便于有关人员来往，便于双方通信的地方。

2. 环境舒适安静

谈判环境应宽敞、整洁、舒适，具有良好的通风和采光条件，相对比较安静，避免外界的干扰。

3. 必要时要准备密室

举行会谈的会议室旁边最好准备一两间小房间，以便于谈判人员协商机密事情。

4. 必要的办公设备

谈判场所应配备必要的办公设备，如计算机、复印机、投影仪等，便于双方人员处理文件。除非对方同意，否则谈判场所不要配有录音录像设备。实践证明，录音录像设备有时对双方都会起到负面作用，使人难以畅所欲言。

（二）会场的布置

谈判会场的布置及座位的安排是否得当，是检验谈判人员素质的标准之一。有些谈判者会根据谈判会场的布置状况去判断主方对本次谈判的重视程度和诚意。

一般来说，商务谈判时，双方应面对面而坐，各自的团队成员应坐在主谈者的两侧，以便互相交换意见，发挥集体的力量。谈判桌的形状多种多样，长方形谈判桌、圆形谈判桌、椭圆形谈判桌均有。商务谈判通常用长方形谈判桌。其座位安排通常如图 5-1 和图 5-2 所示。

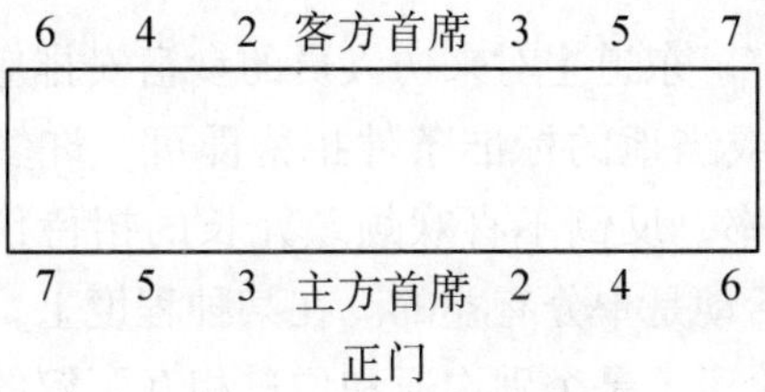

图 5-1 长方形谈判桌座位安排 1

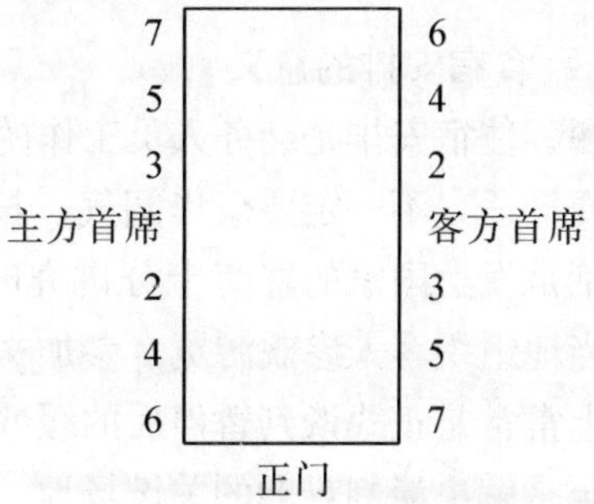

图 5-2 长方形谈判桌座位安排 2

如图 5-1 所示，若以正门为准，主方应坐背门一侧，客方则面向正门而坐，其中主谈人或负责人（首席）居中。我国及多数国家习惯把翻译安排在主谈人的右侧，即第 2 个席位上，但也有少数国家让翻译坐在后面或主谈人的左侧，这也是可以的。

如图 5-2 所示，若谈判桌一端向着门，则以正门的方向为准，右为客方，左为主方。其座位号的安排也是以主谈者（首席）的右边为偶数，左边为奇数，即所谓的“右边为大”。

若没有长方形谈判桌，也可以用圆形谈判桌或方形谈判桌，其座位安排分别如图 5-3 和图 5-4 所示。还有一种排位方式是随意就座，适合小规模的、双方都比较熟悉的谈判。有些谈判还可以不设谈判桌。

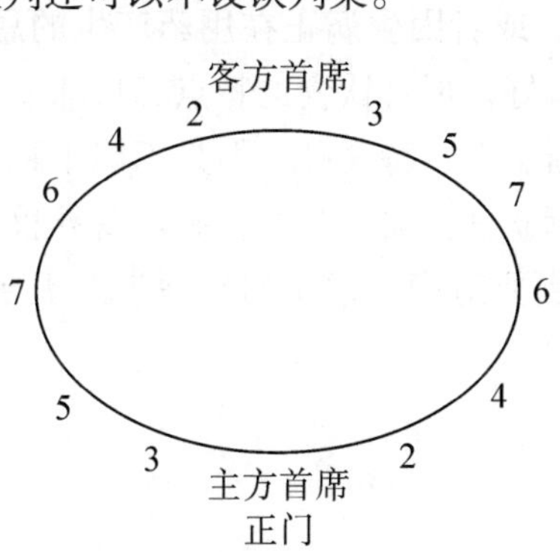

图 5-3 圆形谈判桌座位安排

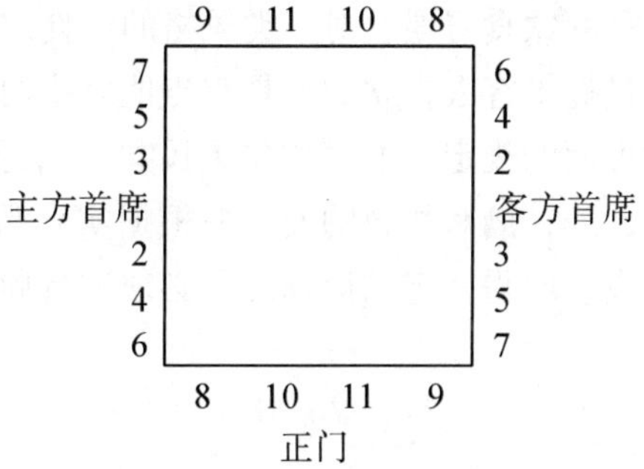

图 5-4 方形谈判桌座位安排

各方谈判代表如此重视谈判桌的形状，绝不是吹毛求疵的行为，因为这涉及谈判各方的地位次序问题，是一个比较敏感的问题。一般来说，谈判座位的设置围成四方形，适合多方谈判；围成长方形，适合双方平等谈判。许多有经验的谈判专家认为，选择圆形谈判桌比选择方形谈判桌要好一些，因为桌子方方正正，双方谈判人员面对面坐定后往往会有过于正规、不太活泼的感觉，有时甚至会产生相互对立的情绪。如果运用圆形谈判桌，效果就大不一样了，双方谈判人员团团坐定，围成一个圆圈，便于交换意见，沟通彼此的思想、增进彼此的感情。

与谈判桌相匹配的还有椅子。椅子要舒适，不舒适使人难以久坐，但是也不能过于舒适，那样会使人容易产生倦意、精神不振。此外，谈判所需的其他设备和服务也要周到。

二、商务谈判的食宿安排

（一）食宿安排的意义

用餐、住宿安排是会务人员工作的重要内容。东道主对来访人员的食宿安排应周到细致、方便舒适，不一定要豪华阔气，按照国内或当地的标准条件招待即可。许多外国商人，特别是发达国家的客商十分讲究时间、效率，反倒不喜欢烦琐冗长的招待仪式。但是，适当地组织客人参观游览、参加文体娱乐活动是十分有益的。在某种程度上，住宿地和餐桌上常常是正式谈判暂停后的缓冲和过渡阶段，是个别沟通和增进相互了解的重要场合，甚至是解决谈判难题的关键场地。

（二）安排住宿需要注意的事项

住宿地点除了要尽量考虑环境上的宁静、舒适、卫生以及交通和通信的便利外，还要考虑宾馆的建筑风格和内部装修的文化品位以及服务设施和服务质量，这些都要与客人对这方面的要求相适应，在地位上相一致，与本次谈判业务的重要性相吻合。住宿地点和餐饮地点的距离应较近、便捷；如果有必要，东道主应有专人随时解决客人所遇到的生活问题。

（三）安排饮食起居要注意的事项

东道主应根据客人的地位、本次谈判的重要程度等条件确定饮食档次；认真了解对方人员在饮食方面的特殊要求，如由于宗教和民族习惯原因引起的饮食禁忌、个人的饮食习惯产生的禁忌，因身体状况对饮食存在的特殊要求，或者因生病正在用药产生的忌口等；主要人员的饮食习惯，对某类风格的饮食或菜系的偏好，近日饮食的特点、口味变化的要求；尽量提供客人喜欢的且具有当地风味的菜肴和新、奇、特食品，但是不能不顾国家有关法律方面的规定，如《中华人民共和国野生动物保护法》关于某些稀有珍禽异兽禁食的规定。此外，酒和饮料的安排要根据实际需要，劝酒要适度，常见的借酒表态更要谨慎，想在酒桌上取得一定的谈判结果必须进行周密的策划。

思考题

1. 谈判信息搜集包括哪些主要内容？
2. 如何制定谈判的目标？
3. 拟订一个谈判主题，制订一份商务谈判计划。
4. 如何配备谈判人员？
5. 谈判人员应具备哪些素质？
6. 试述物质条件准备的内容。

案例分析讨论

中海油的谈判准备

2005年8月2日，中国海洋石油总公司（以下简称“中海油”）宣布撤回其对优尼科公司的收购要约。中海油报价仍然超出雪佛龙公司竞价约10亿美元。

进与退：选择曾一波三折

中海油收购优尼科公司，历时半年多，过程可谓一波三折。

2005年年初，美国第九大石油公司优尼科公司挂牌出售。这家公司在泰国、印度尼西亚、孟加拉国等亚洲国家拥有良好的油气资源。优尼科公司由于经营不善等原因导致连年亏损，并申请破产。

优尼科公司挂牌后，中海油有意对优尼科公司进行收购。同时对此表现出浓厚兴趣的还包括壳牌公司、戴文能源公司和西方石油公司在内的国际石油巨头。

2005年3月，中海油开始与优尼科公司高层接触，并向优尼科公司提交了“无约束力报价”。优尼科公司当时的市值还不到100亿美元，但很快，国际原油价格飙升，优尼科公司的股价迅速上涨，中海油内部对这一收购的看法出现分歧。在中海油意见还没有统一之时，美国第二大石油公司雪佛龙公司于2005年4月宣布以160亿美元加股票的形式收购优尼科公司，收购计划包括25%的现金、75%的股票交换以及接收优尼科公司的16亿美元的债务。

2005年6月10日，美国联邦贸易委员会批准雪佛龙公司的收购计划。此时，中海油失去了第一次竞购机会。

但是，根据美国法律的规定，该交易还需要美国证券交易委员会（SEC）批准，只有在批准之后，优尼科公司董事会才能向股东正式发函，在此后30天由全体股东表决。实际上，中海油还有最后一次机会，即在发函之前提出新的收购方案，若被优尼科董事会认可，就有收购成功的可能。

2005年7月20日，优尼科公司董事会决定接受雪佛龙公司加价之后的报价，并推荐给股东大会。据悉，由于雪佛龙公司提高了报价，优尼科公司决定维持原来推荐不变。

对此，中海油深表遗憾。但中海油认为185亿美元的全现金报价仍然具有竞争力，优于雪佛龙公司现金加股票的出价。中海油表示，为了维护股东利益，公司无意提高原报价。

成与败：中国企业得到了什么？

从有关方面获得的信息显示，一家美国民意调查公司每天抽样调查500位美国人对收购优尼科公司的反应。其中3天的调查结果显示，绝大多数美国民众并不知道中海油，甚至很多人也不知道优尼科公司，原因是优尼科公司的资产主要在海外，优尼科公司在美国影响力有限。在抽样调查中，当受访者被问道“是否同意将优尼科公司出售给中国”时，52%的人反对，仅有12%的人支持；当继续被问道“如果这项并购将不会造成美国人失业”时，在加利福尼亚州30%的被调查者继续反对，47%的被调查者转为支持，而全国反对的人为35%，支持的人为41%。调查员提出第三个问题“如果兼并后在美国的石油资源将继续供应美国”后，反对的人只剩下20%，而支持者高达60%。

尽管中海油在美国民间的支持率在增高，然而令众多国内外能源领域专家学者不解的是，本该是一个双赢的、简单的企业并购行为，却被美国政府无端政治化了。法国《解放报》发表的文章说，中海油公开出价收购美国优尼科公司一事再次唤醒了美国的反华阵线，一些国会议员已经提出应该以国家安全为由阻止这一收购行动。美国马里兰大学的一位经济学教授指责说：“中国人显然已经决定到美国投资。他们的目的是获取技术，扩大影响力，并削弱反对他们的力量。他们是想腐蚀美国的政治制度。”

美国《纽约时报》发表的文章认为，大多数并购案都可以由价格来决定，出价最高的竞购者获胜。但从美国政府的强烈反应来看，优尼科公司并购案可没有这么简单。如今，石油价格不断攀高，能源储备日益升值，而美国也对自己的石油和天然气资源感到担心。优尼科公司的外国竞购者正是在这个时候意外出现的。与此同时，美国政府需要在贸易和货币方面与中国合作，但它对中国与日俱增的经济实力也感到越来越担心。

面对这些，中海油表示，这项交易不会对美国石油和天然气市场带来任何不利影响，因为优尼科公司在美国境内所生产的石油和天然气将继续在美国市场销售。优尼科公司在美国油气资产的产量占全美石油和天然气消耗量的不到1%。

其实，中国和美国的经济依存程度比通常想象得更高。根据美国海关统计，2004年中美双边贸易额为2 314.2亿美元，同比增长28%，中国成为美国第五大出口市场，第二大进口市场。在全球化的今天，贸易使国家之间紧密融合，美国并不会因为阻止中海油的收购而得到什么特别的好处，中海油竞购优尼科公司不是对中国企业的考验，而是对美国政府智慧的考验。

（资料来源：常志鹏. 退出并购优尼科：申海油得到了什么？[EB/OL].（2005-08-03）[2022-09-10]. http://www.cnhubei.com/200503/ca830439.htm.）

问题：

1. 你认为中海油在此次谈判之前是否做好了充分的准备？
2. 本案例值得总结的经验和吸取的教训有哪些？

第六章 商务谈判开局

本章要点

1. 熟悉建立开局气氛的过程。
2. 掌握商务谈判开局的目标。
3. 掌握商务谈判开局的策略。

导入案例

日本一家著名的汽车公司在美国刚刚“登陆”时，急需找一家美国代理商来为其销售产品，以弥补他们不了解美国市场的缺陷。当日本汽车公司准备与美国的一家公司就此问题进行谈判时，日本公司的谈判代表在路上堵车迟到了。美国公司的代表抓住这件事紧紧不放，想要以此为手段获取更多的优惠条件。日本公司的代表发现无路可退，于是站起来说：“我们十分抱歉耽误了你的时间，但是这绝非我们的本意，我们对美国的交通状况了解不足，所以导致了这个不愉快的结果，我希望我们不要再为这个无所谓的问题耽误宝贵的时间了，如果因为这件事怀疑到我们合作的诚意，那么，我们只好结束这次谈判。我认为，我们所提出的优惠代理条件是不会在美国找不到合作伙伴的。”

日本代表的一席话说得美国代理商哑口无言，美国人也不想失去这次赚钱的机会，于是谈判顺利地进行了下去。

进攻式开局策略是指通过语言或行为来表达己方强硬的姿态，从而获得对方必要的尊重，并借此制造心理优势，使得谈判顺利地进行下去。采用进攻式开局策略一定要谨慎，因为在谈判开局阶段就设法显示自己的实力，使谈判开局就处于剑拔弩张的气氛中，对谈判的进一步发展极为不利。

第一节　建立良好的谈判气氛

所谓谈判气氛，是指谈判双方通过各自所表现的态度、作风而建立起来的谈判环境。一般来说，谈判气氛可以分为四种：热烈的、积极的、友好的；平静的、严谨的、严肃的；冷淡的、对立的、紧张的；慢慢腾腾的、松松垮垮的、旷日持久的。谈判气氛直接作用于谈判的进程和结果，不同的谈判气氛可能会导致不同的谈判效果。良好的谈判开局气氛应该具有以下几个特点：一是礼貌、尊重的气氛，二是自然、轻松的气氛，三是友好、合作的气氛，四是积极进取的气氛。那么，怎样才能营造良好的谈判气氛呢？

一、建立良好的谈判气氛的方法

（一）注意个人形象

一个人的形象主要包括服装、仪表、语言、行为等方面。一个人的形象在他人眼中是最重要的第一印象。有经验的谈判者可以从一个人的形象中看出该人是信心十足，还是优柔寡断，是精力充沛还是疲惫不堪，是轻松愉快还是怀疑猜测，是好战型还是合作型。因此，一个谈判者应该特别注意个人形象的树立，不但要注意服装整洁性，还要重视仪表和行为端庄，从而为创造和保持良好的谈判气氛打下基础。

（二）沟通思想、加深了解、建立友谊

为了营造一种良好的谈判气氛，在谈判开始时，谈判人员不宜采取单刀直入或首先提出棘手和敏感问题的方式，而应运用可以引起双方产生感情共鸣的轻松话题和语言来开启谈判之门，如畅谈谈判的目的、议事日程安排、进展速度、谈判人员的组成情况等，也可以谈论双方感兴趣的题外话，还可以回忆往日合作成功的欢乐、感受等。在双方通过轻松的交谈、感情已渐趋近、气氛比较和谐的情况下，一方才可以试探性地选择一些相同或近似的正式话题进行交流，以此由表及里、由浅入深地循序渐进，使正式谈判之门慢慢开启。

（三）以谦和、坦诚来奠定谈判气氛的基础

谦和往往比精明逞强更能获得人们的帮助和信赖。谦和不是谈判各方地位的反映，而是谈判力量的表现。坦诚可以使谈判各方相互信任，形成情感上的相互接近。尽管谈判会出现争论，使用某种策略、技巧，但谦和与坦诚是不变的信条，应当成为谈判主旋律。只

有这样，整个谈判才能真正始终保持和谐的气氛。

二、营造谈判气氛应考虑的因素

不同内容和类型的谈判，需要有不同的谈判气氛与之对应。一般来说，确定恰当的谈判气氛需要考虑以下因素：

（一）双方人员个人之间的关系

如果谈判双方人员之间有交往，且关系比较好，开局时双方就可以畅谈友谊、畅谈以往的交往情境，以增进双方的个人感情。实践证明，一旦双方之间建立了良好的个人感情，那么提出要求、做出让步、达成协议就比较容易了，通常情况下还可以提高谈判效率。

（二）谈判双方企业之间的关系

谈判双方企业之间的关系主要有以下几种：双方过去有过业务往来且关系很好；双方过去有过业务往来，关系一般；双方过去有过业务往来，但己方对对方的印象不佳；双方过去没有业务往来。

1. 双方在过去有过业务往来且关系很好

在这种情况下，开局阶段的气氛应是热烈、真诚、友好和愉快的。开局时，己方谈判人员在语言上应该是热情洋溢的，内容上可以畅谈双方过去的友好合作关系或双方人员之间的交往，也可以适当地称赞对方企业的进步与发展，态度应该比较自由、放松、亲切。在结束寒暄后，己方可以将话题切入实质性谈判：“过去我们双方一直合作得很愉快，我想，这次我们仍然会合作愉快的。”

2. 双方过去有过业务往来，关系一般

在这种情况下，开局的目的是要争取创造一个比较友好、和谐的气氛。这时己方的谈判人员在语言的热情程度上要有所控制。在内容上，己方可以简单聊一聊双方过去的业务往来及人员交往，也可以说一说双方人员在日常生活中的兴趣和爱好，态度可以随和自然。在结束寒暄后，己方可以把话题切入实质性谈判：“过去我们双方一直保持着业务往来关系，我们希望通过这一次的交易磋商，将我们双方的关系推进到一个新的高度。”

3. 双方过去有过业务往来，但己方对对方的印象不佳

在这种情况下，开局阶段谈判气氛应是严肃、凝重的。己方谈判人员在开局时，语言方面在注意礼貌的同时，应该比较严谨，甚至可以带一点冷峻；内容方面可以就过去双方的关系表示不满和遗憾以及希望通过磋商来改变这种状况；态度方面应该充满正气，与对方保持一定距离。在寒暄结束后，己方可以把话题引入实质性谈判：“过去我们双方有过一段合作关系，但遗憾的是并不那么令人愉快。千里之行，始于足下，让我们从这里开始吧。”

4. 双方过去没有业务往来

如果过去双方没有业务往来，那么第一次的交往应努力营造一种真诚、友好的气氛，以淡化和消除双方的陌生感以及由此带来的防备，为后面的实质性谈判奠定良好的基础。因此，己方谈判人员在语言方面应该表现得礼貌友好且不失身份；内容方面多以天气情

况、途中见闻、个人爱好等比较轻松的话题为主，也可以就个人在公司的任职时间、负责的范围、专业经历进行一般性询问和交谈；态度方面不卑不亢，沉稳中不失热情，自信但不傲气。在寒暄结束后，己方可以把话题引入实质性谈判："这笔交易是我们双方的第一次业务交往，希望它能够成为我们双方发展长期友好合作关系的一个良好开端。我们都是带着希望来的。我想，只要我们共同努力，我们一定会满意而归。"

（三）双方的实力

就双方的实力而言，无外乎有以下三种情况。

1. 双方谈判实力相当

为了防止一开始就强化对手的戒备心理或激起对方的对立情绪，以致影响到实质性谈判，在开局阶段，己方谈判人员仍然要力求营造一种友好、轻松、和谐的气氛。己方谈判人员在语言和姿态上要做到轻松又不失严谨、礼貌又不失自信、热情又不失沉稳。

2. 己方谈判实力强于对方

为了使对方能够清醒地意识到这一点，并且在谈判中不抱过高的期望值，从而产生威慑作用；同时，又不至于将对方吓跑，在开局阶段，己方谈判人员在语言和姿态上，既要表现得礼貌友好，又要充分显示出己方的自信和气势。

3. 己方谈判实力弱于对方

为了不使对方在气势上占上风，从而影响后面的实质性谈判，在开局阶段，己方谈判人员在语言和姿态上，一方面要表示出友好和积极合作的意愿，另一方面又要充满自信，举止沉稳，谈吐大方，使对方不能轻视己方。

第二节　开局目标的制定

目标是人们行动预期达到的成果或结果，也是考核或检查人们行动效率的标准。

谈判目标就是检验谈判效率和成果的依据与标准，也是谈判思想、方针、策略的具体化和数量化。目标制定得正确与否及能否达到目标，决定着谈判活动的成败与效率的高低。因此，正确地制定与实现谈判目标，对整个谈判具有决定性的意义。

由于谈判是一个持续发展的过程，因此谈判目标也要有阶段性目标或分目标。从战略角度来讲，目标可以分为以下三个层次：企业总目标、谈判目标、谈判某一阶段的具体目标。

一、企业总目标

任何企业的生产经营活动都离不开目标体系，如企业发展的长期目标、中短期目标以及企业总体目标、部门目标等。目标在企业的生产经营活动中具有重要意义，决定着企业在一定时期内的生产经营方向和奋斗目标。目标是企业目的和任务的转化、分解。企业主要是根据各个不同的具体目标开展生产经营活动。

谈判内容是企业生产经营活动的一部分，必须服从和维护企业的总体目标，这就要求谈判人员在制定谈判目标时以企业的总目标为标准。例如，为了保证企业在2022年开工率达100%，要确保得到总数为500万元的订单，这里得到总数为500万元的订单并不是一次谈判所要达到的目标，但是每次谈判都要考虑到这一总目标，总目标的实现依赖于每个分目标的完成。500万元的订单，如果需要5次交易实现的话，那么每次谈判至少要实现100万元的分目标，因此总目标是制定分目标的依据和标准。总目标确定后，谈判人员就可以明确在每次谈判中的目标和责任，明确自己所处的地位及谈判成功的意义，从而采取相应的谈判策略与技巧，以保证实现企业的总目标。

二、谈判目标

谈判目标是指每次谈判所要达到的目标。谈判目标是谈判活动的总目标，对企业生产经营活动来讲，谈判目标又是分目标、具体目标。分目标的实现对完成总目标有极其重要的意义，也是谈判成功的标志。

谈判目标的制定，即分目标的制定，既要考虑企业的总体目标，也要考虑企业的实际状况、谈判对手的实力、双方力量对比以及市场供求变化的因素。例如，企业2022年的总目标是确保得到500万元的订单，在市场供需稳定的情况下，谈判的对手又是老客户，关系较好，而企业目前又迫切需要得到订单，以保证生产的连续性。这样，在第一季度中，企业就可以把谈判的总目标定为150万元。必要时，企业可以在其他方面给对方一定的让步或优惠，如提前交货等，以确保目标的实现。

谈判目标的制定极为重要，它关系到企业总目标的实现，又决定了在谈判中每一阶段具体目标的制定以及在谈判中所采取的策略。因此，制定谈判目标需要十分慎重，要在综合多方信息、资料的基础上，反复研究确定。确定谈判目标一般考虑以下几个要素：交易额、价格、支付方式、交货条件、运输、产品规格、质量、服务标准等。

但是，仅仅列出单一的谈判目标是不够的，它只是具体的指标。谈判人员还要从总体上综合考虑谈判可能出现的结果，并制定相应的目标，这就是谈判的最高目标（最优期望目标）、可接受目标和最低目标。在实际谈判中，谈判的双方都会遇到这样的问题：我方应该首先报价吗？如果首先报价，开价多少？如果是对方首先报价，我方应还价多少？倘若双方就价格争执不下，那么在什么条件下我方可以接受对方的条件？在什么情况下，我方必须坚守最后防线？要更好地解决这些问题，就必须认真研究、制定谈判的最高目标、可接受目标和最低目标。

（一）最高目标

最高目标，即最优期望目标，是指在谈判桌上，对谈判者最有利的一种理想目标。它在满足某方实际需要利益之外，还有一个“额外的增加值”。谈判实践中这一目标往往很难实现，因此真正较为老练的谈判者在必要时往往会放弃这一目标。但是，这并不是说这种最优期望目标在谈判桌上没有积极意义，它往往是谈判进程开始时的话题。

有关最高目标的介绍详见本书第五章第一节“商务谈判目标的确定”，此不赘述。

（二）可接受目标

可接受目标是谈判人员根据各种主客观因素，通过考察种种情况，经过科学论证、预测和核算之后所确定的谈判目标。可接受目标是介于最高目标与最低目标之间的目标。在谈判桌上，一方一开始往往要价很高，提出自己的最高目标。实际上，这是一种谈判策略，其目的是保护最低目标或可接受目标。这样做的实际效果往往超出了谈判者的最低目标的要求。双方通过讨价还价，最终选择一个最低目标与最高目标之间的中间值，即可接受目标。

实际上，在商务谈判中，双方最后成交值往往是某一方的可接受目标。可接受目标能够满足谈判一方的部分需要，实现部分利益。可接受目标往往是谈判者秘而不宣的内部机密，一般只在谈判过程中的某个微妙阶段挑明，因此是谈判者死守的最后防线。如果达不到可接受目标，谈判就可能陷入僵局或暂时休会。

可接受目标的实现，往往意味着谈判的胜利。在谈判桌上，为了达到各自的可接受目标，双方会各自施展技巧，运用各种策略。

（三）最低目标

最低目标是指在谈判中某一方毫无讨价还价的余地，必须达到的目标。换言之，最低目标是指某一方宁愿离开谈判桌，放弃合作项目，也不愿接受比这更差的结果。最低目标的确定主要考虑以下几个因素：

1. 价格水平

价格水平的高低是谈判双方最敏感的一个问题，是双方磋商的焦点。价格水平的高低直接关系到获利的多少或谈判的成败。影响价格的因素有主观与客观之分。影响价格的主观因素包括营销的策略、谈判的技巧等可以由谈判方决定或受谈判方影响的因素，而影响价格的客观因素主要有以下几种：

（1）成本因素。这里的成本主要是指“市场成本”，即产品从生产到交货的一切费用。具体来说，成本因素包括生产该产品所需的原材料、劳动和管理费用以及为购销该商品所耗费的调研费、运输费、广告费、关税、保险费、中间商的佣金等费用。

（2）需求因素。需求因素对价格水平的影响主要通过需求弹性加以体现。谈判者应根据需求弹性与市场的供需情况、同类产品的市场价格等因素，合理确定价格策略。

（3）竞争因素。决定价格下限的是商品成本，决定价格上限的则是顾客的需求程度。在上限与下限之间所确定的价格则由竞争来决定。也就是说，价格的确定不以个别成本为依据，而是取决于既定需要条件下同类商品的竞争状态、取决于由竞争形成的社会平均成本和平均利润。一方面，谈判者应注意竞争者的多少，竞争者越多，说明竞争越激烈，价格的变化也就越大；另一方面，谈判者应注意竞争的激烈程度，不同市场情况下，竞争的程度有所不同，谈判者在谈判中就要充分利用这一点。

（4）产品因素。对不同性质和特征的产品，买方的购买习惯也有所不同。一般来说，消费品价格的灵活性大，而工业品价格的灵活性小。此外，人们对不同产品的利润率存在不同的期望，也就导致谈判者确定不同的价格目标。

（5）环境因素。环境是指天时、地利、人和三者的统一体。当环境对谈判某一方有利时，其希望通过价格得到的利益也就更多些，买方可能会进一步要求降价，而卖方则可能会要求提价。因此，谈判者应善于把握机会，使环境向有利于己方的方向发展。

2. 支付方式

不同的支付方式通过价格对谈判的预期利润会造成较大的影响。例如，现款交易与赊款交易就会存在不同的风险，因此直接付款可以在价格上进行适当的优惠，但赊销的话往往就不能在价格上有所退让，只能力争将由于时间带来的资金损失降到最低，而且赊销带来的债务人不付款的现象也普遍存在。

特别是在进出口贸易中，卖方常常会遇到不利的支付条件。在国际贸易中，跟单托收支付方式、付款交单支付方式和承兑交单支付方式对出口方的影响大不相同，除了收汇风险不同之外，还间接影响交易商品的单位价格。例如，同一售价为 100 万元的商品，若采用付款交单支付方式，售价为 100 万元；若采取承兑交单支付方式，售价为 102 万元。即便如此，对卖方来说，前者也是更为有利的货款支付方式。从表面看，前者比后者少收 2 万元，但由于后者付款时间靠后，卖方会承受利息损失，并且在买方承兑交单后卖方就必须交单，卖方承担的风险更大，因此实际上承兑交单支付方式对卖方是相对不利的。

3. 交货及罚金

在货物买卖中，交货的期限对双方都有利害关系。在商务合同中，交货期限作为根本条款或重要条款都有明确的规定，一方若未按时交货就要赔偿对方的经济损失。一般情况下，卖方总是希望晚交货，而买方总是希望卖方能早交货。按照国际惯例，卖方报价中的交货期一般为签约后两个月。若买方提出要在签约后一个月交货，否则卖方就需缴纳迟交罚金；卖方则要根据买方提出的要求，对各方面的因素进行综合考虑后，提出交货条件方面的最低可接受限度为“如果不增加额外罚金的话，可以同意对方提出的提前交货要求”。

4. 保证期的长短

保证期是卖方将货物卖出后的担保期限。担保的范围主要包括货物的品质和适用性等。保证期限的长短历来都是商务谈判中双方据理力争的焦点问题之一。一般卖方会尽力缩短保证期，因为保证期越长，卖方承担的风险越大，可能花费的成本也就越高；而买方总是希望保证期越长越好，因为保证期越长，买方获得的保障程度就越高。但是，由于保证期的长短事关卖方信誉、竞争力以及交易能否达成和怎样达成，因此在通常情况下，卖方是会仔细考虑保证期问题的。卖方会根据出现的情况，确定关于保证期的最低可接受条件。

三、谈判某一阶段的具体目标

具体目标是对谈判目标的分解。有些谈判，特别是交易复杂、规模较大的谈判，制定阶段目标十分必要，它可以使谈判人员随时检查和调整谈判进程及谈判成果。

谈判某一阶段的具体目标的制定要相对灵活，可以根据谈判内容、预计谈判期限、谈判规模而定。例如，谈判初始阶段的具体目标是了解对手报价，提出己方条件；第二阶段是就交易主要内容进行协商，进一步讨论产品规格、价格、质量、交货期限、运输等条款，确定双方存在争议的有关问题；收尾阶段的具体目标是审议合同条款，复查协商的所有内容，商谈履行合同事宜。

综上所述，谈判目标是使谈判顺利、有效进行的保证。谈判者在划分目标的同时，一定要注意各目标相互之间的衔接与连贯，企业总目标是制定谈判目标的依据，谈判某一阶段的具体目标又是实现谈判目标的保证，三者缺一不可。

第三节　掌握开局的策略

在商务谈判活动中，从谈判双方见面商议开始到最后签约或成交为止，整个过程往往呈现出一定的阶段性，并具有很强的阶段性特点。谈判是多种策略的综合运用的过程，在每一个阶段往往是多种策略融合在一起，并不能具体明确在这个阶段到底采用哪一种具体策略，而且有的策略可能在谈判的各个阶段都会采用。在谈判的每一个阶段，往往会有一些经常使用的策略，这些策略在这个阶段具有明显的主导性。谈判开局的策略是谈判者谋求谈判开局有利形势和实现对谈判开局的控制而采取的行动方式或手段，其目的是营造适当的谈判气氛。商务谈判开局策略一般包括以下几个方面：

一、协商式开局策略

协商式开局策略是指以协商、肯定的语言进行陈述，使对方对己方产生好感，创造双方对谈判的理解充满“一致性”的感觉，从而使谈判双方在友好、愉快的气氛中展开谈判工作。

协商式开局策略适用于谈判双方实力比较接近，并且双方过去没有商务往来的经历。第一次接触，双方都希望有一个好的开端。己方要多用外交礼节性语言、讨论中性话题，使双方在平等、合作的气氛中开局。例如，己方以协商的口吻来征求谈判对手的意见，之后对对方的意见表示赞同或认可，双方达成共识。己方要秉持充分尊重对方意见的态度，语言要友好礼貌，但又不刻意奉承对方。己方在姿态上应该是不卑不亢，沉稳中不失热情，自信但不自傲，把握住分寸，顺利打开局面。

【案例 6-1】　　**协商式开局策略**

1972 年 2 月，美国总统尼克松访华，中美双方将要展开一场具有重大历史意义的国际谈判。为了创造一种融洽和谐的谈判环境，中国方面在周恩来总理的领导下，对谈判过程中的各种环境都做了精心而又周密的准备与安排，甚至对宴会上要演奏的中美两国民间乐曲都进行了精心挑选。在欢迎尼克松一行的国宴上，当军乐队熟练地演奏起由周总理亲自选定的《美丽的亚美利加》时，尼克松总统简直听呆了，他绝没有想到能在中国北京听到他如此熟悉的乐曲。因为这是他平生最喜爱的并且指定在他的就职典礼上演奏的家乡乐曲。敬酒时，他特地到乐队前表示感谢。此时，国宴达到了高潮，一种融洽而热烈的气氛也同时感染了美国客人。一个小小的精心安排，赢得了和谐融洽的谈判气氛，这不能不说是一种高超的谈判艺术。

协商式开局策略的目的在于创造取得谈判成功的条件。运用协商式开局策略的方式还有很多，如在谈判开始时，以一种协商的口吻来征求谈判对手的意见，之后对其意见表示赞同和认可，并按照其意见开展工作。运用这种策略应该注意的是，用来征求对手意见的问题应该是无关紧要的问题，对手对该问题的意见不会影响己方的利益。另外，己方在赞成对方的意见时，态度不要过于谄媚，要让对方感觉到己方是出于尊重，而不是奉承。协商式开局策略还有一种重要的途径，就是在谈判开始时以问询方式或补充方式诱使对手走入己方的既定安排，从而使双方达成一致和共识。所谓问询方式，是指将答案设计成问题来询问对方。例如："你看我们把价格和付款方式问题放到后面讨论怎么样?"所谓补充方式，是指借以对对方意见的补充，使自己的意见变成对方的意见。

二、坦诚式开局策略

坦诚式开局策略是指以开诚布公的方式向谈判对手陈述自己的观点或意愿，尽快打开谈判局面。

坦诚式开局策略比较适合双方过去有过商务往来，并且关系很好，互相比较了解，从而将这种友好关系作为谈判的基础的情况。己方在陈述中可以真诚、热情地畅谈双方过去的友好合作关系，适当地称赞对方在商务往来中的良好信誉。由于双方关系比较密切，可以省去一些礼节性的外交辞令，坦率地陈述己方的观点以及对对方的期望，使对方产生信任感。

坦诚式开局策略有时也可以运用于实力不如对方的谈判者。己方实力弱于对方，这是双方都了解的事实，因此没有必要掩盖。己方应坦率地表明自身存在的弱点，使对方理智地考虑谈判目标。这种坦诚也表达出实力较弱一方不惧怕对手的压力，充满自信和实事求是的精神，这比"打肿脸充胖子"、大唱高调以掩饰自己的弱点要好得多。

【案例6-2】 **坦诚式开局策略**

某地的一位党委书记在同外商谈判时，发现对方对自己的身份持有强烈的戒备心理。这种状态妨碍了谈判的进行。于是，这位党委书记当机立断，站起来对对方说："我是党委书记，但也懂经济、搞经济，并且拥有决策权。我们摊子小，并且实力不强，但人实在，愿意真诚地与贵方合作。咱们谈得成也好，谈不成也好，至少你这个外来的'洋'先生可以交一个我这样的'土'朋友。"寥寥几句肺腑之言，打消了对方的疑虑，使谈判顺利地向纵深发展。

三、慎重式开局策略

慎重式开局策略是指以严谨、凝重的语言进行陈述，表达出对谈判的高度重视和鲜明的态度，目的在于使对方放弃某些不适当的意图，以达到把握谈判节奏的目的。慎重式开局策略适用于谈判双方过去有过商务往来，但对方有过不太令人满意的表现，己方要通过严谨、慎重的态度，引起对方对某些问题的重视。例如，己方可以对过去双方业务关系中对方的不妥之处表示遗憾，并希望通过本次合作能够改变这种状况。己方可以用一些礼貌性的提问来查看对方的态度、想法，不急于拉近关系，注意与对方保持一定的距离。这种策略也适用于己方对谈判对手的某些情况存在疑问，需要通过简短的接触摸底。当然，慎重并不等于没有谈判诚意，也不等于冷漠和猜疑，这种策略正是为了寻求更有效的谈判成果。

四、进攻式开局策略

进攻式开局策略是指通过语言或行为来表达己方强硬的姿态，从而获得谈判对手必要的尊重，并借以制造心理优势，使谈判顺利进行下去。这种进攻式开局策略只有在特殊情况下使用。例如，己方发现谈判对手居高临下，以某种气势压人，有某种不尊重己方的倾向。如果任其发展下去，对己方是不利的，因此己方要变被动为主动，不能被对方气势压倒。己方采取以攻为守的策略，捍卫己方的尊严和正当权益，使双方站在平等的地位上进行谈判。进攻式开局策略要运用得好，必须注意有理、有节，不能使谈判一开始就陷入僵局。己方要切中问题要害，对事不对人，既表现出己方的自尊、自信和认真的状态，又不能过于咄咄逼人，使谈判气氛过于紧张。一旦问题表达清楚，对方也有所改观，己方就应及时调节一下气氛，使双方重新建立起一种友好、轻松的谈判气氛。

思考题

1. 如何建立商务谈判开局良好的氛围？
2. 开局目标如何制定？
3. 简述开局策略有哪些？

案例分析讨论

美国著名的柯达公司的创始人乔治·伊斯曼成为美国巨富之后，不忘社会公益事业，捐赠巨款在罗彻斯特建造了一座音乐礼堂、一座纪念馆和一座戏院。为承建这批建筑物内的座椅，许多建造商展开了激烈的竞争。找伊斯曼谈生意的商人无不乘兴而来，败兴而归，毫无所获。

正是在这种情况下，美国优美座位公司的经理亚当森前来会见伊斯曼，希望能够得到这笔价值9万美元的生意。伊斯曼的秘书在引见亚当森前，就对亚当森说："我知道您急于得到这个订单，但我现在可以告诉您，如果您占用了伊斯曼先生5分钟以上的时间，您就完了。他是一个很严厉的大忙人，所以您进去以后要快快地讲。"

亚当森被引进伊斯曼的办公室后，看见伊斯曼正埋头处理桌上的一堆文件，于是静静地站在那里仔细地打量起这间办公室来。

过了一会儿，伊斯曼抬起头来，发现了亚当森，便问道："先生有何见教？"

秘书对亚当森做了简单的介绍后便退了出去。这时亚当森没有谈生意，而是说："伊斯曼先生，我在等您的时候，仔细地观察了您的这间办公室。我本人长期从事室内的木工装修，但从来没见过装修得这么精致的办公室。"

伊斯曼回答说："哎呀！您提醒了我差不多忘记了的事情。这间办公室是我亲自设计的，当初刚建好的时候，我喜欢极了。但是后来一忙，一连几个星期都没有机会仔细欣赏一下这个房间。"

亚当森走到墙边，用手在木板上一擦，说："我想这是英国橡木，是不是？意大利的橡木质地不是这样的。"

"是的！"伊斯曼高兴地站起身来回答说，"那是从英国进口的橡木，是我的一位专门研究室内橡木的朋友专程去英国为我订的货。"

伊斯曼心情极好，便带着亚当森仔细地参观他的办公室，他把办公室内所有的装饰一件件向亚当森进行介绍，从木质谈到比例，又从比例谈到颜色，再从手艺谈到价格，之后又详细介绍了他的设计经过。亚当森微笑着聆听，饶有兴致。

亚当森看到伊斯曼谈兴正浓，便好奇地问起他的经历。伊斯曼便向他讲述了自己苦难的青少年时代的生活，比如母子俩如何在贫困中挣扎的情景、自己发明柯达相机的经过以及自己打算为社会所做的巨额的捐赠……

亚当森由衷地赞扬伊斯曼的功德心。本来秘书警告过亚当森，会谈不要超过5分钟，结果亚当森和伊斯曼谈了一个小时又一个小时，一直从早上谈到中午。

最后，伊斯曼对亚当森说："上次我在日本买了几张椅子，放在我家的走廊里，由于日晒，都脱了漆。昨天我上街买了油漆，打算由我自己把它们重新漆好。您有兴趣看看我的油漆表演吗？好了，到我家里和我一起吃午饭，再看看我的手艺。"

午饭后，伊斯曼便动手把椅子一一漆好，并深感自豪。第二天，二人便开始了这场在别人看来十分艰难而对于他们来说却显得十分轻松和友好的实质性谈判。亚当森不但得到了大量订单，而且和伊斯曼结下了终生的友谊。

（资料来源：龚荒，吉峰. 商务谈判实物、策略与案例分析［M］. 北京：机械工业出版社，2020.）

问题：

1. 亚当森是如何在此次商务谈判过程中获得谈判机会的？
2. 结合本案例，谈谈在谈判的开局阶段应注意运用哪些策略和技巧。

第七章　商务谈判磋商

本章要点

1. 掌握商务谈判开局策略。
2. 掌握商务谈判报价策略。
3. 掌握商务谈判还价及让步策略。
4. 掌握商务谈判僵局处理策略。

导入案例

我国某冶金公司要向美国企业购买一套先进的冶炼组合炉，派一位高级工程师与美方谈判。为了不负使命，这位高级工程师做了充分的准备工作。他查找了大量有关冶炼组合炉的资料，花了很大的精力对国际市场上的冶炼组合炉的行情及美国这家公司的历史和现状、经营情况等了解得一清二楚。谈判开始，美方开口要价 150 万美元。中方工程师列举各国成交价格，使美方目瞪口呆，终于以 80 万美元达成协议。当谈判购买冶炼自动设备时，美方报价 230 万美元，经过讨价还价压低到 130 万美元，但中方仍然不同意，坚持出价 100 万美元。美方表示不愿继续谈下去了，把合同往中方工程师面前一扔，说："我们已经做了这么大的让步，贵公司仍不能合作，看来你们没有诚意，这笔生意就算了，明天我们回国了。”中方工程师闻言轻轻一笑，把手一伸，做了一个优雅的请的动作。美方真的走了，冶金公司的其他人有些着急，甚至埋怨工程师不该把价格压得这么低。该工程师说：“放心吧，他们会回来的。同样的设备，去年他们卖给法国只有 95 万美元，国际市场上这种设备的价格 100 万美元是正常的价格。”果然不出所料，一个星期后美方又回来继续谈判了。工程师向美方点明了他们与法国的成交价格，美方又愣住了，没有想到眼前这位中国谈判代表如此精明，于是不敢再报虚价，只得说：“现在物价上涨的厉害，比不了去年。”该工程师说：“每年物价上涨指数没有超过 6%。一年时间，你们算算，该涨多少？”美方被问得哑口无言，在事实面前，不得不让步，最终以 101 万美元的价格达成了这笔交易。

中方在谈判中取得成功的原因及美方处于不利地位的原因是什么？我们通过本章的学习能够找到答案。

第一节　开局阶段的策略

一、谈判气氛

谈判气氛是谈判对手之间的相互态度以及由此引起的谈判人员的心理、情绪和感觉上的反应。商务谈判气氛是由参与商务谈判的所有谈判者的情绪、态度和行为共同塑造的，任何谈判个体的情绪、态度和行为都可能对谈判气氛产生影响甚至改变谈判气氛。谈判气氛影响谈判人员的心理、情绪和行为方式，从而引起相应的反应，进而影响到行为的结果。由于每次谈判的内容、形式和地点的不同，因此谈判气氛是多样的。

（一）商务谈判的气氛类型

商务谈判的气氛类型有以下几种：

（1）友好、平等协商、轻松愉快的谈判气氛。

（2）平静、严肃、拘谨的谈判气氛。

（3）简洁明快、速战速决的谈判气氛。

（4）松弛缓慢、旷日持久的谈判气氛。

（5）冷淡、对立、强硬的谈判气氛。

相同的谈判议题和谈判人员，由于谈判气氛的不同，谈判的结果可能会截然不同。在热情、积极、融洽、友好的气氛下，双方抱着互利互惠、通过共同努力使双方需要都得到满足，进而签订一个令大家都满意的协议的态度来参加谈判，谈判便会成为一件轻松愉快的事情，这样的气氛会在不知不觉中将谈判朝着预期目标的方向推进。在冷淡、对立、强硬、紧张的气氛中，双方抱着寸土必争、寸利必夺、以自身利益最大化签订协议的态度来参加谈判，很可能就使谈判变成一场激烈的“战争”，这种气氛会把谈判推向更为困难、严峻的境地。热情、积极、融洽、友好的气氛使得谈判顺利进行，而冷淡、对立、强硬、紧张的气氛就很有可能将谈判变成一场没有硝烟的战争。因此，要想取得理想的谈判结果，无论谈判话题是轻松还是沉重，在开局阶段谈判各方应积极营造一种相互尊重、信赖、诚挚合作的气氛，这对谈判可以起到十分积极的作用，从而为下一步的磋商奠定良好的基础。

【案例 7-1】　　1995 年美日汽车贸易谈判

1994 年，美国全年贸易逆差居高不下，约 1 800 亿美元，其中对日本的逆差居首位，达 660 亿美元，而 60% 的逆差产生于进口的日本汽车中，日本汽车大量进入美国市场，1 年约 400 万辆。于是，这就有了 1995 年美日汽车贸易谈判。美方认为，日本汽车市场不对外开放，而日方却认为本国政府未采取任何限制措施。为了使谈判顺利，日本在谈判正式开始前就致力于营造谈判气氛，日本汽车制造业协会出钱在《华尔街日报》上做广告，广告标题是《我们能多么开放呢?》文字说明如下："请看以下事实：第一，对进口汽车、零件无关税；第二，对美国汽车实行简便的进口手续；第三，美国汽车免费上展台；第四，销售商根据市场需求决定卖什么车。"之后，日方在广告上又总结出美国车在日本销售不好的原因：日本汽油昂贵，因此日本人普遍只能买省油的小汽车，而美国出口的是大型车。广告最后得出结论："自由贸易才是成功之路。"日本汽车制造业协会做了市场调查，看过报纸的人都认为日本讲得有道理，形成了谈判的良好气氛。

谈判开局阶段的策略是谈判者谋求在谈判开局中取得有利地位和实现对谈判开局的控制而采取的行动方式或手段。开局阶段是指谈判双方见面后，在具体的、实质性的内容被讨论之前，相互介绍、寒暄以及就谈判内容以外的话题进行交谈的那段时间。从时间上看，这一阶段是短暂的，且一般来说不涉及实质性的内容，但谈判开局阶段意味着整个商务谈判的正式开始。在开局阶段，谈判各方真正走到一起，进行直接的接触和沟通。好的开端意味着成功的一半。作为整个商务谈判的起点，开局阶段的效果关系着整个谈判活动的进展与成效，开局阶段的效果在很大程度上决定着整个谈判的走向和发展趋势。良好的开局为谈判成功奠定了坚实的基础，因此谈判人员应予以高度重视。

开局阶段旨在营造良好的谈判氛围、各方在交换意见和开场陈述中摸底。因此，这个阶段的主要任务是做好营造谈判气氛、交换意见和开场陈述的工作。

（二）营造商务谈判气氛的注意事项

1. 把握气氛形成的关键时机

虽然影响谈判气氛的因素有很多，且这些因素会在谈判过程中随着谈判形势的发展而变动。由于心理状态和思维定式的作用，谈判各方首次直接的接触带来的第一印象和感觉将在很大程度上决定着谈判者在整个谈判过程中对对方的评价，而谈判各方之间彼此的印象和评价将在很大程度上决定谈判气氛。因此，形成谈判气氛的关键时机就是双方谈判直接接触的这个短暂瞬间。这一短暂瞬间内的接触将确定整个谈判气氛的基调。谈判各方均应注意把握这一关键时机，力争营造良好的谈判气氛，谈判人员可以从以下方面努力：

（1）谈判就像下棋，是一场博弈，知己知彼，百战不殆。谈判者谈判前要尽可能利用自己掌握的信息，分析谈判对手的情况，如性格特征、爱好、在企业中居于何种地位。

（2）谈判者应注意利用正式谈判前的场外非正式接触。在正式开始谈判前，双方可能有一定的非正式接触机会（非正式会谈），如欢迎宴会、礼节性拜访等，谈判者利用此类机会可以充分影响对方人员对谈判的态度，有助于在正式谈判时建立良好的谈判气氛。

（3）谈判者应合理组织谈判活动，包括对谈判时间和谈判前活动的合理安排、谈判室内的科学布置等，从而有助于建立积极友好的谈判气氛。

（4）谈判者注意步入会场的态度、谈吐、仪表形象、触碰行为以及站立位置等细节。谈判人员应该径直步入会场，以开诚布公、友好的态度出现在对方面前。谈判人员的目光接触要表现出坦荡、诚挚、自信。谈判人员的行为和说话都要轻松自如，不要吞吞吐吐、慌慌张张。开局初期常被称为“破冰”期，素不相识的人走到一起谈判，停顿和冷场的情况极有可能发生。为了减少“冰层”的厚度，在进入谈判正题前，谈判人员可以适当谈论一些轻松的、非业务性的话题，如私人问候、气候、体育文娱等，缓和气氛，缩短彼此心理上的距离。谈判人员的服饰仪表要整洁、美观、大方，服饰颜色不能太鲜艳，尺码要适中。双方见面时，谈判人员应毫不迟疑地伸出右手与对方相握。在开局阶段，谈判人员不必围成一个圆圈，最好自然地把谈判双方分成若干小组，每个小组中包含各方成员，并且最好都站立发言。

2. 避免仪表不规范导致的谈判失败

在商务谈判中，交易双方可能并不了解，而个人形象往往是企业形象的代表。有这样一种常见的现象：在商务活动中，一方往往通过对方的仪容仪表、言谈举止来判断对方企业的可信度。懂得并掌握必要的礼仪与礼节是商务谈判人员必须具备的基本素质，商务谈判人员对商务谈判中需要知道且掌握的礼仪及禁忌一定要及时了解。遵守谈判礼仪未必是谈判取得成功的决定性条件，但如果违背了谈判中的礼仪则往往会造成谈判失败。

二、摸底内容

（一）交换意见

在良好的谈判气氛建立之后，谈判人员相继入座，此时谈判进入摸底阶段。在此阶段，双方交流的内容之一是交换意见。谈判开始后，话题应该尽量围绕谈判目标、计划、进度和人员四个方面展开。

1. 谈判目标

谈判各方的出发点不同，需要实现的目标也不同，因此谈判目标具有不同类型。例如，旨在通过谈判了解对方动机、合作诚意的探测型目标；旨在解决双方之间障碍的处理纷争型目标；旨在发掘互利互惠合作机会的创造型目标；旨在能够达成某个协议的达成原则协定型目标、达成具体协定型目标。谈判目标可以是上述中的一种，也可以是几种兼有。

2. 谈判计划

谈判计划是指议程安排，其内容包括议题和各方人员必须遵循的规矩。

3. 谈判进度

谈判进度是指会谈的速度或会谈前预计的洽谈速度。因为谈判目标不同，所以谈判进度必然存在差异。谈判双方要根据具体事项来确定谈判进度。

4. 谈判人员

谈判人员是指每个谈判小组的成员情况，包括姓名、职务以及谈判中的地位与作用。

（二）开场陈述

在摸底阶段，谈判双方交流的其中一项内容是开场陈述，即通过各方的陈述和倾听，表明己方意见并使对方意见被己方了解。在报价和磋商前，为了摸清对方的原则和态度，谈判双方可以进行开场陈述。开场陈述就是双方分别阐明自己的意图，即对有关问题的看法和原则。陈述的内容主要包括：第一，己方认为应涉及和需要解决的主要问题；第二，己方的利益，即通过谈判可以获得的利益；第三，己方所坚持的原则、底线，哪些方面对己方至关重要，为考虑对方利益可做出的让步和商量事项；第四，己方为双方共同获得利益做出贡献而可以采取哪些方式。

谈判双方在开场陈述时，要使双方都有发言机会，切忌一方独言。此外，己方在陈述自己的观点或立场时，要考虑对方感受；发言内容要简明扼要，紧扣重点和要点。在措辞和态度方面，己方在保持友好的同时要尽量有幽默感，以使对方轻松愉快，避免引起对方焦虑、不满和气愤。

（三）摸底方法

在谈判开局阶段，主要有以下四种方法来探测对方情况和了解对方虚实。

1. 火力侦察法

火力侦察法是指先主动地抛出一些带有挑衅性的话题来刺激对方表态，再根据对方的反应判断虚实。

2. 迂回询问法

迂回询问法是指通过迂回的方式，使对方松懈，之后乘其不备，巧妙探得对方的底牌的方法。这种方法一般不用在谈判桌上，而是用在谈判桌以外的地方。例如，在我方为主场的谈判中，我方为了探得客户（对方）的时限，极力表现出自己的热情好客，将对方生活安排周到的同时，还盛情邀请对方游览本地的风景名胜，领略风土人情，降低对方对我方的心理防范。在对方十分惬意之时，我们就主动提出帮忙预订返程机票、高铁票或船票，如问“您来出差，希望什么时候回去，我们来帮您订好返程票”，这样对方可能将返程时间无意之中透露出来。我方由此至少知道对方要在什么时间回去，而在回去之前，其与我方的谈判肯定有一个结果。

3. 聚焦深入法

聚焦深入法是指先就某一方面的问题做扫描式的提问，得到回复之后，对我方最关心的问题，也是对方的隐情所在，再进行深入的询问，不断提问，最终找到问题的症结所在。

4. 示错印证法

示错印证法是指在与对方的合作中有意地犯一些错误，比如用错一些词语，或者把价格报错，通过这种方式诱导对方表态，之后根据对方的表态借题发挥，最后达到目的。

第二节 报价阶段的策略

谈判双方经过开局阶段的非实质性交谈后，话题就开始转向有关交易内容的正题上，即开始报价（报价阶段）。交易条件的确立是以报价为前提的，报价是商务谈判的一个重要阶段，意味着谈判进入实质性阶段。

报价又称为发盘，不仅指产品在价格方面的要价，还泛指谈判的一方为达成协议向另一方提出的所有要求，包括商品的数量、质量、包装、价格、付款方式、装运、交货期、保险、商检、索赔、仲裁等交易条件，其中价格条件具有重要的地位。报价不仅表明了谈判者对有关交易条件的具体要求，集中反映着谈判者的需要和利益，还可以使谈判者进一步地分析、把握彼此的意愿和目标，以便有效地引导谈判行为。报价事关谈判的最终获利情况，关系到谈判最终是否成功，直接影响着谈判结果。

一、报价的原则

（一）报价必须以市场行情为基准，具有合理性

卖方主动开盘报价叫报盘，买方主动开盘报价叫递盘。报价的首要原则是：对卖方而言，必须是最高的；对买方而言，必须是最低的。一般来说，产品报价高意味着产品质量较好、市场竞争地位较高和销售前景较好。此外，在谈判中，双方往往都会做出一定的让步，报价越高，让步的空间就越大，尤其是面对可能出现的意外情况或对方提出的各种要求时，就可以做出更为积极有效的反应。报价越高越有利于最终的获利情况，报价高，即使有让步，最终成交的价格也会在一个较高的水平上。

报价要高，并不意味着可以漫天要价。报价过高，可能让对方觉得己方缺乏诚意，或者针对报价的不合理方面提出质疑而迫使己方很快做出让步，使己方在报价后就处于不利地位。报价要以市场行情为基准。市场行情是市场供求状况的反映，是价格磋商的主要依据。尽管国际市场的行情是不断变化的，但这种变化通常会通过价格的波动表现出来。因此，在报价前，谈判人员要在收集有关信息资料的基础上，注意分析与预测商品的市场供求关系和价格动态，同时还要将己方产品的复杂程度、本企业的声誉等考虑进来，因为产品结构、性能越复杂，制作技术和工艺要求越高、越精细，成本、价值及价格就会越高。产品或企业的声誉是宝贵的无形资产，影响着产品的价格。一般而言，人们对优质的名牌产品或对信誉卓越的企业更具有信任感。在此基础上，谈判人员既要立足于己方寻求利益最高的目标，又要兼顾对方能否接受，将报价控制在一个合理的水平上。

（二）报价要坚定、明确又不失艺术性

谈判者必须对己方报价的合理性具有充分的自信，坚定而果断，只有这样才会将诚实且认真的印象留给对方。言谈举止上表现出的犹豫和迟疑都有可能引起对方的怀疑，使对方进攻的信心增强。同时，报价要简洁、明了，报价时所运用的概念内涵和外延、术语务必严谨、准确无误，言辞要恰当，不能含糊不清，以免对方误解。为确保报价的明确、清

楚，谈判人员可以借助一些直观的手段来配合，如将报价单印刷成文本。

此外，谈判人员对己方的报价一般不应附带任何解释或说明。在对方提出问题之前，己方不宜主动进行解释，主动进行解释不仅无益于己方报价可信度的增加，还有可能让对方知晓己方最关心的问题。此外，过多的说明或解释容易将己方的破绽或弱点透漏给对方，为对方寻找新的进攻点和突破口提供了机会。

二、两种典型的报价方式

报价方式是指报价的方法及其形式，包括交易条件的构成、提出条件的程序以及核心内容的处理等。简而言之，报价方式解决的就是如何报价的问题。前面分析的报价的原则对现实谈判中的报价来说具有重要的指导意义。在具体谈判时，谈判者还需将当时的实际情况（特定的谈判环境及谈判双方的相互关系等）结合起来，灵活地确定报价方式。

在国际商务谈判中，有两种典型的报价方式可供借鉴，即西欧式报价和日本式报价。

（一）西欧式报价

西欧式报价，即高价报价方式，因为普遍为西欧企业所采用，所以被称为西欧式报价。这种报价方式的一般模式是：首先，卖方提出留有较大余地的价格，之后根据买卖双方的实力对比和这项交易的外部竞争状况，通过给予各种优惠，如数量折扣、价格折扣以及佣金和支付条件方面的优惠（延长支付期限、提供优惠信贷等），逐步接近买方的条件，双方的立场达成一致，最终达到成交的目的。这种方式与前面提到的报价的原则是一致的。实践证明，只要能稳住买方，使其就各项条件与卖方进行磋商，这样最后的结果往往对卖方是比较有利的。

【案例 7-2】　撒切尔夫人的“报价”策略

1975 年 12 月，在柏林召开的欧洲共同体各国首脑会议上，举行了削减英国支付欧洲共同体经费的谈判。撒切尔夫人认为英国在欧洲共同体中负担的费用过多，投入了大笔资金，却没有获得相当的利益，因此她强烈要求减少英国负担的费用。各国首脑们原来以为英国政府可能希望削减 3 亿英镑，从谈判的惯例出发，撒切尔夫人会提出削减 3.5 亿英镑，因此他们就在谈判中提议可以考虑同意削减 2.5 亿英镑。这样讨价还价谈判下来，会在 3 亿英镑左右的数目上达成协议。可是，完全出乎各国首脑们的意料，撒切尔夫人报出了每年减少 10 亿英镑的要求。这使各国首脑们瞠目结舌，一致加以反对。可素有“铁娘子”之称的撒切尔夫人坚持己见，虽然也做出了一些让步，但最终的谈判结果不是在 3.5 亿英镑的水平上，也不是在 2.5 亿英镑和 10 亿英镑的平均数——6.25 亿英镑的水平上，而是同意英国对欧洲共同体负担的经费每年减少 8 亿英镑。

（二）日本式报价

日本式报价，即低价报价方式。这种报价方式的一般做法是将最低价格列在价格表上，首先以低价吸引买方的眼球，唤起他们的兴趣。由于这种价格一般是以卖方最有利的结算条件为前提的，并且在此低价格交易的条件下，实际上买方的条件很难被满足，而只要买方要求改变有关条件，卖方就会相应地提高价格，因此最后成交的价格往往会高于价格表中列出的最低价格。日本式报价一方面可以排斥竞争对手而将买方吸引过来，取得在与其他卖方竞争中的优势和胜利；另一方面，当其他卖方败下阵来纷纷走掉时，买方原有的市场优势就不复存在了，若买方想要满足一定的需求，只好任卖方一点一点地把价格抬高才能实现。

三、报价的策略

（一）报价时间策略

在任何一项商务谈判中，报价通常有先后次序。报价的先后往往会对最后的结果产生重大影响。可供谈判者选择的时间策略无外乎两种：先于对方报价和后于对方报价。一般而言，先报价较之后报价更为有利，先报价所产生的影响力在整个谈判过程中都会持续地发生作用。先报价的有利之处主要表现在两个方面：一方面，先报价为后续的讨价还价立下了一个标杆，实际上等于为谈判划定了一个基准线，最终的谈判将在这一界限内进行。例如，卖方报价某种商品每千克 1 000 元，那么磋商后的最终成交价一定不会超过每千克 1 000 元。另一方面，先报价会在一定程度上支配对方的期望水平，进而影响到其在后续谈判环节的行为。例如，假设卖方报价某种商品每千克 1 000 元，而买方能承受的价格只有 500 元，与卖方报价相差较远，那么买方不改变原有部署的话，即使经过磋商也很难达成协议。要使得谈判成功，买方就不得不提价；反之，买方只有放弃交易。

当然，先报价也有弊端。一方面，先报价容易为对方提供调整行为的机会，对方了解己方的报价后，对己方的交易起点有所了解，可以通过修改预先准备的报价，获得本来得不到的好处。例如，卖方先报价每千克 1 000 元的商品，若买方预先准备的报价是 1 100 元，在这种情况下，卖方报价后，买方显然会马上修改其原来准备的报价条件，修改后的报价肯定会低于 1 000 元。这样，对买方而言，其至少可以获得每千克 100 元的好处。另一方面，先报价的一方在某些情况下会丧失主动权。例如，己方报价后，对方利用一切积极因素，集中力量对己方的报价提出质疑，迫使己方一步一步地降低价格，且并不透露对方究竟愿意出多高的价格。

既然先报价有利有弊，那么对于谈判者来说，究竟是先于对方报价还是后于对方报价呢？一般来说，谈判者可以通过充分考虑以下因素，根据实际情况做出选择。

1. 谈判的冲突程度

若预期谈判的气氛是各不相让的、冲突程度高的，那么“先下手为强”的策略是比较适用的。谈判者从一开始就占据主动地位是比较有利的，通过先报价来规定谈判过程的起点，并由此来影响此后的谈判过程。在谈判气氛是温和的、比较可能达成合作目标的，报价的先后无多大差别，因为谈判各方将致力于合力解决问题，而不是试图施加压力去击垮对方。

2. 双方实力情况

与对方相比，己方在谈判中处于相对有利的地位或谈判实力强于对方，先行报价是比较有利的，尤其在对方对本次交易的市场行情不太熟悉的情况下，先报价的好处将更大，可以先为谈判划定一个基准线。己方如果实力较弱，又缺乏必要的谈判经验，应让对方先报价。因为这样就可以通过对方的报价来了解对方的真实动机和利益所在，以便己方对报价做出必要的调整。

3. 对方是否为老客户

若谈判的对方是同己方有较长业务往来的老客户，且双方之前的合作都较愉快，在这种情况下，双方谁先报价无足轻重。

4. 商业习惯

就一般惯例来说，发起谈判的人应先报价。在有些商务谈判中，报价的先后次序已形成了一定的惯例，如货物买卖谈判中，多半由卖方先行报价，买方还价。若卖方对自己产品的价值的了解还不全面，可以由买方先行报价，这样卖方可以摸清买方的虚实，根据买方的报价来进一步调整策略。

【案例 7-3】　爱迪生的报价策略

爱迪生在做某公司电气技师时，他的某项发明获得了发明专利。一天，公司经理突然派人把爱迪生叫到经理室，表示愿意购买爱迪生的发明专利，并让爱迪生先报价。爱迪生想了想，回答道："我的发明对公司有怎样的价值我是不知道的，请您先开个价吧。"

"那好吧，我出 40 万美元，怎么样？"经理爽快地先报了价。谈判顺利结束了。

事后，爱迪生这样说："我原来只想把专利卖 5 000 美元，因为以后在实验上还要用很多钱，所以再便宜些我也是肯卖的。"

让对方先报盘，使爱迪生多获得了大量的收益，经理的开价与他所预料的价格简直是天壤之别。

（二）报价差别策略

在谈判中，同一商品因购买数量、付款方式、交货期限、交货地点、客户性质等方面的不同造成商品购销价格不同。这种价格差别体现了商品交易中的市场需求导向，在报价策略中应重视运用。例如，对老客户或大批量购买的客户，卖方可适当实行价格折扣或适当下调当前价格，以进一步巩固良好的客户关系或建立起稳定的交易联系。对新客户，卖方有时为开拓新市场的需要，也可以适当给予折扣。对某些需求弹性小的商品，卖方可适当上调价格。此外，旺季的价格自然要高于淡季；对比分期付款，一次付款应享受适当的价格优惠。

（三）报价分割策略

价格分割是一种心理策略，主要是为了迎合买方的求廉心理。卖方采用这种策略，可以制造买方心理上的价格便宜感。报价分割策略包括以下两种形式：

1. 用较小单位报价

这是指将商品的计量单位细分，之后按照最小的计量单位报价，或者对产品的各个组成部分进行报价。用较小单位报价相比于用较大单位报价会使人产生便宜的感觉，更容易使人接受。例如，将茶叶每千克 400 元报价为每两（50 克）20 元，将大米每吨 4 000 元报价为每千克 4 元。

2. 用较小单位商品的价格进行比较

例如，“每天少抽一支烟，每天就可订一份××报纸”“使用这种电冰箱平均每天0.5元电费，0.5元只够吃1根最便宜的冰棍”“××牌电热水器，洗一次澡，不到1元钱”。

（四）报价表达策略

谈判者在报价时，表达必须十分肯定、干脆，不能使用“大概”“大约”“估计”等含糊的词语。在谈判中，通常一方报价后，另一方要求报价方进行价格解释，谈判者在解释时要做到不问不答、有问必答、避虚就实、能言不书。

不问不答是指买方不主动问的问题卖方不要回答，以免造成言多必失的结果。

有问必答是指对对方提出的所有有关问题都要做出相应回答，并且回答时要流畅，不能吞吞吐吐、欲言又止，否则容易引起对方的怀疑，甚至会提醒对方注意，从而使对方穷追不舍。

避虚就实是指对己方报价中实质的部分应多讲一些，对于比较务虚的部分，或者说弹性较大的部分应该少讲一些，甚至不讲。

能言不书是指能用口头表达和解释的，就不要用文字来书写。口头表达有误和书写上的错误对己方的影响是大相径庭的。有些国家的企业家只承认书面的信息，而不重视口头信息，因此谈判者要格外慎重。

四、如何应对对方的报价

报价是谈判一方向另一方提出交易条件，与报价一方的报价过程相对应，也必然存在另一方对报价的反应过程。所谓应价，就是指一方报价后，另一方对此报价所做的反应。报价与应价是商务谈判中不可或缺的两个方面，两者相互依存。因为在一方报价后，另一方不可能全盘接受对方提出的条件，总会相应地做出这样或那样的反应。那么，应如何应对对方的报价呢？一般来说，谈判者可以从以下几个方面予以注意：

第一，谈判者要认真倾听对方的报价。在对方报价的过程中，谈判者要认真听取并尽力完整、准确、清楚地把握对方的报价内容，切忌干扰对方报价。即使有疑问，谈判者也应待报价结束后对不清楚的地方要求对方予以解答。

第二，在听取报价内容的过程中，谈判者要将己方对对方报价的理解进行总结，最好能马上复述对方报价的主要内容，以确认自己的理解是否准确无误。

第三，在对方报价结束后，谈判者应不急于还价，而是要求对方对其价格的构成、报价依据、计算的基础以及方式方法等做出详细的解释，即所谓的价格解释。通过对方的价格解释，谈判者可以了解对方报价的实质、态势、意图及其诚意，以便从中寻找破绽，从而动摇对方报价的基础。在对方解释之后，己方可以有以下两种行动选择：一种是要求对方降低其报价，另一种是提出自己的报价。一般来讲，第一种选择比较有利。因为这是对报价一方的反应，如果成功，可以争取到对方的让步，而己方既没有暴露自己的报价内容也没有任何让步。

第三节　磋商阶段的策略

磋商阶段又称讨价还价阶段。它是谈判的关键阶段，也是最困难、最紧张的阶段。磋商是指谈判双方在报价的基础上进行讨价还价行为的过程，是双方求同存异、协商确定交易条件和双方全面较量谈判实力、经验等的过程。作为商务谈判的核心环节，磋商的过程及其结果直接决定着双方各自需要的满足程度，关系着各方所获的利益的多少。因此，选择恰当的策略来规划这一阶段的谈判行为，无疑有着重要的意义。

【案例 7-4】　　价格磋商是谈判的需要

一对夫妻在浏览杂志时看到一幅广告图片中当作背景的老式座钟，非常喜欢。妻子说："这座钟是不是你见过的最漂亮的一个？把它放在我们的过道或客厅当中，看起来一定不错吧？"丈夫答道："的确不错！我也正想找个类似的钟挂在家里，不知道多少钱？"研究之后，他们决定要在古董店里找寻那个座钟，并且商定只能出 500 元以内的价钱。

他们经过三个月的搜寻，终于在一家古董店的橱窗里看到那个座钟，妻子兴奋地叫了起来："就是这个座钟！没错，就是这个座钟！"丈夫说："记住，我们绝对不能超出 500 元的预算。"他们走近那个座钟，妻子说道："座钟上的标价是 750 元，我们还是回家算了，我们说过不能超过 500 元的预算，记得吗？"丈夫说："我记得，不过还是试一试吧，我们已经找了那么久，不差这一会儿。"

夫妻私下商量，由丈夫作为谈判者，争取以 500 元买下该座钟。随后，丈夫鼓起勇气，对售货员说："我注意到你们有座钟要卖，定价就贴在座钟上，而且蒙了不少灰，显得有些旧。"之后，他又说："告诉你我的打算吧，我给你出个价，只出一次价，我想你可能会吓一跳，你准备好了吗？"他停了一下以增加效果："你听着——250 元。"那座钟的售货员连眼也不眨一下，说道："卖了，那座钟是你的了。"

丈夫的第一个反应是什么呢？得意扬扬吗？不！他的最初反应必然是："我真蠢！我该对那个家伙出价 150 元才对！"他的第二反应会是："这座钟怎么这么便宜？一定是有什么问题！"然而，他还是把那个座钟放在客厅里，看起来非常美观，好像也没什么毛病，但是他和太太却始终感到不安。

为什么会这样呢？因为没有经过与售货员的价格磋商就买下了这座钟。

一、讨价还价策略

谈判者熟练地运用讨价还价策略是谈判取得成功的重要保证。常见的讨价还价策略如下：

（一）投石问路策略

投石问路策略是为了了解对方情况或对方虚实而采取的一种战略战术。谈判者如果要在谈判中掌握主动权，就要尽可能地了解对方情况，了解和掌握己方采取某一步骤时对方的反应和打算。投石问路策略的基本做法是：提出一组交易的假设条件，向对方进行询价。例如，“如果我方订货数量加倍，贵方的价格优惠是多少”“假如买下成套设备，贵方开价是多少”。

（二）吹毛求疵策略

吹毛求疵策略是指谈判人员采用挑剔的方法，提出的意见中既有真实的成分，又有夸大的成分，以此否定对方报价的策略。其目的是向对方表明己方谈判人员的精明强干，不会轻易受骗，也是为了降低对方的期望值，找到讨价还价的理由。

【案例 7-5】 **总是有“缺陷”的冰箱**

有一位叫沃克的人准备到某商场购买一台冰箱。售货员指着他要买的冰箱说：“这种冰箱的售价为每台 489.95 美元。”沃克说：“可这冰箱外表有点小瑕疵！你看这儿。”售货员说：“我没看到有什么瑕疵。”沃克不满地说：“这个小瑕疵似乎是个小划痕。商场里有瑕疵的商品通常不是都要打点折扣的吗？”

没等售货员回答，沃克又问：“这种型号的冰箱一共有几种颜色？”售货员答道：“32 种。”沃克接着问：“可以看看样品册吗？”“当然可以。”售货员说完立刻拿来了样品册。沃克再接着问：“店里现货中有几种颜色？”售货员回答：“共有 20 种。请问，您看中了哪一种？”

沃克指着样品册中的一种说：“这种颜色与我的厨房的颜色非常搭配，其他颜色就没有这种效果。不过，非常遗憾，我发现你们现货中无此颜色。颜色不仅不搭配，价格还这么高，这很不合情理，如果不能调整一下价格，我只得考虑去别的商场看看了。我想，别的商场可能会有我喜欢的这种颜色。”沃克说完，又打开箱门看了看，问道：“这冰箱附有制冰器吗？”

售货员赶忙答道：“是的。这个制冰器一天 24 小时都可以为你制造冰块，一小时只需 0.2 美元的电费。”售货员满以为沃克会对这个答案很满意，不料，沃克却说：“这太不巧了，我的孩子有慢性咽炎，医生说最好不要吃冰的东西。你可以帮忙把这个制冰器拆掉吗？”

售货员只好答道：“制冰器无法拆下来，它与门是连在一起的。”

沃克又刁难道：“我知道了，但是这个制冰器对我的确没有用处，却要我为此付钱，这不是令人无法接受吗？你看，你们的冰箱有这么多缺陷，为什么价格不能便宜点呢？”售货员终于禁不住沃克的“无理取闹”，做出了让步。

（三）感情投资策略

在讨价还价的谈判中，感情因素在双方的磋商和辩论中所起的作用绝对不容忽视，许多谈判的顺利进行，甚至于一些棘手问题的最终解决往往凭借双方建立的感情基础和良好的关系。从还价的角度来说，感情投资策略能为对方接受己方的还价铺平道路。

（四）最大预算策略

最大预算策略通常的做法如下：在还价中，谈判者一方面对对方的商品及报价表示出兴趣；另一方面又以自己的“最大预算”为由，迫使对方最后让步和接受己方的出价。但是，最大预算策略能否取得成功也要视谈判的具体情况而定。若对方成交心切，则较容易接受己方的“最大预算”，否则对方会待价而沽。己方采取最大预算策略后，对方仍坚持原则而不让步的话，为了使谈判成功，己方可以做适当让步。

二、让步的策略

（一）典型的让步方式

商务谈判是一个讨价还价的过程，也意味着谈判要取得成功，双方必须存在着让步。在商务谈判中，有八种常见的让步方式可供借鉴。以卖方为例，假设卖方最大的让步金额是 60 元，让步分四阶段进行，具体见表 7-1。

表 7-1　八种让步方式　　单位：元

让步方式	预定让步	第一阶段让步	第二阶段让步	第三阶段让步	第四阶段让步
方式一	60	0	0	0	60
方式二	60	15	15	15	15
方式三	60	24	18	12	6
方式四	60	28	20	11	1
方式五	60	40	19	0	1
方式六	60	6	12	18	24
方式七	60	50	10	2	-2
方式八	60	60	0	0	0

不同的让步方式的影响是不同的，最终结果也是有差异的。

方式一：冒险型让步方式。前三个阶段卖方始终坚持原来的报价不肯进行丝毫退让，一直到最后一个阶段才让出全部可让利益。这种让步方式的优点是起初阶段的寸利不让足以将己方的坚定信念传递给对方，若对方软弱、缺乏耐性，可能就被卖方征服，使卖方在谈判中获利较大。这种让步方式的缺点是卖方从谈判一开始就表现出寸步不让，将增加谈判形成僵局的风险，易给对方造成谈判缺少诚意的印象，影响谈判的顺利进行，造成失去谈判伙伴的局面。这种让步方式适用于对谈判的投资少、在谈判中占有优势的一方。

方式二：刺激型让步方式。这种逐步等额的让出可让利益的方式容易使买方相信，只要其有足够的耐性，就会得到进一步的让步。这种像挤牙膏似的、让步速度和数量均等的、稳定的方式，在国际上被称为“色米拉”香肠式谈判让步方式。这种让步方式的优点是平稳、持久、步步为营，不易让对方轻易占到便宜；有利于双方的讨价还价充分地进行，容易在利益均享的情况下达成协议；遇到性情急躁或无时间久谈的对手，往往会占据上风，削弱对方的还价能力。这种让步方式的缺点是让利数量有限且速度慢，容易给对方带来疲劳感、厌倦感；谈判效率低，通常会浪费大量的精力和时间，因此谈判成本高。这种让步方式在商务谈判中应用普遍，但更适用于缺乏谈判知识、经验的谈判或进行一些陌生的谈判。

方式三：希望型让步方式。这是一种小幅度递减的让步方式，即先让出较多的利益，之后再逐渐递减，最后一阶段让出较少的利益。这种让步方式的优点是起点较高，极有吸引力，因此成功率也较高；显示出卖方的立场越来越坚强，虽然愿意妥协，但是防卫森严，不会轻易让步。这种让步方式的缺点是在谈判一开始就让利较多，极易给较强硬的买方造成软弱可欺的印象，从而加强进攻性。这种方式适用于以合作为主的谈判，谈判双方是建立在互惠互利的基础上，在开始时做出较大让步，有利于创造良好的合作氛围，建立良好的合作关系。

方式四：妥协型让步方式。这是一种由大到小，逐渐降低，表示已方有强烈妥协意愿但又明确地告诉买方所能做出的让步有限的让步方式。这种让步方式的优点是顺乎自然，易为人所接受；让利先多后少，有利于促成谈判和局；一次比一次更为审慎的让步，一般在让步时不会产生大的失误，同时也可以防止对方猎取超限额的利益。

这种让步方式的缺点是给人以虎头蛇尾之感，使谈判的终局情绪不高。这种方式通常适合谈判的提议方。一般来说，谈判的提议方对谈判的和局更为关注，理应做出较大的让步，以诱发对方从谈判中获利的期望。

方式五：危险型让步方式。这是一种开始时大幅度递减，但又出现反弹的让步方式。这种让步方式的优点是以求和的精神为原则，开始就让出较多利益，有换得对方回报的较大可能；第三个阶段的拒绝让利，很可能打消买方进一步谋利的期望；最后一个阶段又让出极少的利益，既显示了卖方的诚意，又会使买方难以拒绝，客观上表现出“和为贵”的温和、友善的态度。这种让步方式的缺点是开始表现软弱，大步让利，若买方较为贪婪，就会变本加厉、得寸进尺；第三个阶段卖方又拒绝做出任何让步容易使谈判陷入僵局或出现败局。这种让步方式一般适用于陷于僵局或危难的谈判。

方式六：诱发型让步方式。这是一种逐渐拔高的让步方式。这种方式的优点是让步的起点恰当、适中，给对方传递可以合作，并有利可图的信息；让利的逐渐增加，使得谈判有活力，谈判极易成功；一次比一次增加的让利，可以给对方已经差不多了、接近尾声之感，促使对方尽快拍板，以保住自己的较多利益。这种让步方式的缺点是让利由少到多的特点往往会造成卖方的重大损失。买方的胃口被越吊越高，期望越来越高，这对卖方极为不利。这种让步方式适合谈判老手在竞争性较强的谈判中运用，因为这种让步方式的技术性较强，富有变化性，需要时间观察对方的反应，以调整己方的让步速度和数量。

方式七：虚伪型让步方式。这是一种在前两个阶段让完全部可让利益，在第三个阶段赔利相让，在第四个阶段又讨回赔让部分的让步方式。这种让步方式的优点是前两个阶段让出全部可让利益，吸引力很大，会使陷入僵局的谈判起死回生；在第三个阶段再冒险让出不该让出的利益，就会产生一种诱惑力，有利于对方沿着己方的思路走，若对方与己方思路相同，此时再借口某原因要回己方所需的利益，就容易促成谈判。这种让步方式的缺点是前两个阶段的全部让利导致对方的期望值增大，心理上强化对方的议价能力；在第三个阶段的额外的让步若在第四个阶段不能讨回，卖方利益将受到损害，且讨回让利具有风险性，若处理不当，将会使谈判失败。

方式八：愚蠢型让步方式。这是一种一次性让步的方式，即一开始就让出全部可让利益的方式。这种让步方式的优点是一开始就亮出底牌，让出全部可让利益，较容易打动买方采取回报行动；率先做出让步，给人以信任感，提高谈判效率，有利于速战速决。这种谈判方式的缺点是操之过急，会给对方传递一种尚有可能有利可图的信息，导致对方继续讨价还价；卖方让步后的拒不再让步，容易使谈判破裂。这种让步方式一般适用于处于谈判劣势或谈判各方关系友好的谈判。

（二）己方让步的策略

1. 坦率的让步策略

坦率的让步策略是指以诚恳、务实、坦率的态度，在谈判进入让步阶段后一开始就亮出底牌，让出全部可让利益，以达到以诚制胜的目的。这种让步策略的优点是由于谈判者一开始就向对方亮出底牌，让出自己的全部可让利益，率先做出让步，给对方一种信任感，促使对方尽快采取相应的让步行动，提高谈判效率。这种让步策略的缺点是由于让步比较坦率，可能给对方传递一种尚有利可图的信息，从而提高其期望值，继续讨价还价。

使用坦率的让步策略要根据实际情况，充分把握信息和机遇，保证主动让步之后己方能得到关系全局的重大利益。

2. 互惠的让步策略

互惠的让步策略强调以己方的让步换取对方在某一问题上的让步的策略。例如，己方选择横向式谈判，即采取横向铺开的方法，将多个谈判议题同时加以讨论，也就是每个议题同时取得进展，之后再统一向前推进。这种方式把整个谈判的内容、议题集中在一起同时展开商谈，双方很容易在各个不同的议题上进行利益交接，从而达到互惠的目的。

3. 丝毫无损的让步策略

丝毫无损的让步策略是指己方所做出的让步不给己方造成任何损失，同时还能满足对方一些要求或形成一种心理影响，产生诱导力。

4. 长短期利益相结合的让步策略

商务谈判过程中存在两种满足谈判需求的方式：一是对现实的满足，二是对未来的满足。对于谈判人员来说，其可以通过给予对方期待的满足或未来的满足而避免给予对方现实的满足。当对方感觉较好时，即可放弃现实的争取而对未来抱有希望，即采取弃近利取远惠的做法，避免了己方现实的让步。

（三）迫使对方让步的策略

1. 制造竞争策略

制造竞争策略是谈判中迫使对方让步的最有效的策略。当一方存在竞争对手时，其谈判的实力就大为减弱，其面临的选择是要么让步，要么放弃。在竞争日益激烈的社会，竞争对手的出现会给对方造成很大的心理压力。因此，谈判者在谈判中应该善于利用竞争局面迫使对方让步。

2. 以攻对攻策略

以攻对攻策略是指己方让步之前向对方提出某些让步要求，将让步作为进攻手段，变被动为主动的策略。当对方就某一个问题逼迫己方让步时，己方可以将这个问题与其他问题联系在一起加以考虑，在相关问题上要求对方做出让步，作为己方让步的条件，从而达到以攻对攻的效果。例如，在商品买卖谈判中，当买方向卖方提出再一次降低价格的要求时，卖方可以要求买方增加购买数量，或者承担部分运输费用，或者改变支付方式，或者延长交货期限等。这样一来，如果买方接受了卖方的条件，卖方的让步也会得到相应补偿；如果买方不接受卖方提出的相应的条件，卖方也可以有理由不予让步，使买方不好再逼迫卖方让步。

3. 以小换大策略

以小换大策略，即坚持以小换大，不做无谓的让步，双方共同让步的谈判策略。例如，在对方主动时，对方先做大的让步，己方也以小的让步作为回报，从而达成双方满意的合作协议。

【案例 7-6】 **品牌进店没有回报绝不让步**

大型平价药店 K 药店即将开业，供应商可以用“蜂拥而至”来形容。王峰是一家弱势品牌厂家代表负责洽谈品牌进店事宜。

王峰与 K 药店负责采购的陈经理的谈判非常艰难，对方要求十分苛刻，尤其是 90 天账期实在让人难以接受，双方谈判陷入了僵局，王峰以向总部请示为由结束了第一次洽谈并准备先不进 K 药店了。

一天 K 药店陈经理打电话给王峰，问王峰能不能出资包一块店内广告板做广告。实际上，王峰所在公司本月正在开展药店内做展示活动，但王峰没有立即答应而是说：“陈经理，我会向公司市场部尽力争取协调这件事，在最短的时间内答复你，但是我们的产品还没进入你们药店，您能不能给一个我们公司要求的 60 天的回款期，把产品进入药店呢？这样我也好向公司申请费用啊。”陈经理说：“你和公司申请吧，申请下来就按你说的办，我们药店就进货。”最终王峰的产品以 60 天的账期进入了药店，并且也完成了公司要求的店内广告展示的任务。K 药店相关产品通过广告宣传也达成了较好的销售量。

4. 虚拟假设（最后通牒）策略

虚拟假设策略首先要分析利害，之后迫使对方选择让步。虚拟假设策略的一个作用是诱使对方进入圈套，以便自己得偿所愿。

5. 软硬兼施策略

软硬兼施策略又称好人和坏人策略、鸽派和鹰派策略。使用该策略应注意的问题是扮演白脸的，既要表现得“凶”，又要保持良好的形象，即态度强硬，但又处处讲理，决不蛮横；扮演红脸的，应为主谈人，一方面要善于把握谈判的条件，另一方面要把握好出场的火候。

谈判者应认识到，对方无论是“好人”还是“坏人”都属于同一阵线。其目的就是从己方手中得到利益，因而应同等对待。

谈判者应放慢谈判及让步的速度，在“老鹰”面前也要寸步不让。当持温和态度的“鸽子”上场时，谈判者应要求其立即做出让步，并根据其让步决定己方的对策。

谈判者对对方的让步要算总账，绝不能在对方的温和派上场后给予较大的让步。

6. 先斩后奏策略

先斩后奏策略又称人质策略，在商务谈判活动中可以解释为“先成交，后谈判”，即实力较弱的一方往往通过一些巧妙的办法使交易已经成为事实，之后在举行的谈判中迫使对方让步。例如，卖方先取得买方的预付金，之后寻找理由提价；买方先获得了卖方的预交商品，之后提出推迟付款；买方取得货物之后，突然又以堂而皇之的理由要求降价等。

谈判者应尽量避免“人质”落入他人之手，应让对方没有“先斩”的机会。即使交易中必须先付定金或押金，谈判者也必须做好资信调查，并取得约定情况下退款的保证。谈判者还可以采取“以其人之道，还治其人之身”的做法，尽可能相应掌握对方的“人质”，一旦对方使用此策略，则可针锋相对。

三、让步的实施步骤

明智的让步是一种非常有力的谈判工具。让步的基本原则是“以小换大”。谈判人员必须以局部利益换取整体利益作为让步的出发点，因此需要把握让步的实施步骤。

（一）确定谈判的整体利益

该步骤在准备阶段就应该完成，谈判人员可以从两个方面来确定整体利益：一是确定此次谈判对谈判各方的重要程度。可以这样说，谈判对哪一方的重要程度越高，那么这一方在谈判中的实力越弱。二是确定自己一方可以接受的最低条件，也就是己方能做出的最大限度的让步。

（二）确定让步的方式

不同的让步方式可以传递不同的信息，产生不同的效果。由于交易的性质不同，一般的商务谈判的让步没有固定的模式，通常表现为多种让步方式的组合，并且这种组合还要视谈判过程中的具体情况下不断进行调整。

（三）选择让步的时机

让步的时机与谈判的顺利进行有着密切的关系。根据需要，己方既可以先于对方让步，也可以后于对方让步，甚至还可以双方同时做出让步。选择让步的关键在于应使己方的小让步给对方带来较强的满足感。

（四）衡量让步的结果

谈判人员可以通过衡量己方在让步后具体的利益、己方在让步后对谈判地位的影响以及讨价还价力量的变化来决定让步与否。

第四节　僵局处理策略

商务谈判中的僵局是指在商务谈判过程中，当双方对所谈问题的利益要求差距较大，双方又都不肯让步时，导致双方因暂时不可调和的矛盾而形成的对峙，并使谈判呈现出一种不进不退的僵持局面。

商务谈判既是双方关系的协商，也是双方在合作中的利益分配，因此不论是什么类型的商务谈判，总会出现影响谈判顺利进行的各种意外和不利的情况，如果不能很好地掌握各种消除谈判障碍的方法和技巧，就难以达到预期目标。造成谈判障碍的原因在于：在谈判中，来自不同行业、不同国家或地区的谈判者的观点、立场的交锋是持续不断的，当利益冲突变得不可调和时就会出现僵持的局面，这在谈判中是常见的。

出现僵局不等于谈判破裂，但出现僵局严重影响谈判的进程，如不能很好地解决，就会导致谈判破裂。谈判者要突破僵局，就必须对僵局的性质、产生的原因等问题进行透彻的了解和分析，从而正确地加以判断，进一步采取相应的策略和技巧，选择有效的方案，重新回到谈判桌上来。

一、谈判出现僵局的原因

（一）谈判双方立场观点上的争执形成谈判障碍

在谈判过程中，双方因为暂时的不可调和的矛盾而形成对峙局面，双方对某一问题均有自己的看法和主张，并且各自坚持自己的立场和观点，互不让步，这时双方真正的利益被这种表面的立场和观点所掩盖，使双方陷入尴尬难堪的境地。这种情况既影响谈判效率，又挫伤谈判人员的自尊心，更影响谈判协议的达成，使谈判陷入僵局。例如，在一宗商品买卖交易中，买卖双方都非常关注商品价格、付款方式这两个条款。通融、协调的余地就比较小，很容易在此问题上互相讨价还价，因互不让步而形成僵局。

谈判双方每一方都是经济人，自然也是以“利益最大化”为重要目标的，这也是僵局产生的重要原因。我们可以使用纳什均衡来说明这一点：在僵局发生时，要么就是双方愿意平分共同利益，要么就是互不让步而极易陷入僵局，因为双方都认为若是首先让步就必然意味着损失。要避免僵局产生，有两个必要条件：一是以双方都接受的合理条件分配共同利益，二是谈判的个体利益最大化与共同利益最大化的目标不相冲突。

谈判双方都是基于各自的立场而提出各种条件的，若是立场发生分歧，自然在很多重大问题上会出现矛盾，从而导致僵局。此类谈判障碍大致可以分为三种情况：第一，受政治因素影响，在国际谈判中，双方并不仅仅是代表集体，更是代表国家，若是在政治上有所顾忌，则势必影响合作。第二，对一些具体问题的认识不同，由此引发的争执掩饰了真正的利益所在，极易使得谈判瘫痪。第三，与一些习惯性做法有冲突，尤其是当一些老牌企业的传统思维受到挑战时，很容易产生矛盾与问题。

虽然各方都会有各自的立场和想法，但如果只是在细节上出现问题或在重要问题上的差异不大，谈判一般都不至于中止。但是，如果是对某一重要问题的想法差异过大，如对报价等实际性条款，双方的设想出现了较大的差异，使得剩下的调和空间极其有限，僵局往往不可避免。

（二）由于沟通障碍形成谈判障碍

沟通障碍是指信息在传递和交换的过程中，由于信息意图受到干扰或误解，从而导致信息失真的现象。人们在沟通信息的过程中，常常会受到文化、心理、语言等各种因素的影响和干扰，使沟通受到阻碍。

随着经济全球化及市场国际化的发展，国际商务谈判发生的频率越来越高，众多文化差异的挑战不可避免。各种背景因素使得双方在沟通中容易产生障碍。例如，在价值观方面，有些国家的商人习惯于看重眼前利益，而许多国家的商人则偏好于长远利益。因为各国的生活观念不同，人们对保险、赔偿等的理解和要求差异很大。与此同时，在谈判中，团队都会各自配备翻译人员，而由于翻译人员的自身专业知识和理解能力的局限，信息在传递过程中往往有失真的可能，这也将导致僵局。例如，对“second class enterprise”的语言习惯不同就会出现两种表述，即“国家二级企业”与“国家二流企业”，这种理解差异就可能形成沟通障碍。

双方对交易内容的条款要求和想法差别较大，也容易形成僵局。例如，一桩进口机械设备买卖，卖方要价为 20 万元，而买方报价为 10 万元，卖方要一次性付款，买方则坚持两次付清。这样一来，要协调双方的要求就比较困难。通常的办法是双方各打五十大板，做同等让步，以 15 万元的价格成交。如有任何一方不妥协，僵局就会形成。

（三）由于谈判人员素质形成谈判障碍

虽然导致谈判出现僵局的因素有很多，但不管是何种原因造成的谈判僵局，在一定程度上都可以归结为谈判人员素质方面的原因。常见的导致谈判出现僵局的谈判人员素质表现形式包括谈判人员的偏见或成见导致谈判出现僵局，谈判人员的故意反对导致谈判出现僵局，谈判人员的强迫手段导致谈判出现僵局，谈判人员的失误导致谈判出现僵局（如非理性的决定与行动），谈判人员的行为失误导致谈判出现僵局（如对定位及方案进行不恰当的调整）。谈判人员的行为失误常常会引起对方的不满，使其产生抵触情绪甚至强烈的对抗，进而使谈判陷入僵局。例如，个别谈判人员工作作风、礼节礼貌、言谈举止、谈判方法等方面出现严重失误，触犯了对方的尊严或利益，就会产生对立情绪，使谈判很难顺利进行下去，造成很难堪的局面。

谈判团队是整个谈判过程中的重中之重，于是每个人的举手投足都对谈判有着至关重要的影响。如果谈判人员经验丰富、技艺纯熟，则无疑会为谈判加分不少，即使在谈判发生危机之时也能妥善处理。如果谈判人员在谈判的某些方面的功课做得不够，则势必也会给谈判留下陷阱甚至埋下重磅炸弹。例如，谈判人员有意隐瞒真相、对谈判安排不当、言行不谨慎等，都会使谈判面临中断的风险。

（四）面对强迫的反抗

一方向另一方施加强迫条件，被强迫一方往往越是受到逼迫，就越不退让，从而形成僵局。一方占有一定的优势而以优势者自居向对方提出不合理的交易条件，强迫对方接受己方的条件，否则就威胁对方，被强迫一方出于维护自身利益或维护尊严的需要，往往拒绝接受强加于己方的不合理条件，予以反抗。这样双方僵持不下，使谈判陷入僵局。

在谈判双方的实力悬殊时，强势群体极有可能提出不平等条件，特别是在风险承担和利益分割方面，其往往增加对己方有利的内容，即提出所谓的“霸王条款”。自然，这种不公平的行为引起的不是委曲求全就是谈判僵局。

（五）偶发因素的干扰

在商务谈判中，有可能出现一些偶然发生的情况。当这些情况涉及谈判某一方的利益得失时，谈判就会由于这些偶发因素的干扰而陷入僵局。例如，在谈判期间外部环境发生突变，某一谈判方如果按原有条件谈判就会蒙受利益损失，于是其便推翻已做出的让步，从而引起对方的不满，使谈判陷入僵局。由于谈判不可能处于真空地带，谈判者随时都要根据外部环境的变化而调整自己的谈判策略和交易条件，因此这种僵局的出现也就不可避免了。另外，与政治目的相联系的商务谈判也容易陷入僵局。

总之，在谈判人员的选择中，慎重地将上述各方面的因素都考虑进来并有机地结合起来，就有可能少失误或不失误，为顺利打破谈判僵局取得谈判成功打下坚实的基础。

二、打破僵局的策略

（一）利益协调策略

谈判的目的是达成某种协议，当谈判双方在一些问题上发生尖锐矛盾，互不相让，并且既无法说服对方，又不能接受对方的条件，从而使谈判陷入僵局时，应采取在双方利益、地位平等的条件下，平等互利、求同存异的利益协调策略来打破僵局。

（二）休会策略

谈判双方在进行激烈交锋时，往往会出现各抒己见、互不相让的局面，使谈判陷入僵局。这时谈判双方的情绪都比较激动、紧张，谈判难以继续进行，为缓和谈判气氛，采用休会策略是一种比较好的也是非常明智的方法，可以让双方冷静下来，调整思绪，客观具体地分析形势，从而使谈判人员恢复体力，及时调整谈判策略，推动谈判顺利进行。

（三）中间人策略

当谈判陷入僵局且采用其他办法均不能奏效时，为了尽快结束谈判，谈判者可以借助中间人策略打破谈判僵局。

中间人策略经常采用的方法有请中间人调解的方法、请中间人仲裁的方法、请法院判决的方法。

（四）调换谈判人员策略

在谈判中，当出现谈判僵局时，谈判者可以考虑更换谈判人员来协商谈判问题。

使用调换谈判人员策略的条件如下：

（1）在商务谈判中由于不能很好地区别对待人与问题的关系，对问题的分歧发展为谈判双方个人之间的矛盾时采用。

（2）由于在谈判过程中遇到棘手的问题，谈判人员不能随意做出决策，需要更换更高职位的谈判人员时采用。

在谈判过程中，如果遇到协议的大部分条款已经商定，却因一两个关键问题没有达成一致从而导致合同无法签订这种情况，谈判人员可以通过更换谈判人员，请职位较高的谈判人员出面，表示出对僵局问题的重视程度，同时也向对方施加一定的心理压力，从而迫使对方放弃原来的立场和观点，适当地做出一些妥协，以利于谈判协议的达成。

（五）选择替代策略

如果谈判双方仅仅采用一种方案进行谈判，当这种方案不能为双方同时所接受时，就会形成僵局。实际上，在谈判过程中往往存在多种满足双方利益的方案，因此谈判者在谈判准备阶段就应该制订多种可供选择的方案。一旦一种方案遇到障碍，谈判者就可以提供其他的备用方案供对方选择，使“山重水复疑无路”的局面转变成“柳暗花明又一村”的好形势。在谈判过程中，谈判者如果能够创造性地提供可选择的方案，就有可能掌握谈判的主动权。当然，这种替代方案要既能维护己方的切身利益，又能兼顾对方的需求，使对方对替代方案感兴趣，进而从新的方案中寻找双方的共同点，使谈判双方达成共识。

（六）背水一战策略

一旦谈判陷入僵局，己方认为自己的条件是合理的，无法再做让步，并且也没有其他可供选择的方案，可以采用孤注一掷，即背水一战的策略，将己方条件摆在谈判桌上，表明已无退路，希望对方能做出让步，否则情愿接受谈判破裂的结局的态度。

在谈判陷入僵局而又没有其他方法解决的情况下，这个策略往往是最后一个可供选择的策略。但要注意，在做出这一选择时，谈判者必须做好最坏的打算，做好承受谈判破裂的心理准备。因为一旦对方不能接受己方的条件，就有可能导致谈判破裂。谈判者如果没有做好充分的准备、没有多次努力尝试其他方法打破僵局，就不能贸然采用这一方法。该策略使用的前提条件之一是己方的要求是合理的，而且也没有可退让的余地。该策略使用的前提条件之二是己方不怕谈判破裂，不会用牺牲企业利益的手段去防止谈判破裂。如果对方珍惜这次谈判和合作机会，在己方最后摊牌之后，有可能选择退让的方案，使僵局被打破，达成一致的协议。

（七）“借刀杀人”策略

“借刀杀人”策略并非只有奸邪之人才能使用。在谈判遇到不平等条款或政治立场等方面的僵局时，谈判者可以利用一切可以利用的机会与条件，借用社会力量（社会公众舆论等）给对方施加压力；借助法律条文或财经制度规定等驳斥对方的无理要求，维护自己的正当利益；借助他人之言，与对方进一步讨价还价，实现谈判成功的最终目的；借助中间人进行谈判。

（八）射人先射马，擒贼先擒王策略

主谈人是一次谈判中极其重要的主体。如果主谈人存在一些潜在的抵触情绪，就会使谈判极易陷入僵局，因此谈判者需要在各个方面都好好对待主谈人，在谈判过程中强调和突出共同点及合作的结果，以此削弱其对立情绪，从而打破僵局。

思考题

1. 常见的报价策略有哪些？
2. 常见的讨价还价策略有哪些？
3. 磋商阶段出现障碍的原因有哪些？处理的方法有哪些？
4. 处理僵局的策略有哪几种？
5. 如何理解磋商阶段的让步？

案例分析讨论

荷兰某精密仪器生产厂与中国某企业拟签订该种精密仪器的购销合同，但双方在仪器的价格条款上还未达成一致，因此双方就此问题专门进行了谈判。谈判一开始，荷方代表就将其产品的性能、优势以及目前在国际上的知名度做了一番细致的介绍，同时说明还有许多国家的有关企业欲购买他们的产品。最后，荷方代表带着自信的微笑与口气对中方代表说："根据我方产品所具有的以上优势，我们认为一台仪器的售价应该在 4 000 美元。"中方代表听后十分生气，因为据中方人员掌握的有关资料，目前在国际上此种产品的最高售价仅为 3 000 美元。于是，中方代表立刻毫不客气地将其掌握的目前国际上生产这种产品的十几家厂商的生产情况、技术水平以及产品售价详细地向荷方代表全盘脱出。

荷方代表十分震惊，因为据他们所掌握的情况，中方是第一次进口这种具有世界一流水平的仪器，想必对有关情况还缺乏细致入微的了解，没想到中方人员准备如此充分，荷方人员无话可说，立刻降低标准，将价格调低到 3 000 美元。荷方代表坚持说："我们的产品完全是世界一流水平，是物有所值的。"事实上，中方人员在谈判前就了解到，荷兰这家厂商目前的经营遇到了一定的困难，陷入了一场巨额债务中，回收资金是当务之急，正四处寻找其产品的买主，而目前也只有中方企业对其发出了购买信号。于是，中方代表从容地回答荷方："我们也决不怀疑贵方产品的优质性，只是由于我国政府对本企业的用汇额度有一定的限制，因此我方只能认可 2 500 美元的价格。"

荷方代表听了以后十分不悦，他们说："我方已经说过了我们的产品是物有所值的，而且需求者也不仅仅是中方一家企业，如果中方这样没有诚意的话，我们宁可终止谈判。"中方代表依然神色从容地说："既然如此，我们很遗憾。"中方代表根据已经掌握的资料，相信荷方一定不会真的终止谈判，一定会再来找中方的。果然，荷方的忍耐达到了极限，没过多久，他们就主动找到中方，表示价格可以再谈。在新的谈判中，双方又都做了一定的让步，最终以 2 700 美元的价格成交。

问题：

1. 为什么荷方的谈判人员能够将价格立刻从 4 000 美元降到 3 000 美元？

2. 请用所学的知识简要分析 4 000 美元、3 000 美元、2 500 美元等价格之间的联系。

3. 当荷方谈判人员提出终止谈判时，为什么中方谈判人员依旧从容？在此次谈判中，中方人员运用了何种策略？

4. 中方谈判人员在谈判前做了哪些准备工作？荷方谈判人员在这次谈判中为什么如此被动？

第八章　商务谈判的策略与技巧

本章要点

1. 了解和掌握商务谈判的预防性策略、处理性策略和综合性策略。

2. 掌握商务谈判的语言技巧运用。

3. 重点掌握商务谈判的优势谈判技巧、劣势谈判技巧和均势谈判技巧。

导入案例

日本某公司与一家美国公司进行了一场许可证贸易谈判。谈判一开始，美方就大肆宣扬己方的优势与实力，以求抢到谈判的制高点。然而，日方代表却一言不发，埋头记录。当美方代表口若悬河地大谈一番后向日方征询意见时，日方代表竟糊里糊涂，似乎什么也未弄明白，第一轮谈判结束。

一个月之后，日方又派出人员全新的代表团与美方接洽，迫使对方从头开始介绍情况和阐明己方立场。末了，日方代表故伎重演，以“不明白”为由结束了第二轮谈判。

又过了一个月，这样的闹剧再次重演了，日方仍未答复任何问题就结束了谈判。所不同的是，这次日方告诉美方，他们将慎重研究后，再给予明确回复。之后，日方一去未回，杳无音讯。美方愤怒不已，大骂日方不讲信用，浪费他们的时间和精力。恰在此时，日方派出了真正的谈判代表来到美国，拿出一个无懈可击的方案。美方此时心灰意冷，毫无准备，无法与日方讨论每一个细节，最后只好接受对日方明显有利的协议。

在本案例中，日、美双方各采用了什么策略？效果如何？

为了使谈判顺利进行并取得成效，谈判者应注意及时抓住有利时机，审时度势地制定并运用相应的谈判策略。谚语说："技巧是弱者的法宝。"在谈判的一方实力较弱时，谈判技巧显得格外重要。商务谈判是一场高智力的较量，而艺术化的谈判策略与技巧是谈判双方或多方聪明智慧的体现，也是实现商务谈判目标的润滑剂。商务谈判是"合作的利己主义"。在这个过程中，参与谈判的双方或多方都要为自己获得尽可能多的利益而费尽心机。作为一种复杂的智力竞争活动，谈判策略与技巧选用得是否得当，能否成功，直接影响着谈判目标的实现，对整个谈判结局产生重要乃至关键性的影响。因此，谈判人员必须对常用的谈判策略与技巧进行了解并熟练掌握。

策略与技巧是既有紧密联系又有明显区别的两个概念。前者是指人们谋事的计策和方略，往往是针对全局的战略。后者是指人们进行某项活动的具体技术的灵活性。在长期的谈判实践中，学者们在对各类谈判中遇到的问题及解决方法进行整理归类的基础上，总结出了很多成功的谈判策略与技巧。本章对一些常见的谈判策略与技巧进行归纳总结，以供读者参考。

第一节　预防性策略

预防性策略是指己方在谈判中处于被动地位时所采取的保守策略。具体来说，预防性策略主要有不开先例、投石问路、沉默寡言、声东击西、虚张声势、欲擒故纵等策略。

一、不开先例策略

不开先例策略通常是指握有优势的卖方坚持自己提出的交易条件，尤其是价格条件，而不愿意让步的一种强硬策略。它是一种保护卖方利益、强化己方谈判地位和立场的最简单有效的方法。不开先例策略的核心是运用先例来约束对方，这里的先例是指同类事物在过去的处理方式。商务谈判中采用的先例主要有三种情况：与对方过去谈判的先例、与他人过去谈判的先例、外界通行的谈判的先例。例如，某冰箱进货商与供货商关于一批冰箱交易价格的谈判，进货商说："你们提出的每台 1 700 元，确实难以让我们接受，如果你们有诚意成交，能否每台降价 300 元。"供货商回答："你们提出的要求实在令人为难，一年来我们对进货的 600 多位客户都是这个价格，要是这次单独破例给你们调价，以后与其他客户的生意就难做了。很抱歉，每台 1 700 元的价格不能再降了。"

想成为一个成功的商务谈判者，在运用不开先例策略时必须充分运用好各种先例，为自己的谈判成功服务。尤其在以下情况，卖方可以选择运用不开先例策略：

（1）谈判内容属于保密性交易活动，如高级生产技术的转让、特殊商品的出口。

（2）交易商品属于垄断经营。

（3）市场有利于卖方，而买方急于达成交易。

（4）当买方提出的交易条件难以接受时，这一策略也是退出谈判最有礼貌的托词。

二、投石问路策略

投石问路策略是为了了解对方情况或对方虚实而采取的一种战略战术。谈判者如果要在谈判中掌握主动权，就要尽可能地了解对方情况，了解和掌握己方采取某一步骤时对方的反应和打算。在不同的谈判进程中，获取信息的提问方法不同。概括起来，提问形式有以下六种类型：

（1）一般性提问，如“你认为如何”“你为什么这样做”等。

（2）直接性提问，如“这不就是事实吗”等。

（3）发现事实提问，如“何处”“何人”“何时”“何事何物”“如何”“为何”等。

（4）探讨性提问，如“是不是”“你认为”等。

（5）选择性提问，如“是这样，还是那样”等。

（6）假设性提问，如“假如……怎么样”等。

投石问路策略运用的关键，在于选择合适的“石”，即提出的假设应该是己方所关心的问题，而且是对方无法拒绝回答的。使用此策略的基本要求是当己方对对方的商业习惯或真实意图等不大了解时，通过巧妙地向对方提出大量问题，并引导对方尽量做出正面的且全面的回答，之后从中得到一般不易获得的资料以达到其目的。在很多时候，如果己方提出的问题正好是对方关心的，那么也容易将己方的信息透露给对方，反而为对方创造了机会。因此，使用此策略时应注意的事项包括：提问题要恰当；问题要有针对性；尽量避免暴露提问的真实意图；不要与对方争辩，也不必陈述己方的观点。

三、沉默寡言策略

沉默寡言策略是指在谈判中先不开口，让对方尽情发挥，或者多向对方提问并设法促使对方继续沿着正题谈论下去，以此暴露其真实的动机和最低的谈判目标，之后根据对方的动机和目标并结合己方的意图采取有针对性的回答。

这种谈判策略有效性的根据是“言多必失”，即在谈判中，己方说的话越多，己方的底细就可能被暴露得越多，也将使己方越有可能陷于被动境地。同时，沉默寡言策略会使对方受到冷遇，造成心理恐慌、不知所措，甚至乱了方寸，从而达到削弱对方谈判力量的目的。谈判者要发挥此策略的有效性，使用时应注意的问题如下：

（1）事先准备。第一，谈判者要明确这种策略的运用时机，比较恰当的时机是报价阶段。在报价阶段，对方的态度咄咄逼人，双方的要求差距很大，适时运用沉默寡言策略可缩小差距。第二，谈判者要约束己方的反应。在沉默中，行为语言是唯一的反应信号，是对方十分关注的内容。因此，谈判者事先要准备好使用哪些行为语言，同时还要统一己方谈判人员的口径。

（2）耐心等待。只有耐心等待才可能使对方失去冷静，形成心理上的压力。为了忍耐，谈判者可以做些记录，记录在这里可以起到一箭双雕的作用。第一，记录可以纯是做戏。第二，记录可以帮助己方掌握对方没讲什么、对方为什么不讲这些而讲那些。谈判者全神贯注地聆听，加上冷静思考可以准确无误地了解对方的看法，听出对方的弦外之音，感受对方的情绪，洞悉对方的真实意图，努力获得超出沉默寡言本身的效果。

（3）利用行为语言，搅乱对手的谈判思维。沉默寡言的本意在于捕捉对方的信息，推测对方的动机。因此，谈判者可以从需要出发，有目的地巧用行为语言，搅乱对方的谈判思维，最终牵住对方的鼻子乃至控制住谈判的局面。

四、声东击西策略

声东击西策略是指己方为达到某种目的和需要，有意识地将洽谈的议题引导到无关紧要的问题上，从而给对方造成一种错觉，使其做出错误的或违反事实本来面目的判断。声东击西策略的具体做法如下：谈判者可以采用和对方纠缠于某些方面，或者在某些方面轻易让对方满意的手段，来转移对方的注意力，从而获得更加有利的条件；务必使己方保持在半热半冷、不紧不慢的状态，要善于造势。不太重要且可灵活退让的内容应该成为“东”，而志在必得的目标则为“西”，前者应作为造势的内容。

谈判者一般在以下情况可以使用声东击西策略：

（1）作为一种障眼法，迷惑对方，转移对方视线，隐蔽己方真实意图。

（2）转移对方注意力，使对方在谈判上失误，为以后若干议题的洽谈扫清障碍。

（3）诱使对方在对己方无关紧要的问题上进行纠缠，使己方抽出时间对重要问题进行深入调查研究，迅速制订新的方案。

（4）对方是一个多疑者，并且逆反心态较重。

【案例 8-1】　　中方的声东击西策略

1985 年，我国某厂为引进一条浮法玻璃生产线到日本考察，经论证认为日方的此项产品质量、技术均属世界一流。于是，该厂决定购买日方产品。但是，该厂与日方在华办事处谈判人员多次谈判，均未达成协议。其原因是，日方自恃产品优良，要价过高，且谈判态度强硬，让步甚少。中方敏锐地意识到，如想攻克谈判僵局，并以优惠的价格购得日方的产品，必须首先消除日方产品“非我莫属”的心理优势。为此，中方谈判班子制订了一个“声东击西”的周密计划。他们果断地终止了与日方的谈判，派员工直赴英国，虽然发现英方产品确实不如日方产品，但还是向英方发出谈判邀请，并把英方来华谈判人员直接安排在日方在华办事处所在的宾馆。这一信息令极为敏感的日方谈判代表大为震惊。精明的日本人绝不愿意看见到嘴的肥肉让别人吞下，获得薄利总比没有得利好。于是，他们一反高傲的姿态，主动要求与中方恢复谈判，最终双方达到双赢，握手成交。

五、虚张声势策略

虚张声势策略是指在谈判中己方提供给对方一些真实与虚假掺杂的材料，同时表现出严肃认真、镇定自若的神情，给对方造成一种假象，致使对方信以为真，而使最终结果有利于己方的策略。

在商谈交易价格时，由于双方对市场情况的了解和预测不完全一致，因此价格高低往往成为双方争执的主要焦点之一。一般来说，在市场情况不变的前提下，卖方若开价稍高一些，往往可为谈判留有讨价还价的余地，有可能以较高的价格成交；反之，若买方出价较低或杀价较狠，只要言之有理，往往能以较低的价格成交。在谈判中经常可见的是，卖方喊价较高，并佐以宣扬其物如何先进、实用以及价格如何合理等，并以此激起买方购买该货物的欲望和试探买方的真实出价；买方则运用杀价较狠、再三挑剔标的物缺陷以及强调标的物的市场竞争激烈的状况等，以达到使卖方把喊价自动降低的目的。虚张声势策略主要适用于交易双方相互不甚了解与信任，或者对方对标的物的性能和竞争力不甚了解的情况。因此，谈判者在采用该策略时，应注意说话的分寸、时机和艺术，切忌说话过分地夸大其词、夸夸其谈和不留余地。

【案例8-2】　**“虚张声势”的好处**

在1992年秋季的广州商品交易博览会上，某市家用电器公司一行几人来此推销本企业经营的光管支架产品。由于厂家名气小，起初订货人数寥寥无几，有时更是几乎无人问津。这时，推销人员灵机一动，想了个妙招。其第一天在订货办公室门前挂牌说“第一季度订货完毕”，第二天挂牌说“第二季度货已订满”，第三天挂牌说“对不起，1993年的货没有了”，之后则挂出“请订1994年的货”的牌子。一时间，公司洽谈处门庭若市，顾客盈门，生意兴隆。转眼，两年的货物被订购一空。

六、欲擒故纵策略

欲擒故纵策略是指对志在必得的交易谈判，谈判者故意通过各种措施，让对方感到己方是满不在乎的态度，从而压制对手开价的欲望，确保己方在预想条件下成交的做法。欲擒故纵策略成功的关键在于使对方相信己方的态度是己方真实意愿的表示。欲擒故纵策略的具体做法如下：在态度上，己方要采取“纵”的态度，以不冷不热的姿态对待谈判中的问题，不过于殷勤，也不勉为其难；同时在进度上，不紧不慢，张弛有度。

采用这一策略时要注意：其一，己方的立足点在“擒”，而“纵”时应积极地“纵”，即在“纵”中激起对手的成交欲望；其二，己方应在冷漠之中有意给对方机会，只不过应在其等待、努力之后，再给其机会，让其感到珍贵；其三，己方应注意言谈与分寸，即讲话要掌握火候，“纵”时的用语应有尊重对方的成分，切不可羞辱对手，否则会转移谈判焦点，使“纵”失控。

【案例8-3】　**“姜是嫩的辣”**

杰克一行应邀从美国来日本，他们将就本公司生产的靛蓝粉同日商洽谈销售协议。谈判开始了，日商见杰克不到30岁，颇为轻视。几个回合下来，日商发现年轻的杰克竟是一个谈判老手，他守住每吨12 000美元的报价，半点也不肯让步。无论日商怎样说服，杰克换一个提法、换一个角度，还是原来的价格。没想到对手竟如此棘手，日商决定中止谈判，采用拖延战术。归期快到了，如果毫无结果，杰克回去肯定不好交差。杰克虽然心中着急，但看上去若无其事。他有把握认定，日商必定签订协议，因为这批靛蓝粉是日商急需的原料。在最后一天的谈判中，日商还是不肯让步，杰克最后说："在日本的生意不做了，明天我们将飞往香港，那里靛蓝粉抢手得很。先生们，明天机场见！"说完，杰克就回到下榻的旅馆。晚饭后，日商终于沉不住气了，打电话来要求再谈一次。杰克这时才亮出底牌："我们公司愿意与贵公司合作。这样吧，每吨10 800美元！"日商无话可说，当即签订了近10万美元的订货合同。第二天，杰克乘坐的飞机起飞前半小时，另一家日方公司又签订了76万美元的合同，杰克满载而归。

第二节　处理性策略

在商务谈判中，为使已经发生的矛盾或问题得到比较合理的解决，往往需要采用处理性策略。处理性策略具体包括针锋相对、以退为进、最后通牒、化整为零等策略。

一、针锋相对策略

针锋相对策略是指针对谈判对手的论点和论据，逐一予以驳回，进而坚持自己的立场毫不退让，最后迫使对方放弃自己的想法的做法。针锋相对策略要求谈判者态度强硬，不容妥协；针对对手的问题和观点，不偏离主题地准确给出回应，同时表达要合理。

针锋相对策略的具体做法为对方说什么，己方跟着反驳什么，并提出新的意见。在谈判过程中，谈判者应该围绕对方谈到的内容，有针对性地予以驳斥。例如，甲方说："我的人工费高，因此产品售价高。"乙方反驳道："你的人工费绝没有你说的那么高。"又如，一方拍案而起，扬言："不谈了！"另一方则冷眼相对，反驳道："谈不谈是你的权利，但你要对行为的后果负责！"

谈判者在使用该策略时要注意：在驳斥对方时，谈判者要对准话题，不能跑偏，否则对方会说"你没听明白"，从而一下子瓦解了己方的气势。此外，"话锋"的锐利完全在于是否有理，而不在声色俱厉，更不是拼嗓门、耍脾气吓人。

二、以退为进策略

以退为进策略是指以退让的姿态作为进取的阶梯的策略，即以一个小的让步来向对方表达己方的谈判诚意，从而使对方做出己方所期望的让步的策略。在这种策略中，退是一种表面现象。己方在形式上采取了退让，对方便能从己方的退让中得到心理满足，不仅思想上会放松戒备，而且作为回报，对方也会满足己方的某些要求，这些要求正是己方的真实目的。商务谈判中的以退为进策略表现为先让一步，顺从对方，之后争取主动，反守为攻。以退为进策略的具体做法如下：

第一，谈判者应该先诱导对方发表其观点和要求，而不是急于表达己方的要求。

第二，谈判者要在较小的问题上做出让步，让对方在重要的问题上做出让步。

第三，在谈判中遇到棘手的问题时，谈判者应表示出愿意考虑对方的要求，使对方在感情上有被接受的感觉。

第四，己方虽然愿意就某标的与对方达成协议、签订合同，但是在诱发对方的成交欲望后，要表现出不成交也无所谓的态度，从而迫使对方让步。

三、最后通牒策略

最后通牒策略又叫边缘策略，是指当谈判双方因某些问题纠缠不休时，其中处于有利地位的一方会向对方提出最后交易条件，要么对方接受本方交易条件，要么本方退出谈判，以此迫使对方让步的谈判策略。最后通牒策略以强硬的形象出现，人们往往不得已而用之。最后通牒策略一般会使用最后出价和最后时限两种方式。最后出价是指己方在谈判中给出一个最终的价格，告知对方己方不准备再讨价还价，要么成交、要么谈判破裂；最后时限是指己方在谈判中给出一个最后决定截止日期，超过此期限没有做出决定，谈判破裂。在实际谈判中，两种方式往往合二为一，混合使用。使用最后通牒策略必须慎重，因为它实际上是把对方逼到了无可选择的境地，容易引起对方的敌意。一般来说，只有在以下四种情况中，谈判者才能使用最后通牒策略：

第一，谈判者知道自己处于一个强有力的地位，别的竞争者都不如己方的条件优越，如果对方要使谈判继续进行并达成协议，只有找己方。

第二，谈判者已尝试过其他方法，但都未取得什么效果，这时采取最后通牒策略是迫使对方改变想法的唯一手段。

第三，当己方将条件降到最低限度而不能再降时。

第四，当对方经过旷日持久的谈判，已无法再担负由于失去这笔交易所造成的损失而非达成协议不可时。

四、化整为零策略

化整为零策略是指在谈判中，谈判者将整体不能谈下的条件分成几部分，分别作为不同的谈判内容，以求各个突破，最终实现整体谈判目标的做法。此策略利用了谈判心理，即当整体方案谈判陷于僵局时，化整为零地谈，无疑是有益的。当事物作为一个整体时，进与退难度较大，而将其按结构分解后，每个构件的难度就相对减小。在谈判中，谈判人员从策略或组织角度都可能会采用“化整为零”的做法，以减轻谈判难度，加快谈判进程。谈判者使用此策略有以下几个方面需要注意：

第一，忌“零变散”。这是指在化整为零时绝非越细分越好。谈判者进行化整为零时必须根据谈判目标的要求、谈判内容的特性而分解。化整为零策略的内涵精神是扣题、扣目标，使谈判更紧凑有力。若因细分转移了本来谈判的主要目标，那就是误导。

第二，忌“化无量”。这是指在化整为零时，每个细分内容必须有目标量。它是分项谈判的尺度，也是分项谈判组织的依据。在谈判的过程中，谈判者在清理结果时，都要用该目标量。如果没有该目标量，谈判就乱谈，其结果也是糊涂账。

第三，带技术的项目化整为零时，应以“技术保证”为前提，否则钱可能赚了，但技术泄露了，将来还有可能赔大钱。在技术引进中，如果己方工业基础不好，自己搞“拼盘”，表面省钱，其实不然，如果引进的技术发挥不了效益的话，反而更费钱。

第三节 综合性策略

在商务谈判中，有时也有可能出现谈判双方势均力敌的状态，谈判者的地位平等，双方均想以势压人，但往往收效甚微。因此，采取综合性策略就成为谈判双方明智的选择。综合性策略主要包括软硬兼施、货比三家、耐心说服等策略。

一、软硬兼施策略

软硬兼施策略是指在商务谈判过程中对原则性问题毫不退却，对细节问题适当让步的一种策略。软硬兼施策略又称红白脸策略。在中国京剧典型的脸谱释义中，白脸为坏人，凶狠强硬，以曹操为代表；红脸为好人，善良温和，以关羽为代表。软硬兼施策略要求在谈判中谈判方有人以白脸的形象出现，有人以红脸的形象出现，通过态度的转变来干扰对方的做法。使用软硬兼施策略时应注意以下几个方面：其一，扮红脸的人，既要“凶”，又要言之在理，保持良好的形象。其二，扮白脸的人应该为主谈人或负责人，要善于把握火候，及时请对方表态。其三，如果是一个人同时扮演红白脸，其必须机动灵活。

【案例 8-4】 **红白脸策略的巧用**

有一次，性情古怪易怒的亿万富豪休斯为购买飞机一事与飞机制造厂商谈判。休斯事先列出了 34 项要求，其中的几项要求是非满足不可的。休斯亲自出马与飞机制造厂商进行谈判。由于休斯脾气暴躁、态度强硬，致使对方很气愤，谈判气氛充满了对抗性。双方都坚持自己的要求，互不相让，斤斤计较，尤其是休斯那蛮横的态度使对方忍无可忍，谈判陷入僵局。事后，休斯感到自己没有可能再和对方坐在同一个谈判桌上了，他也意识到自己的脾气不适合这场商务谈判，于是选派了一位性情温和又不乏机智的人作为他的代理人去和飞机制造厂商的代表谈判。休斯的代理人说：“只要能满足那几项非满足不可的要求我就满足了。”出乎意料的是，这位代理人最终争取到了 34 项要求中的 30 项。

休斯惊奇地问他靠什么“武器”赢得了这场谈判。他的代理人回答说：“这很简单，因为每到相持不下时，我都问对方‘你到底希望与我解决这个问题，还是留待休斯跟你们解决’，结果对方无不接受我的要求。”

二、货比三家策略

货比三家策略是指在谈判某笔交易时，谈判者同时与几个供应商或采购商进行谈判，以选出其中最优的一家的做法。货比三家策略的具体做法是邀请同类产品的卖方或所需同类产品的买方，同时展开几项谈判，将各方的条件进行对比，择优确定合作伙伴。谈判者在运用货比三家策略时应注意以下问题：

（1）选的对象要势均力敌，比起来才有劲。如果对比对象相差过大，谈判者就应确定可比系数，使各家均有信心去争取交易。

（2）时间安排。时间安排要便于分组穿插谈判，并且可以及时将各组谈判结果汇总，包括日程、方式和人员的安排。

（3）对比的内容要科学。货比三家策略客观上会造成工作量大、评比工作复杂，因此，谈判者应制定快捷统一的评比方法，以减少重复、不准确的工作，避免个人感情的影响。

（4）平等对待参加竞争者，但在谈判的组织上应该重点突出。平等与各参加竞争的对手谈判是信誉的需要，重点突出是谈判全局的需要，两者相辅相成，缺一不可。

（5）慎守承诺。对评选出的结果谈判者应信守承诺。

（6）在多家采购者联合与多家卖者谈判时，应由有权威的单位统一起来，形成联合对外的机构，如同对特殊谈判主持人的要求一样，做到统一对外、统一技术要求、统一对外谈判策略。同时，谈判者还应有严格的纪律，以保守机密，各尽其职。

三、耐心说服策略

在商务谈判中，如果双方发生了矛盾，耐心说服对方是十分重要的，否则就有可能形成僵局。根据国际商务谈判的经验，如果对僵局不采取积极措施尽快加以解决的话，谈判者以后想再恢复谈判则比较困难，起码也会给以后的谈判蒙上一层阴影。因此，成功的谈判者都十分注重耐心说服策略，尽量避免发生不必要的争议。谈判者通常采用以下方法：

（1）在谈判中，谈判双方先讨论容易解决的问题，把双方意向差距较大的问题放在占谈判总时间的 3/5 时提出来，并辅以文娱活动等能增强彼此友好气氛的活动。

（2）谈判者应把正在争论的问题和已经解决的问题有机联系起来，促使协议的快速、顺利达成。

（3）谈判者应强调有利于对方的各项条件，以此去影响对方的意见，进而影响谈判的结果。

（4）在同时有一好一坏的信息需要传递给对方时，谈判者应先让对方知道那个较能迎合其兴趣或意愿的信息，之后再委婉地将不利信息的好坏两个方面告知对方，以便对方容易接受。

（5）在谈判中，谈判者应尽可能多地强调双方处境的相同之处，尽量强调问题的两面性。

（6）谈判者应利用谦虚、礼貌等言行博取对方的好感，与对方成为知己。在解释或说明问题、提出要求时，谈判者应尽可能地拿出证据或有说服力的资料去证实其解释或要求。

第四节 商务谈判的语言技巧

商务谈判的过程其实就是谈判双方语言表达和交流的过程。在这个过程中，商务谈判对抗的基本特征都通过谈判语言集中反映出来。语言在商务谈判中犹如桥梁，往往决定了谈判能否成功。恰当灵活地运用语言技巧，能赢得期望的谈判结果。

一、商务谈判的语言类别

按表达方式来划分，商务谈判语言可以分为有声语言和无声语言。有声语言又称自然语言，是指通过人的发声器官来表达的语言，一般理解为口头语言。这种语言借助人的听觉交流思想、传递信息。无声语言是指通过人的形体、姿势等非发声器官来表达的语言，一般解释为行为语言。这种语言借助人的视觉传递信息、表明态度。在商务谈判过程中，巧妙地运用这两种语言，可以产生珠联璧合、相辅相成的效果。

二、有声语言技巧

（一）陈述技巧

陈述是指有条有理表达事物、事实或己方观点的过程。商务谈判的各个阶段都离不开陈述。陈述的好坏关系到谈判能否顺利进行。在谈判过程中，陈述大体包括入题、阐述两个部分。

1. 入题技巧

谈判双方刚进入谈判场所时，难免会感到拘谨，尤其是谈判新手在重要谈判中往往会产生忐忑不安的心理。因此，谈判者必须讲求入题技巧，采用恰当的入题方法。

（1）开门见山法。例如，谈判者围绕正题介绍己方的有关情况，先一般后具体，即先泛泛地从大面上谈起，逐渐进入重点问题；或者先具体后一般，即先谈细节，再定协议原则。由于有的谈判涉及的事情多、问题复杂，往往需要进行多轮次的谈判，谈判者通常采用此方法入题。

（2）迂回入题法。为避免谈判时单刀直入、过于直接，影响谈判的融洽气氛，谈判者宜用迂回入题的方法。例如，谈判者可以从题外话入题，介绍一下季节或天气情况，或者以当前的社会新闻、旅游、艺术、社会名人等作为话题；谈判者可以从自谦入题，如果对方在己方所在地谈判，可谦虚地表示各方面照顾不周，也可称赞对方的到来让这里蓬荜生辉，还可谦称自己才疏学浅，缺乏经验，希望通过谈判建立友谊等；谈判者可以从介绍己方的生产、经营、财务状况入题，先声夺人，提供给对方一些必要资料，充分显示己方雄厚的财力、良好的信誉和质优价廉的产品等基本情况，从而坚定对方谈判的信心。总之，迂回入题要做到新颖、巧妙、不落俗套，谈判者可以多使用一些赞誉、鼓励、欣赏、谦虚等方面的说辞。

2. 阐述技巧

在谈判入题后，双方接下来进行开场阐述，阐述是谈判过程中的重要环节。语言技巧运用得巧妙与否是阐述能否明了清楚的关键。

（1）阐述要开宗明义，紧扣主题，用语简明扼要。阐述阶段不能出现与谈判主题无关的问题，谈判者要明确本次谈判所要解决的主题，阐述用语要紧扣主题，以集中双方的注意力，统一双方的认识。如果把与本次谈判无关的问题牵扯到谈判桌上，就会浪费双方的时间，而且消磨了对方的兴趣。开场阐述阶段是对方能否对己方的问题感兴趣的重要阶段，不适合长篇大论，要简明扼要。阐述问题一定要把握准确性和条理性，一开始阐述语言就出现错误只会把自己陷入不利的境地。哪些问题应该先讲、哪些问题应该后讲需考虑清楚，因为在开始时人们的注意力往往比较集中，那么容易解决的、双方容易接受的问题应放在前面来说，争议可能最大的问题就放在后面说。条理性是非常重要的，只有条理清楚，对方才能够听清楚己方的立场与意愿。

（2）阐述时要考虑对方的感受并把握对方阐述的关键问题。一是谈判者在阐述时应该换位思考，站在对方的立场上考虑问题。例如，我方应该怎么阐述对方才能肯定我方、我方如何说才能使对方情绪放松、哪个方面应该是阐述的重点。这样才会使己方的阐述引人入胜，不会在谈判的开始就制造出敌对气氛。二是认真耐心地倾听对方的阐述，归纳总结对方的阐述内容，思考和理解对方阐述的关键问题，以免产生误会。

（3）让对方先谈。在商务谈判中，当己方对市场态势和产品定价的新情况不太了解，或者尚未确定购买何种产品，或者无权直接决定购买与否的时候，己方一定要坚持让对方首先说明可提供何种产品、产品的性能如何、产品的价格怎样等，之后再审慎地表达意见。有时即使己方对市场态势和产品定价比较了解，心中有明确的购买意图，而且能够直接决定购买与否，也不妨先让对方阐述利益诉求、报价和产品介绍，在此基础上再提出己方的要求。这种后发制人的方式经常能收到奇效。

（4）坦诚相见。谈判中应当提倡坦诚相见，不但将对方想知道的情况坦诚相告，而且可以适当透露己方的某些动机和想法。坦诚相见是获得对方同情和信赖的好方法，人们往往对坦率诚恳的人有好感。但是，谈判者应当注意，与对方坦诚相见，难免要冒风险。对方可能利用己方的坦诚逼迫己方让步，己方可能因为坦诚而处于被动地位。因此，坦诚相见是有限度的，并不是将一切和盘托出，应以既赢得对方信赖，又不使己方陷于被动、丧失利益为限。

（二）提问技巧

提问是商务谈判中经常运用的语言技巧。谈判者通过巧妙而适当的提问，可以摸清对方的需要，把握对方的心理状态，并准确表达己方的思想。其目的是了解情况、开启话题、便利沟通。针对不同的目的，谈判者可以提出不同的问题；对同一问题，谈判者也应用不同的方法、从不同的角度提问。

1. 提问的方式

（1）开放式提问，即在广泛的领域内引出广泛答复的发问。这类发问通常无法以“是”或“否”等简单字句答复。例如，“会议是如何结束的”“你喜欢工作的哪些方面”

"你还有什么问题吗"。

（2）封闭式提问，即足以在特定领域中引出特定答复的发问。这类发问一般用"是"或"否"即可予以答复。例如，"你是否认为售后服务没有改进的可能""我们能否得到最优惠的价格"。

（3）引导式提问，即具有强烈暗示性或诱导性的发问。这类发问几乎令对手毫无选择地按发问者所设计的答案作答。这类发问是一种反义疑问句的句型，在谈判中往往会使对方对己方的观念产生赞同的反应。例如，"讲究商业道德的人是不会胡乱提价的，您说是不是""这样的算法对你我都有利，是不是"。

（4）澄清式提问，即针对对方的答复，重新措辞，使对方进一步澄清或补充原先答复的一种发问。例如，"您刚才说对目前进行的这一宗买卖可以取舍，这是不是说您拥有全权跟我们进行谈判"。

（5）借助式提问，即借助权威人士的观点、意见来影响谈判对手的一种发问。例如，"某某对你方能如期履约关注吗""某某是怎么认为的呢"。

（6）多层次式提问，即含有多种主题的一种发问，也就是一个问句中包含多种内容。例如，"您能否将这个协议产生的背景、履约的情况、违约的责任以及双方的看法和态度谈一谈"。

2. 提问四要素

在谈判中，适当地发问主要考虑四个因素：提出什么问题、如何表述问题、何时进行发问、对方将会产生什么反应。谈判者具体的注意事项如下：

（1）谈判者应注意发问时机。谈判者应选择对方最适合答复问题的时候发问。

（2）谈判者应按平常的语速发问。太急速的发问容易使对方认为己方不耐烦或持审问态度，太缓慢的发问容易使对方感到沉闷。

（3）谈判者事先应打好发问的腹稿，以提高发问的效能。

（4）对初次见面的谈判对手，谈判者应在谈判刚开始时先取得对方的同意再发问，这是一种礼节。

（5）谈判者应由广泛的问题入手再转向专门性的问题，这样将有助于缩短沟通的时间。这样谈判者可以在对方回答广泛问题的时候，注意其所提供的有关专门性问题的答案。

（6）所有的发问都必须围绕一个中心议题，并且尽量根据前一个问题的答复构造问句。

（7）谈判者提出敏感性问题时，应该说明一下发问的理由，以示尊重对方。

（8）商务谈判杜绝使用威胁性的发问和讽刺性的发问，谈判者应避免盘问式的发问和审问式的发问。

（三）回答技巧

商务谈判需要巧问，更需要巧答。谈判由一系列问答构成，巧妙而得体的回答与善于发问同样重要。掌握回答的基本技巧与原则是谈判者语言运用的重要内容。

1. 回答方式

（1）含糊式回答。这样可以避免把己方的真实意图暴露给对方，给对方造成判断上的混乱和困难。这种回答由于没有做出准确的说明，因此可以做多种解释，从而为以后的谈判留出回旋的余地。

（2）针对式回答，即针对提问人心里假设的答案回答问题。这种回答方式的前提在于弄清对方提问的真实意图，否则提供的答案很难满足对方的要求，弄不好还会泄露己方的秘密。

（3）局限式回答，即将对方提问的范围缩小后再进行回答。在商务谈判中，并不是所有问题的回答对己方都有利，因此谈判者在回答时必须有所限制，选择有利的内容回答对方。例如，当对方提问产品的质量时，谈判者可以只回答几个有特色的指标，利用这些指标给对方留下产品质量好的印象。

（4）转换式回答，即在回答对方的问题时，把商务谈判的话题引到其他方向。这种方式也就是我们常说的“答非所问”，但这种答非所问必须是在前一问题的基础上自然转换来的，没有强制的痕迹。

（5）反问式回答，即用提问对方其他问题的方式来回答对方的提问。这是一种以问代答的方式，这种方式为己方以后回答问题留下了机会，对一些不便回答的问题也可以用这一方法解围。

2. 回答应遵循的原则

在谈判的整个问答过程中，往往会使谈判的各方或多或少地感到一种非及时答复不可的压力。在这种压力下，谈判者应针对问题快速反应，做出有意义、有说服力的回答。回答的技巧不在于回答对方的“对”或“错”，而在于应该说什么、不应该说什么和如何说，这样才能产生最佳效果。回答应遵循的原则如下：

（1）谈判是交流的过程，其中少不了倾听的因素。倾听可以更多地了解对方，隐蔽己方，还有利于己方做出更好的决策，掌握谈判的主动权。

（2）谈判者在谈判之前应做好充分的准备，预先估计对方可能提出的问题；回答之前应给己方留有充分的思考时间，特别是多假设一些难度较大的棘手问题来思考，并准备好回答策略。

（3）谈判者在没有清楚了解问题的真正含义时，千万不要贸然作答。

（4）对一些不便回答的问题，谈判者绝不和盘托出。

三、无声语言技巧

世界著名非语言传播专家伯德维斯泰尔指出，两个人之间一次普通的交谈，语言部分传递的信息还不到35%，而非语言部分传递了65%以上的信息。在商务谈判过程中，无声语言起着代替、补充、暗示、调节的重要作用。因此，谈判者除了注重有声语言外，仔细观察、收集对方发出的无声语言也是十分重要的。

一名商务谈判者应该具有丰富的无声语言知识，掌握无声语言技巧。这对洞察对方的心理状态、捕捉对方的内心活动的蛛丝马迹，进而促使谈判朝着有利于己方的方向发展具有重要意义。表达无声语言的媒介有两大部分：一是人体语言，二是物体语言。前者通过人的肢体和面部表情等的变化传递信息，后者通过人对物品位置的不同处理来传递信息。

（一）人体语言技巧

人体语言技巧主要是通过眼睛、表情、声调、手势、姿态等表现一定的思想内容。

1. 眼睛语言

“眼睛是心灵的窗户”这句话道出了眼睛具有反映内心世界的功能，眼睛能够明确地表达人的情感世界。谈判者通过不同的眼神的方向、方位，产生不同的神态，传递和表达不同的信息。例如，对方的视线经常左右转移、眼神闪烁不定，说明对己方所谈的内容不感兴趣，但又不好意思打断己方的谈话从而产生了焦躁情绪。

2. 表情语言

面部表情在商务谈判的传达信息方面起着重要的作用，特别是在谈判的情感交流中，表情占了很大的比例。例如，疑虑、批评甚至有敌意时，谈判者通常会眼睛一瞥、皱眉、嘴角向下；感兴趣时，谈判者通常会眉毛轻扬或持平、微笑或嘴角向上；发怒、生气时，谈判者通常眼睛睁大、眉毛倒竖、嘴角向两边拉开。

3. 声调语言

谈判者通过对方说话的声调可以判断对方的身份、阅历、心情。例如，说话时声调忽高忽低、语速较快、语气变化中情绪色彩很浓的对手，大多是刚出道的年轻新手，缺乏经验和耐心，不擅长打持久战。

4. 手势语言

手势是人们在交谈中用的最多的一种行为语言，在商务谈判中手势会透漏出谈判者的性格和心情。例如，说话时掌心向下的手势，表示控制、压抑、压制，带有强制性，会使人产生抵触情绪；说话时挠头的手势，表示犹豫不决、感到为难。

5. 姿态语言

例如，谈判者频频弹烟灰、一根接一根地抽烟，往往意味着内心紧张、不安，借烟雾和抽烟的动作来掩饰面部表情和可能会颤抖的手。这种情况十有八九是谈判新手或正在采取欺诈手段。

（二）物体语言技巧

物体语言是指在摆弄、佩戴、选用某种物体时传递的某种信息，实际上也是通过人的姿势传递信息。在商务谈判中，谈判者可能随身出现的物品有笔、本、眼镜、提包、帽子、香烟、打火机、烟斗、茶杯以及服装、衣饰等。这些物品拿在手中、戴或穿在身上，呈现不同的姿势，反映不同的内容与含义。

（1）谈判者手中玩笔，表明漫不经心，对所谈问题不感兴趣或显示其不在乎的态度。

（2）谈判者慢慢打开笔记本，表示关注对方的讲话；快速打开笔记本，说明发现了重要问题。

（3）谈判者猛推一下眼镜，说明因某事而气愤。

（4）谈判者摘下眼镜，轻轻揉眼或擦镜片，说明精神疲倦，对争论不休的问题感到厌倦和正在积蓄力量准备再战。

（5）谈判者如果轻轻拿起桌上的帽子，或者轻轻戴帽，则可能表示要结束这轮谈判，或者暗示告辞。

（6）谈判者打开包表示可能想再谈新的问题，合上包表示到此为止，夹起包则可能无法被挽留。

（7）谈判者抽烟时把烟向上吐，表示有主见、傲慢和自信；向下吐，表示情绪低沉、犹豫、沮丧等。

（三）无声语言的表现规律

在商务谈判过程中，谈判双方表达自己的立场和观点时，经常是综合运用人体语言和物体语言，如果不注意它们之间的内在联系，就无法取得良好的效果，更不能准确判断对方的心理状态。因此，把无声语言传递的信息分类，把能说明和反映各类信息的各种无声语言综合起来，进而探讨无声语言的表现规律很有必要。

1. 表示思考状态的无声语言

（1）一手托腮，手掌撑住下巴，手指沿面颊伸直或放在嘴巴下方，身体向前微倾，表示正在做决断性思考。

（2）不时用手敲自己的脑袋，或者用手摸摸头顶，表示正在思考。

（3）视线左右频繁活动，而且很有规则，表示正在积极思考。

（4）在谈话中忽然将视线垂下，表示对所谈的某件事情引起了思考。

（5）将眼镜摘下，表示想用点时间稍做思考。

2. 表示情绪不稳定的无声语言

（1）握手时，掌心冒汗，多为情绪激动、内心失去平衡。

（2）四处张望、视线变化频繁，说明心里不安和有警戒意识。

（3）不断变换站、坐等姿态，身体不断摇晃，说明焦躁和情绪不稳。

（4）双脚不断地做交叉、分开的动作，表示情绪不安。

（5）说话无故停顿、时常清嗓子、声音时大时小、说话内容前后矛盾，表示对方情绪不稳定。

（6）扭绞双手，身体不自觉地颤动，将香烟中途掐灭或燃着放在烟灰缸里，表示焦虑、情绪紧张。

（7）猛拉裤管，不时轻敲桌面，表示左右为难、犹豫不决。

3. 表示性格的无声语言

（1）不敢抬头正视对方或被注视时将视线避开的谈判者，多具有自卑感。

（2）谈判强调以“我”为中心、说话时抑扬顿挫明显、频繁提出自己的主张和使劲与人握手的谈判者，多具有主动、自傲的性格。

4. 表示心情不满的无声语言

（1）稍带醉意就立即想吐露自己的事情，表示可能对环境不满。

（2）谈话中不断把视线转向别处或拨弄手指，表示已厌烦谈话。

（3）借开玩笑破口大骂或指桑骂槐，说明在发泄内心的不满。

（四）运用无声语言技巧应注意的问题

无声语言不是对人的行为状态、心理活动的精确描述，其含义既广又深、可变性强。有时无声语言所表达的并不一定和内在本质相一致。在商务谈判中，有意制造假象也屡见不鲜，谈判者应根据实际情况谨慎、机智地识别和应付各种问题。

弄清无声语言运用的场合、时间和背景。场合是指谈判地点，包括谈判桌前、宴会和居所等；时间是指谈判所处的阶段（初期、中期、末期）；背景是指客观条件（如个性、能力、关系状况等）。只有当上述条件都有利时，无声语言才能取得最佳效果。

谈判者应善于观察。由于无声语言直接作用于人的视觉，一切尽在无声之中，这就要求谈判者在倾听对方的同时悉心观察对方，体会对方所给予的各种暗示信息，并采取相应的方式，与对方交换信息，适时做出较为准确的判断，促进谈判朝着有利于己方的方向发展。

第五节　优势谈判技巧

在商务谈判中，经济实力较强、谈判需求程度较弱的一方往往处于谈判中的优势地位。处于优势地位的一方的核心是争取尽可能多的利益，可以考虑以下谈判技巧：

一、价格陷阱技巧

价格陷阱技巧又称价格诱惑技巧，是利用商品价格波动信息和人们的不安情绪所设的诱饵，诱使对方将注意力集中于价格而忽略其他条款的一种技巧。价格陷阱技巧有效的原因在于充分利用了人们的以下心理因素：一是买涨不买跌的求购心理。商品市场价格下跌时，人们选择观望，期盼价格进一步下降再购买；反之，当商品市场价格上涨时，人们积极买进，以免价格持续上涨。二是价格中心的心理定式，尽管在某一些牵涉面广、内容多的谈判（如一些大型、复杂的商务谈判）中，价格并不一定是商务谈判的主要问题所在。一般来说，交易价格是双方利益的关键，谈判者将交易价格作为商务谈判的重中之重。价格在交易中的这种重要性往往使人产生一种价格中心的心理定式，认为只要在价格上取得了优惠就等于整个谈判大获全胜。谈判者利用价格中心的心理定式，尽管让买方在价格上获得了一些优惠，但让其失去了比单纯的价格优势更为重要的东西，从而使其最终利益受到损失。

谈判者在运用价格陷阱技巧时，往往与规定期限技巧结合起来使用以增强这种技巧的效果。例如，某供应商说："某种商品的价格即将上涨 20%，要是采购者一周内在订货合同上签字，仍然按提价前的价格来进行交易。"在这里，卖方一方面给买方设置价格陷阱，另一方面又给买方施加时间压力，诱使买方草率、快速地做出购买决策，达到签订合同的目的。

二、规定期限技巧

规定期限技巧是谈判的一方向对方提出达成协议的时间期限，超过这一期限，提出者将退出谈判，以此给对方施加压力，使其无可拖延地尽快做出决断，以求尽快解决问题的一种技巧。在商务谈判中，大多数谈判特别是双方争执不下的谈判，基本上都是到了谈判的最后期限或临近这个期限，才会出现突破而最终达成协议。每一个交易行为都有时间因素，由时间限制引致的无形压力使得谈判条件被对方在悄无声息中接受。

当谈判中出现下列情况时，谈判者可以选择运用规定期限技巧：对方急于求成时；对方存在众多竞争者时；己方不存在众多竞争者时；己方最能满足对方某一特别重要的交易条件时；对方谈判小组成员意见存在分歧时；发现与对方因交易条件分歧较大，达成协议的可能性不大时。

谈判者选用规定期限技巧，目的是促使对方尽快签订协议，而不是使谈判破裂，因此在运用此技巧时还须注意以下几点：

（1）所规定的最后期限给对方留有可接受的余地。最后期限的理由应合理，一般情况下都应将最后期限的规定说成是某些客观原因造成的，否则会使谈判破裂。

（2）所规定的最后期限必须是严肃的。虽然该期限是可以更改甚至废除的，但在最后期限到来之前，提出最后期限的一方要表明执行最后期限的态度是坚决的。

（3）在规定最后期限的同时辅之以心理攻势，以一些小的让步做配合，给对方造成机不可失、时不再来的感觉，以此说服对方接受己方提出的条件和要求。

（4）在言语上要委婉，既要达到目的，又不至于太显锋芒。

三、先苦后甜技巧

先苦后甜技巧是一种先用苛刻的虚假条件使对方产生疑虑、压抑、无望等心态，以大幅度降低其期望值，之后在实际谈判中逐步给予优惠或让步，使对方满意地签订合同，己方从中获取较多利益的技巧。

先苦后甜技巧之所以能在商务谈判中发挥作用，原因在于人们对来自外部的刺激信号总以先入信号作为标准并用来衡量后入的其他信号。若先入信号为甜，再加一点苦，则感到更苦；若先入信号为苦，稍加一点甜，则感到很甜。在谈判中，谈判者一经接触便提出许多苛刻条件的做法，恰似先给对方一个苦的信号，后来的优惠或让步有时尽管只是一点点，也会使人感到已经占了很大便宜，从而欣然在对方要求的条件上做出较大让步。

先苦后甜技巧的有效性也是有限度的，过犹不及。一般而言，谈判者开始向对方提要求时要考虑通行的惯例和做法，把握好分寸，不能过于苛刻，否则对方会觉得己方缺乏诚意，使谈判终止。在实际谈判中，为了较好地发挥这一技巧的效力，谈判者最好将谈判组成员进行分工。例如，第一个人先出场，提出较为苛刻的条件和要求，给对方酿些“苦酒”，并且表现出立场坚定、毫不妥协的态度，扮演一个十足的“鹰派”角色（唱红脸）。然后，随着谈判活动的展开和深入，“鹰派”自然会出现与对方相持不下、争得不可开交的时候，这时谈判组的第二个人便可登场了。其和颜悦色、举止谦恭，给人一种和事佬的形象，扮演一个温和恭顺的“鸽派”角色（唱白脸）。其通情达理，愿意体谅对方的难处。虽然其面有难色，但表示愿意做“鹰派”角色的工作，立场上一步一步后退。实际上，最终所剩下的那些条件和要求正是谈判组所要达到的目标。

四、故布疑阵技巧

故布疑阵技巧是指谈判一方根据需要人为地制造一些合乎逻辑的假象代替真实的存在，从而分散对方的精力，引诱对方步入迷阵，打乱对方的阵脚，并从中牟利的一种技巧。故布疑阵技巧运用的关键在于巧妙地采取措施使对方相信己方制造的逻辑假象，有意向对方传递导致其判断错误的信息，释放一些烟雾来干扰对方，将虚无变成实有，并且不显山不露水，不为对方所识破。否则，故布疑阵被对方识破真相，己方就会落个聪明反被聪明误的结果。不管己方的资料是真还是假，能够使对方深信不疑的最佳办法，便是把“机密”泄露给对方。这里所谓的机密，对于己方只不过是一些无足轻重的虚假的备忘录、便条、文件等，己方可以把这些东西遗忘在通往谈判室的走廊中，或者把它们放在对方容易发现的废纸堆里。

为了取得较好的效果，谈判者使用故布疑阵技巧时还必须注意以下几点：

（1）谈判者要做到传递信息虽虚，但表情不虚、行动不虚、语言不虚，得手时不可得意忘形。

（2）谈判者在陈述时，要着力渲染事实的真实部分，同时做到有理有据，让对方能够有足够的理由相信一切都是真实的。

（3）谈判者要注意谈判中每个人讲话的前后一致性，要充分体现言而有信、讲信誉的形象，否则一切将前功尽弃。

【案例8-5】　戴维斯的“高价”

某一年，我国某进出口公司在和法国商人戴维斯洽谈生意时，一位工作人员无意中透露了我国当年黄狼皮生产情况很好的信息。过了两天，戴维斯就向我国某进出口公司发函表示愿意与中方进行购买黄狼皮谈判的意愿。在戴维斯的来信中，其不仅表示购买的数量很大，而且报价比一般市场价高出3%。当时，我国某进出口公司的业务人员做出了错误的判断，以为戴维斯是想用“喊高价”来挤掉其他买家，以达到自己垄断国外市场的目的。因为谁都乐意高价出售自己的货品，所以我国某进出口公司此后便回绝了其他几家外商的求购要求。没想到，时隔不久，从国外传来消息，某商家在国际市场上以平价抛售黄狼皮。这时，我国某进出口公司的工作人员才明白上了戴维斯的当。戴维斯用“喊高价”的手法，稳住我国某进出口公司。然后，戴维斯在国际市场上抛售自己库存的黄狼皮。此时，中方价位比国际市场价位高出3%，由于戴维斯的价格比我国某进出口公司的价格低，而我国某进出口公司由于有了戴维斯的订单意向不肯降低价格。没有我国某进出口公司优质平价的竞争，戴维斯顺利地抛售了自己全部黄狼皮的库存，而我国某进出口公司的货则全部砸在自己手中。

第六节 劣势谈判技巧

在瞬息万变的市场环境下，任何企业都不可能永远处于优势。当一时处于极不利的条件下进行商务谈判时，谈判者主要的谈判技巧应以尽可能减少损失为前提，或者变劣势中的被动为主动来争取谈判的成功。熟练掌握和恰当运用这些技巧，有利于对谈判方向和进程的控制，进而取得最佳的谈判效果。

一、吹毛求疵技巧

吹毛求疵技巧是指当在谈判中处于有利的一方炫耀自己的实力，大谈特谈其优势时，处于谈判弱势的一方采取回避态度或避开这些对方的优势，而专门寻找对方的弱点，伺机打击对方的士气，从而获得相关利益的一种谈判技巧。吹毛求疵技巧是通过再三挑剔，提出一大堆问题和要求来运用的，尽管有的问题是真实的、有的问题是虚张声势，但都可以成为讨价还价的理由，达到以攻为守的目的。

如果谈判者善于运用此技巧，无疑能使己方大受其益。买方恰到好处地提出挑剔性问题，是运用吹毛求疵技巧的关键所在。掌握商品有关知识是有效提出挑剔性问题的前提，因为只有了解并掌握商品的相关知识，对商品的估价才可能比较准确，才能将毛病挑到点子上，使对方泄气。一般来说，买方应在商品质量、性能等使用价值和成本价格、运输等方面寻找瑕疵，但是对一些优质产品、名牌产品，不能一味贬低，对某些商品的过度贬低可能会激怒卖方。吹毛求疵的方式常常采用对比法，即将商品及其交易条件与其他商品及其交易条件相比较，使卖方不得不承认自己的弱点和不足，买方伺机予以攻击，实现自己的目标。但是，运用吹毛求疵技巧时不能追求面面俱到，而是要抓住重点、切中要害，否则会让对方觉得己方是在故意刁难，这样谈判就难以继续下去。

【案例8-6】 有“缺陷”的苹果

苹果熟了，正是上市的时候，果园里一片繁忙的景象。一家果品公司的采购员来到果园询问道：“多少钱1千克”。果园老板说：“2元。”采购员接着问：“整筐卖多少钱?”果园老板答道：“零买不卖，整筐2元1千克。”采购员不急于还价，而是不慌不忙地打开筐盖，拿起一个苹果掂量着、端详着，不紧不慢地说：“个头还可以，但颜色不够红，这样上市卖不上价呀!”接着，采购员伸手往筐里掏，摸了一会儿摸出一个个头小的苹果说：“老板，您这一筐，上面是大的，筐底可藏着不少小的，这怎么算呢?”他边说边继续在筐里摸，一会儿又摸出一个带伤的苹果，继续说：“看，这里还有虫咬，也许是雹伤。您这苹果既不够红，又不够大，算不上一级，勉强算二级就不错了。”这时，卖主沉不住气了，说话也和气了，说道：“您真想要，还个价吧。”采购员回答说：“每千克1.7元，怎么样?”双方最终以每千克1.7元的价格成交了。

二、先斩后奏技巧

先斩后奏技巧又称“人质”策略，是指在商务谈判中实力较弱的一方通过一些巧妙的办法“先成交，后谈判”而迫使对方让步的技巧。其实质是让对方先付出代价，并以这些代价作为“人质”，扭转己方在谈判中的被动局面，让对方衡量所付出的代价和中止成交所受损失的程度，被动接受既成交易的事实。

【案例8-7】　　“任人宰割”的司机

一位司机在回家途中汽车突然发生故障，必须送去修理。汽车修理工打开了汽车的传动系统，同时估计了一下修理费用，约需150元。第二天，司机一到修理厂便知整个传动系统必须重新装配，因为整个传动系统有一半已被拆散了，地上全是零件。修理工给了司机一个选择的机会：要么支付转盘的150元加上将传动系统拼装起来的费用90元，共计240元；要么换一个600元的传动系统。和大多数人一样，司机思考再三，最终选择了前者。在汽车的传动系统被拆散后，这个修理工在商谈中已占了上风，因为他握有车身作为“人质”，而司机不得不委曲求全。

三、疲惫技巧

疲惫技巧就是通过软磨硬泡，干扰对方的注意力，瓦解对方的意志，从而在对方精疲力竭时，己方反守为攻，促成对方接受己方条件，达成协议的技巧。在商务谈判中，实力较强的一方常常咄咄逼人，锋芒毕露，表现出居高临下、先声夺人的气势。对于这类谈判者，疲惫技巧是一种十分有效的应对技巧。其目的在于通过许多回合的“疲劳战”，逐步消磨对方趾高气扬的锐气，同时扭转不利于己方的被动局面。待对方精疲力竭、头昏脑涨之时，己方则可乘机反守为攻，抱着以理服人的态度，摆出己方的观点，力促对方做出让步。研究显示，被剥夺睡眠、饮食或饮水的人的行动和思维十分缓慢，疲倦的人往往比较容易被打动，犯下许多愚蠢的错误。这就是许多谈判者喜欢向对手发动“疲劳攻势”的原因。他们为了达到良好的谈判效果，千方百计地消耗对方精力，使之在谈判中失利。

疲惫技巧可以从以下几个方面加以运用：

（1）谈判者连续紧张地举行长时间的无效谈判，拖延谈判和达成协议的时间。

（2）谈判者在谈判中使问题复杂化，并不断提出新问题进行纠缠。

（3）谈判者在谈判中制造矛盾，采取强硬立场，或者将已谈好的问题推翻重来，反复讨论。

（4）谈判者在谈判间隙举行投对方所好的活动，使对方保持浓厚的兴趣，直至疲劳。

（5）谈判者热情、主动地利用一切机会与对方攀谈，甚至在休息时间拜访对方，使对方缺少必要的休息。

四、权力有限技巧

权力有限技巧是指当谈判人员发觉自己正在被迫做出不能接受的让步时，申明没有被授予这种承诺的权力，以促使对方放弃所坚持的条件的一种技巧。这种技巧通常是实力较弱一方的谈判人员抵抗到最后时刻使出的一张“王牌”。这种技巧多是谈判人员申明自己权力有限，利用“第三者”的力量避免做出自己难以接受的让步。

据调查，在商务谈判中，一个权力受到合理限制的谈判者要比大权独揽的谈判者处于更加有利的地位。因为一个谈判者的权力受到合理限制之后，他的立场就会更坚定，就可以毫无顾忌地告诉对方，“关于某某问题，我不能做主”。例如，“我本人无权回答贵方提出的问题，需向我的上级请示才能答复”“您的问题我很理解，但需先向领导汇报”“因为公司（或上级）没有给予我此项权力，我已经在自己的权限内做出了最大的让步”。这些话的言外之意是该笔交易能否达成协议的关键在对方，若对方没有在其权限内做出让步，那么交易未达成的责任在对方，从而把谈判失败的责任全部推给对方。这种权力的限制一般包括金额的限制、条件的限制、程序和公司政策的限制、法令和保险的限制、委员会的限制及其他有利的限制。

第七节　均势谈判技巧

在商务谈判中，有时也可能出现谈判双方势均力敌的状态，此时往往会出现“拉锯战”的情况。在双方地位平等的条件下，谈判的基本原则是平等互利、求同存异。因此，在这种情况下，双方应以谋求合作和追求互利为前提，但是谈判者也应审时度势，打破相持不下的局面，争取谈判桌上的主动。这种情况下使用频率较高的谈判技巧主要有迂回绕道、休会、开放、为人置梯、抛砖引玉等。

一、迂回绕道技巧

迂回绕道技巧是指当谈判环境、形势不允许进攻而又必须正面出击时，谈判者采取的通过其他途径接近对方，彼此了解，建立了感情后再进行谈判的一种技巧。在谈判中利用感情因素去影响对手是一种可取的谈判技巧。在谈判中，如果与对方直接进行谈判的希望不大，迂回谈判就成为一种重要的技巧，可以取得单刀直入无法取得的效果。这种技巧常常奏效的原因在于任何人的生活都是丰富多彩而非单一的，工作之外还有丰富的业余活动，而这些业余活动往往也是其很感兴趣的事情。如果在这些方面谈判者能成为对方的伙伴或支持者，感情就很容易被拉近，就会建立友谊，从侧面促进谈判的顺利进行，从而容易换来经济上的合作。例如，谈判者可以有意识地利用空闲时间，主动与谈判对手聊天、谈论对方感兴趣的问题，也可以馈赠小礼品，提供交通和食宿的方便等。谈判者采用这一谈判技巧时必须注意以下几个问题：

（1）谈判者应小心谨慎，谨防失言，不可信口开河，免得泄露了己方的秘密，不管怎么迂回，都不能离开讨论的主旋律。

（2）在气氛很好的时候，谈判者也不能十分慷慨而丧失原则。

（3）谈判者要提高警惕，因为对方可能也会运用此种谈判技巧。对方很可能在轻松的气氛中，趁己方没有防备的时候，轻易地使己方相信了虚假的消息。

【案例8-8】 迂回绕道技巧的运用

美国杜维诺公司向一家饭店推销面包，销售人员和部门经理亲自上门推销，并向这家饭店做出价格优惠、服务上门、保证供应、保证质量的承诺，还表示了愿意建立长期合作关系的愿望，但饭店经理就是不买他们的面包。后来公司负责人杜维诺采用了迂回战术。杜维诺了解到，该饭店的经理是一个名叫“美国旅馆招待者”的组织中的一员，其十分热衷于这一组织的活动，被选为该组织的主席。不论该组织的会议在什么地方召开，他都不辞辛苦地参加。了解到这些情况后，杜维诺再见到他时，绝口不谈面包一事，而是谈论那个组织。饭店经理十分高兴，跟杜维诺谈了半个小时，显得十分兴奋，并建议杜维诺加入这一组织。几天之后，杜维诺便接到了这家饭店购买面包的订单。

二、休会技巧

休会技巧是谈判进行到一定阶段或遇到某种障碍时，由谈判一方或双方提出中断会谈，以便使双方谈判人员都有机会重新研究、调整对策和恢复体力的一种技巧。这是缓冲矛盾、转变气氛的一种有效的谈判技巧，也是谈判人员经常使用的一种基本的谈判技巧。休会技巧不仅可以避免出现僵持局面和发生争论，而且可以使双方保持冷静，调整思绪，平心静气地考虑双方的意见，达到顺利解决问题的目的。

在使用休会技巧时，谈判人员必须注意以下几个问题：

（1）休会必须要双方协商，休会一般由其中一方提出，提出休会的一方要说明休会的必要性并经过对方同意。提出者不能在对方同意之前擅自离开谈判桌，否则会影响双方的关系以致谈判破裂。

（2）谈判人员要明确休会的时间，即休会多久、什么时间恢复谈判。休会时间视双方冲突的程度、谈判人员的精力状况以及一方要了解有关问题所需的时间而定。

（3）休会之前双方要简要总结一下前面谈判的进展情况。

（4）谈判人员提出休会和讨论休会时，要避免谈过多的新问题或对方非常敏感的问题，以便创造缓解紧张气氛的时机。

三、开放技巧

开放技巧是指谈判人员在谈判过程中以开诚布公的态度，向对方袒露自己的真实思想和基本要求，使对方感到信任友好，促进通力合作，在诚恳、坦率的气氛中达成交易的一种技巧。谈判不应该完全从自我立场出发，如果一味地运用各种技巧和策略以使对方按己方预设的轨道运行，就会导致双方感情处于对立的局面。谈判者采取开诚布公的态度，坦诚地将己方的某些真实意图告诉对方，往往是减少矛盾、回避冲突、促使双方通力合作的良好方法。谈判者在使用开放技巧时必须注意以下几个问题：

（1）谈判中的“开放”是以能达到“以心换心”为前提的，而不是过分“坦率”，不是像“竹筒倒豆子”一样和盘托出，更不是不分场合和人物，而应根据对方谈判者的实际表现和谈判进展情况确定和调整开放度。

（2）谈判者应在探测阶段之后使用这种技巧，即根据调查和了解到的对方谈判者的资信情况、意图和风格之后，若对方谈判者属于见利忘义之徒、老奸巨猾之辈，对其采取开放技巧则于己不利，而且很可能被其利用或钻空子，从而损害己方利益。

四、为人置梯技巧

为人置梯技巧是指想方设法给对方提供改变其观点并能被其接受的合理理由的一种技巧。通俗地说，为人置梯技巧就是如何“给人台阶下”的技巧。这种技巧就是当对方已经做出一定的许诺或表明一种坚定的态度，而己方又不能改变自己的立场时，己方要改变对方的观点，首先要顾全对方的面子，给对方一个台阶下。

从心理学、社会学的角度研究人，可以得出这样的结论：一般人总是没有正视自己错误的勇气。谈判中，让对方放弃自己的立场和主见，也就等于使其承认自己是错误的，其自尊心会令其难以接受。谈判双方的地位是平等的，任何一方的批评和指责，另一方都可以不予理睬，甚至针锋相对。一个精明的谈判者知道怎样给对方面子，消除对方接受己方条件的心理障碍，使对方不至于出尔反尔、下不了台。

为人置梯技巧是商务谈判中的一种常用技巧，谈判者在使用此技巧时必须注意以下几个问题：

（1）为哪些谈判者置梯。需要置梯的是那种既爱面子又很聪明的谈判者，爱面子决定了他需要有台阶下，聪明决定了他会借坡下驴、顺水推舟。

（2）在什么条件下置梯。置梯的时机是在谈判对方已经意识到自己的错误，但碍于情面或不愿放弃既得利益而没有承认错误之时。

（3）为对方置什么样的梯。谈判者通常的做法是强调客观原因。例如，谈判者可以把对方的错误解释为掌握的资料有限，财务人员、技术人员提供的数据有误等。

（4）为人置梯技巧的使用并不排除在有些情况下需要正面严肃地指出对方的错误。当谈判的形势或问题需要谈判者直接指出对方的错误时，谈判者不能优柔寡断，但态度要诚恳，不能得理不饶人。

五、抛砖引玉技巧

抛砖引玉的谈判技巧是指在商务谈判中主动地提出各种问题，但不提解决办法，而让对方去解决的一种技巧。抛砖引玉技巧一方面可以达到尊重对方的目的，使对方感觉到自己是谈判的主角和中心；另一方面又可以让己方摸清对方底细，争得主动。但是，抛砖引玉技巧在以下两种情况中并不适用：一是在谈判出现分歧时不适用，二是在了解了对方是一个自私自利、寸利必争的人时不适用。因为对方会乘机抓住有利的因素，使己方处于被动地位。

思考题

1. 如何运用最后通牒策略？
2. 试论应在什么情况下运用声东击西策略？
3. 有声语言技巧有哪些？
4. 在谈判中，如何应对吹毛求疵技巧？
5. 在谈判中，运用为人置梯技巧时应注意哪些问题？

案例分析讨论

澳大利亚A公司、德国B公司与中国C公司谈判在中国合作投资滑石矿事宜，中国C公司欲控制出口货源，但又不能为该合作投入资金，只想用人力资源与无形资产投入。

A公司和B公司的代表来华欲参观考察矿山，C公司积极派人配合并陪同前往，整个日程安排周到、准备有效，在有限的时间里满足了A公司和B公司的该次访问的要求。

各方在预备会和小结会上对合作投资方式进行了讨论。

A公司："我公司是较大的滑石产品专业公司，产品在国际市场占有相当份额，尤其在精细滑石产品方面。"

B公司："我公司在中国投资过，但失败了，正在纠纷中。中国资源丰富，潜在市场大，我公司很想找一个合作伙伴再重新合作。"

C公司："贵方算是找对了人了。谢谢贵方这么看重我公司，贵方欲与我公司怎么合作呢？"

A公司："我公司的计划是在中国找一个有信誉、有能力的大公司，一起投资中国矿山。"

C公司："我公司是出口滑石的公司，若要投资则需要集团审批，根据集团的近期发展规划，这个行业不是投资的重点。"

B公司："贵公司的情况，我们理解，我们也确有诚心在中国投资，但由于第一次的投资失败，我们对这次投资仍十分犹豫。"

C公司："的确，中国是个投资环境不平衡的地方。有的地区发达、有的地区不发达，一些公司在要钱时说得很好，钱到手后就不是那么回事了。尤其是采矿投资，与地质条件关系很大，而当矿床跨越不同村镇时，还可能发生所有权的问题。过去，我们已遇到这类问题。外国投资者需要考虑地质探测、矿山合伙人选择、国家政策、人文历史、商务法律、市场等问题。这些均影响投资成本和投资成败。"

A公司："贵公司讲的正是我们担忧的，我们希望像贵公司这样的公司可以解决这些问题。"

C公司："我公司是国际化的公司，按国际规范进行工作。尽管我们是中国人，但我们认为，使中国企业按国际规范与外国投资者合作是中国经济发展的重要条件之一。"

B公司："若贵公司能参与合作，将是有意义的。"

C 公司："刚才我们已谈到贵方投资的问题所在，但我们十分赞赏贵公司对中国投资的勇气，作为中国公司，我们很愿意提供帮助，不过我方将不以资金投入，而以我们的商誉和协助解决上述问题的义务作为投入。"

A 公司："贵方这种投入也是有意义的。"

C 公司："如贵方认为是有价值的，那么我建议贵方可以将它们列出来，并予以作价。当贵方与中方矿山谈判合资时，我方可与贵方作为一方进行谈判。我方在合资企业的股份将从贵方所占份额中划出。"

B 公司："贵方的建议可以考虑。"

C 公司："若贵方同意我方合作的方式，那么请贵方提供协议方案以确定双方关系，便于以后的工作。"

A 公司："待我回国汇报后，将书面回答贵方。"

A 公司、B 公司代表回国三周后给 C 公司来电，同意 C 公司以其商誉和服务入股。C 公司为确保出口货源和不出资金入股的方案谈判取得成功。

问题：

1. 在此次谈判中，A 公司、B 公司和 C 公司运用了什么策略或技巧？
2. 对 A、B、C 公司此次的谈判结果如何评价？

第九章　商务谈判签约

本章要点

1. 了解商务谈判成交促进策略。
2. 了解商务谈判签约、合同类型及审核。
3. 掌握商务合同的履行与责任及争议的处理。

导入案例

2015年7月，原告海林公司与被告晓星公司协商买卖聚酯切片期间，收到晓星公司传真来的购销格式合同要约文本正反两面。7月22日，双方经协商一致后在格式合同的正面签字。合同约定：买方海林公司、卖方晓星公司；买卖货物聚酯切片1 000吨；单价每吨1 460美元；装运期2015年8月20日前；付款方式是通过开立以韩国晓星公司为受益人、按提单日期第60天付款的不可撤销远期信用证支付；该信用证不迟于7月31日开出；如买方迟至8月1日未能将信用证电报影印件传给卖方，卖方有权不经通知取消交易并保留向买方索赔合同金额5%的权利；卖方迟至8月20日仍未发货，则买方保留向卖方索赔合同金额5%的权利。该格式合同的正面内容中未表明背面条款是否作为合同不可分割的一部分，双方当事人也未能就背面条款达成一致意见，因此背面条款中的仲裁条款不包括在合同中。7月26日，双方又达成修改协议，将货物价格由每吨1 460美元修改为1 455美元，付款日期由按提单日起第60天付款改为第45天付款。

2015年7月27日，原告海林公司向香港新华银行提出信用证转让申请，申请将其下家买方华榕公司根据与海林公司的合同约定，由中国工商银行厦门分行开出、以海林公司为第一受益人、自提单日起第45天付款的不可撤销远期信用证，转让给晓星公司。海林公司将这一转让用传真通知了晓星公司驻广州办事处。同日，该办事处表示拒绝接受转让的不可撤销信用证，要求海林公司亲自独立开证。7月28日后，双方多次传真往来，晓星公司坚持不接受转让的信用证；而海林公司则认为转让信用证没有违反合同约定和国际贸易惯例，并于7月31日通过香港新华银行和首尔NOVA SCOTIA银行办理了向韩国晓星公司的信用证转让手续。8月1日，晓星公司驻广州办事处又发来传真，仍表示拒绝接受海林公司转让的信用证，并单方面宣布解除合同。8月20日，晓星公司未按合同约定履行交货义务，并于8月22日告知海林公司，其已于8月21日通知首尔NOVA SCOTIA银行拒绝了香港新华银行的转证，信用证已经退回。8月25日，因海林公司没有向华榕公司履行交货义务，华榕公司向海林公司提出索赔要求。9月18日，海林公司与华榕公司签订了赔偿协议，海林公司按照约定于10月17日向华榕公司支付了违约赔偿67.5万元。

另查明，原告海林公司用于支付信用证转让手续费、邮政电报费等合计1.2万元，支付律师代理费15万元。

海林公司与晓星公司签订的合同是否有效？为什么？在此案例中，晓星公司能否单方面宣布解除合同？我们通过本章的学习，能找到答案。

第一节　成交促成策略

一、识别成交信号

成交信号是指商务谈判的各方在谈判过程中所传达出来的各种希望成交的暗示。对大多数商务谈判人员而言，第一时间识别对方发出的成交信号，在对方发出此类信号时能往成交的方向引导，并最终促成成交，成为所有成功谈判的“必杀技”。一些经验欠丰富的谈判人员，往往在对方“暗送秋波”——发出成交信号时，仍然“不解风情”、南辕北辙，导致最终与成交擦肩而过、失之交臂。那么，如何成功识别对方的“秋波”呢?

（一）成交的语言信号

在谈判过程中，谈判对手最容易通过语言方面的表现流露出成交的意向，经验丰富的谈判人员往往能够通过对对手的密切观察，及时、准确地识别对手通过语言信息发出的成交信号，从而抓住成交的有利时机。

1. 某些细节性的询问表露出的成交信号

当对手产生了一定的成交意向之后，如果谈判人员细心观察、认真揣摩，往往可以从对手关于一些具体信息的询问中发现成交信号。例如，对手向己方询问一些比较细致的产品问题，向己方打听交货时间，向己方询问产品某些功能、使用方法，向己方询问产品的附件与赠品，向己方询问具体的产品维护和保养方法，向己方询问其他老客户的反映以及向己方询问在客户服务方面的一些具体细则等。在具体的交流或谈判中，对手采用的询问方式各不相同，但其询问的实质几乎都可以表明已经具有了一定的成交意向，这就要求谈判人员迅速对这些信号表现出积极反应。

【案例 9-1】 **成交的语言信号**

某办公用品销售人员到某单位去销售复印机。办公室主任在听完产品介绍后摆弄起样机，自言自语道："东西倒是挺合适，只是如果机器出现问题怎么办？"销售人员一听，马上接着说："这样好了，明天我把货运来的时候，顺便把复印机的使用方法和注意事项给大家讲讲，机器上有客户服务电话，如果使用中出现故障，请随时与客户服务联系，也可以直接与我联系，这是我的名片，我们负责上门维修。主任，如果没有其他问题，我们就这么定了？"

2. 某些反对意见表露出的成交信号

有时对手会以反对意见的形式表达他们的成交意向，比如他们对产品的性能提出质疑、对产品的某些细微问题表达不满等。对手有时候提出的某些反对意见可能是他们真的在某些方面存在不满和疑虑，谈判人员需要准确识别成交信号和真实反对意见之间的区别。如果一时无法准确识别，谈判人员不妨在及时应对反对意见的同时，对对手进行一些试探性的询问以确定对手的真实意图。

（二）成交的行为信号

有时对手可能会在语言询问中采取声东击西的战术，比如他们明明希望产品的价格能够再降一些，可是他们却会对产品的质量或服务品质等提出反对意见。这时谈判人员很难从他们的语言信息中有效识别成交信号。在这种情形下，谈判人员可以通过对手的行为信息探寻成交的信号。例如，对手对样品不断抚摸表示欣赏，对手拿出产品的说明书反复观看，对手在谈判过程中忽然表现出很轻松的样子，对手在己方进行说服活动时不断点头或很感兴趣地聆听，对手在谈判过程中身体不断向前倾，等等，这些可能都是成交的行为信号。

当对手通过其一定的行为表现出某些购买动机时，谈判人员还需要通过相应的推荐方法进一步增加对手对产品的了解。例如，当对手拿出产品的说明书反复观看时，谈判人员可以适时地针对说明书的内容对相关的产品信息进行充分说明，之后再通过语言上的询问进一步确定对手的购买意向。如果对手并不否认自己的购买意向，那么谈判人员就可以借机提出成交要求，促进成交的顺利实现。

（三）成交的表情信号

对手的面部表情同样可以透露其内心的成交欲望。例如，当对手的眼神比较集中于谈判人员的说明或产品本身时，当对手的嘴角微翘、眼睛发亮显现出十分兴奋的表情时，当对手渐渐舒展眉头时，等等。这些表情上的反应都可能是对手发出的成交信号。谈判人员需要随时关注这些信号，一旦对手通过其表情语言透露出成交信号之后，谈判人员就要及时做出恰当的回应。

（四）成交的进程信号

成交的进程信号包括转变洽谈环境，对手主动要求进入洽谈室或在谈判人员要求进入时，非常痛快地答应；谈判人员在合同上书写内容做成交付款动作时，对手没有明显的拒绝和异议。

根据终端环境的不同、谈判对象的不同、产品的不同、谈判人员介绍能力的不同、成交阶段的不同，对手表现出来的成交信号也千差万别。优秀的谈判人员可以在实践中不断总结、不断揣摩、不断提升。

二、适时使用成交促成策略

成交促成策略是在成交过程中，谈判人员在适当的时机，用以启发对手做出决策，达成协议的谈判技巧和手段。对于任何一个谈判人员来讲，熟悉和掌握各种成交的方法与技巧是非常重要的。

（一）主动请求法——单刀直入，要求成交

主动请求法是指谈判人员用简单明确的语言，向谈判对手直截了当地提出成交建议，也叫直接请求成交法。

主动请求法的优点是可以有效地促成购买；可以借要求成交向对方直接提示并略施压力；可以节省洽谈时间，提高谈判效率。

但是，主动请求法也存在一些局限性，如过早直接提出成交可能会破坏良好的谈判气氛；可能会给对手增加心理压力；可能使对手认为谈判人员有求于他，从而使谈判人员处于被动。

（二）自然期待法——引导对手，提高效率

自然期待法是指谈判人员用积极的态度，自然而然地引导对手提出成交的一种方法。自然期待法并非完全被动等待对手提出成交，而是在成交时机尚未成熟时，以耐心的态度和积极的语言把洽谈引向成交。

自然期待法的优点是较为尊重对手的意向，避免对手产生抗拒心理；有利于保持良好的谈判气氛，循序诱导对手自然过渡到成交上；防止出现新的僵局和提出新的异议。但是，自然期待法的缺陷也明显存在，主要有可能贻误成交时机，并且花费的时间较多，不利于提高谈判效率。

谈判人员运用自然期待法时，既要保持耐心温和的态度，又要积极主动地引导。谈判人员在期待对手提出成交时，不能被动等待，要表现出期待的诚意，传达成交的有利条件，或者用身体语言进行暗示。

（三）配角赞同法——做好配角，营造氛围

谈判人员把对方作为主角，己方以配角的身份促成交易的实现。从性格学理论来讲，人的性格多种多样，如外向型与内向型、独立型与支配型等。一般的人都不喜欢别人左右自己，对内向型与独立型的人，更是如此，他们处处希望自己的事情由自己作主。在可能的情况下，谈判人员应营造一种促进成交的气氛，让对手自己做出成交的决策，而不要去强迫对手或明显地左右对手，以免引起对手的不愉快。

【案例9-2】 配角赞同法

有一次，一个顾客在一款地砖面前驻足了很久，导购走过去对顾客说："您的眼光真好，这款地砖是我们公司的主打产品，也是上个月的销售冠军。"顾客回答道："我自己就是搞装修的。"导购说："怪不得您这么有眼光！您先看着，我先去给您倒杯水，再去找经理给您个优惠价。"

配角赞同法的优点在于既尊重了对手的自尊心，又富有积极、主动的精神，促使对手做出明确的购买决策，有利于谈判成交。

但是，配角赞同法的缺陷也是很明显的，它必须以对手的某种话题作为前提条件，不能充分发挥谈判人员的主动性。

运用这种方法时，谈判人员应牢记一个法则，即始终当好配角，不能主次颠倒。根据一些有经验的谈判人员的办法，谈判人员可以借鉴"四六原则"，即谈判人员只进行引导性的发言和赞同性的附和，一般占洽谈内容的40%；启发对手多讲，一般占洽谈内容的60%。当然，谈判人员不能忘记，在当配角的过程中，应认真聆听对方的意见，及时发现和捕捉有利时机，并积极营造良好的氛围，促成交易。

（四）假定成交法——心理暗示，代为决策

假定成交法是指谈判人员以成交的有关事宜进行暗示可以让对手感觉自己已经决定购买。假定成交法是指谈判人员在假设对方接受谈判建议的基础上，再通过讨论一些细微问题而推进交易的方法。

假定成交法的优点是节约时间，提高谈判效率；可以减轻对手的成交压力。假定成交法只是进行暗示，对手也只是根据建议来做决策。假定成交法是一种最基本的成交方法，应用很广泛。

假定成交法的局限性也是存在的，主要为可能产生过高的成交压力，破坏成交的气氛；不利于进一步处理异议；如果没有把握成交时机，就会引起对手反感，产生更大的成交障碍。

谈判人员在运用此种方法时，必须对对方成交的可能性进行分析，在确认对方已有明显成交意向时，才能以谈判人员的假定代替对方的决策，但不能盲目地假定。谈判人员在提出成交假定时，应轻松自然，决不能强加于人。假定成交法最适用的条件是较为熟悉的老顾客和性格随和的对手。

（五）肯定成交法——先入为主，获得认同

肯定成交法是指谈判人员以肯定的语言坚定对方成交的信心，从而促成交易的实现的方法。从心理学的角度来看，人们总是喜欢听好话，多用赞美的语言认同对方的决定，可以有力地促进顾客无条件地选择并认同谈判人员的提示。

肯定成交法先声夺人、先入为主，免去了许多不必要的重复性说明与解释；谈判人员的热情可以感染对方，并坚定对方的成交信心与决心。

肯定成交法有时有强加于人之感，运用不好可能遭到拒绝，难以再进行深入的洽谈。

谈判人员运用肯定成交法必须事先进行实事求是的分析，看清对象，并确认产品可以引起对方的兴趣；肯定的态度要适当，不能夸夸其谈，更不能愚弄对方。谈判人员一般可以在成交时机成熟后，针对对方的犹豫不决而用肯定成交法来解决。

（六）选择成交法——两者择一，提高概率

选择成交法是指谈判人员直接向对方提供一些成交决策选择方案，并且要求对方立即做出决策的一种方法。选择成交法是假定成交法的应用和发展。谈判人员可以在假定成交的基础上，向对方提供成交决策比较方案，先假定成交，后选择成交。

选择成交法的理论依据是成交假定理论，它可以减轻对方决策的心理负担，从而使双方在良好的气氛中成交；同时也可以使谈判人员发挥顾问的作用，帮助对方顺利完成购买任务，因而具有广泛的用途。但是，谈判人员如果运用不当，可能会分散对方注意力，妨碍其选择。

谈判人员在运用选择成交法时应自然得体，既要主动热情，又不能操之过急，不能让对方有受人支配的感觉。

（七）小点成交法——循序渐进，以小带大

小点成交法是指谈判人员通过次要问题的解决，逐步地过渡到成交的实现的方法。从心理学的角度看，谈判者一般都比较重视一些重大的成交问题，轻易不做明确的表态，而相反，一些细微问题往往容易被忽略，谈判者对其做决策时比较果断、明确。小点成交法正是利用了这种心理，避免了直接提示重大的和对方比较敏感的成交问题，先小点成交，再大点成交；先就成交活动的具体条件和具体内容达成协议，再就成交活动本身与对方达成协议，最后达成交易。

小点成交法可以避免直接提出成交的敏感问题，减轻对方成交的心理压力，有利于谈判人员推进，但又留有余地，较为灵活。

小点成交法的缺点是可能分散对方的注意力，不利于针对主要问题进行劝说，影响对方果断地做出抉择。

谈判人员在运用时要根据对方的成交意向，选择适当的小点，同时将小点与大点有机地结合起来，先小点后大点，循序渐进，达到以小点促成大点的成交目的。

（八）从众成交法——争相购买，及时诱导

从众成交法是指谈判人员利用人的从众心理和行为促成交易的实现的方法。心理学研究表明，从众心理和行为是一种普遍的社会现象。人的行为既是一种个体行为，又是一种社会行为，受社会环境因素的影响和制约。从众成交法正是利用了人们的这种社会心理，创造一定的众人争相购买的氛围，促成对方迅速做出决策。

从众成交法可以省去许多谈判环节，简化谈判劝说内容，促成大量的购买，有利于相互影响，有效地说服对方。

但是，从众成交法不利于谈判人员准确地传递谈判信息，缺乏劝说成交的针对性。从众成交法只适用于大众心理较强的对手。

谈判人员在运用从众成交法时要掌握对手的心态，进行合理的诱导，不能采用欺骗手段诱使对方上当。

（九）最后机会法——机不可失，过期不候

最后机会法是指谈判人员向对手提示最后成交机会，促使对手立即决策的一种成交方法。这种方法的实质是谈判人员通过提示成交机会，限制成交内容和成交条件，利用机会心理效应，增强成交机会。

最后机会法一般会向对方提供优惠成交条件，有利于巩固和加深买卖双方的关系，对较难谈判的商品能够起到有效的促销作用。但是，最后机会法会增加谈判费用、减少收益，有时可能会加重对方的心理负担。

谈判人员在运用最后机会法时，要注意针对对方求利的心理动机，合理地使用优惠条件；要注意不能盲目提供优惠；要注意在给予回扣时，遵守有关的政策和法律法规，不能变相行贿。

除以上几种主要方法以外，谈判人员在谈判实际中还总结出了一些好方法、手段，如保证成交法、小狗成交法、欲擒故纵法、相关群体法、试用成交法等。

第二节　商务谈判签约

虽然商务谈判中的各项谈判工作非常重要，但是即使谈成了业务，如果不签订合同，双方的权利和义务关系不固定下来，以后执行就可能成为问题。所以说，商务谈判签约不可忽视，而且合同的签订也是商务谈判取得成功的标志。当然，商务合同签订后各方要按照合同约定来履行，否则可能造成违约责任。

一、签约前的注意事项

（一）签约前对合同相对方基本情况的审查

签约前需要收集、保留的文件包括营业执照复印件、资质证明、授权委托书、被授权人的身份证号码、住址（地址）、电话等。如果合同相对方是个人，己方应详细记录其身份证号码、家庭住址、电话。

了解这些信息有利于己方更好地履行合同，同时当出现纠纷的时候，有利于己方的诉讼和法院的执行。如果合同上只有对方的姓名和电话，没有其他任何信息，己方又无从查询，出现纠纷后，诉状或仲裁申请书就没法书写，受理机关将无法送达法律文书，己方权利无法得到保护。

己方在签约前应把合同相对方自然人的身份证件作为合同的附件，注明对方的住址和通信方式。如果合同相对方是公司，那么就要把公司的经常营业地址、公司的通信电话注明。

（二）审查合同相对方有无签约资格

资格审查也就是审查合同相对方的民事权利能力和民事行为能力。当事人订立合同应当具有相应的民事权利能力和民事行为能力。当事人依法可以委托代理人订立合同。我国法律对某些行业的从业资格做了限制性规定，没有从业资格的单位和个人不得从事特定的业务，如果己方与没有资格的主体签订此类合同将给己方带来经济损失。由于该合同无效，因此因该合同取得的财产，应当予以返还；不能返还或没有必要返还的，应当折价补偿。有过错的一方应当赔偿对方由此所受的损失；双方都有过错的，应当各自承担相应的责任。

当事人要特别注意对方签合同的工作人员是否有单位的授权，保存对方的授权委托书。当事人应审查合同公章与签字人的身份，确保合同是有效的。如果对方的公章为法人的分支机构公章或内设机构公章，当事人应要求其提供所属法人机构的授权书。对方在合同上加盖公章，并不能保证合同是有效的，还必须保证合同的签字人是对方的法定代表人或经法人授权的经办人。

如对方签字人是企业的法人代表，那么在签订合同之前，当事人应要求对方提供法人代表的身份证明、营业执照副本或市场监督管理机关出具的法人资格证书；如对方仅系企业的业务人员，当事人还应让其提供企业及其法人代表的授权委托书、合同书、业务人员自身的身份证明以及财产担保书等相关证明文件，切忌仅凭对方提供的银行账户、合同专用章等不全面、不规范的文件就与其签订合同。同时，当事人应该从根本上杜绝那种仅凭老关系、熟面孔或熟人的介绍就与对方签订合同的做法。

“法定代表人”和“法人代表”有着本质上的法律区别。法律意义上的主体分为自然人和法人，自然人指个人，法人是指单位。公司的法定代表人只能是董事长（经理）一人，不能写其他人，而“法人代表”则不同，每一个公司员工只要取得公司授权书都可以作为法人代表。公司员工可以是法人的授权代表，但不是法定的法人代表。

（三）调查签约方的商业信誉和履约能力

如有可能，当事人应尽量对合同相对方进行实地考察，或者委托专业调查机构对其资信情况进行调查。对标的额较大的合同，当事人应派人进行落实，这样可以在很大程度上减少纠纷。为了避免上当受骗，当事人在签约前应尽可能通过信函、电报、电话或直接派人上门了解等方式对对方的资信情况进行仔细调查，切实掌握与了解对方的真实身份和履约能力。对那些信誉有疑问的单位和个人，当事人最好让其提供担保，从而减少合同履行的风险。

二、签订合同的原则

（一）合同的含义

商务合同是指当事人在商务活动中为了实现一定目的而设立、变更、终止民事权利义务关系的协议，又称契约。

1. 合同是当事人意思表示一致的结果

当事人意思表示不一致，合同就不能成立，这是订立合同的首要条件，因为合同是属于双方或多方的法律行为。

当事人意思表示一致是指当事人各方想要达到的目的一致。但是，这并不代表意思表示的一致，在有的合同中，当事人的意思表示是对应的。例如，在货物买卖合同中，一方要卖，一方要买，意思表示对应，但买卖双方想转移标的物所有权以取得利益的目的则是一致的。

2. 合同是合法的民事行为

合同之所以能够产生法律效力，就是由于当事人在订立、履行合同时遵守法律、行政法规，尊重社会公德，不扰乱社会秩序，不损害社会公共利益，因此被国家法律承认和保护。否则，合同不但得不到国家法律的认可和保护，并且还要承担由此而产生的法律责任。

3. 合同依法成立，具有法律约束力

依法成立的合同对当事人具有法律约束力，即当事人在合同中约定的权利和义务关系产生法律效力。当事人应当履行自己的义务，任何一方不得擅自变更合同的内容。

（二）签订商务合同的原则

1. 当事人必须具备签订合同的行为能力

签订买卖合同的当事人主要有自然人和法人。我国法律除对未成年人、精神病人签订合同的能力加以限制外，对某些合同的签订主体还做了一定的限定，例如，我国法律规定只有取得对外贸易经营权的企业或其他经济组织，才能签订对外贸易合同；没有取得对外贸易经营权的企业或经济组织，如签订对外贸易合同，必须委托有对外贸易经营权的企业代理进行。

2. 合同必须有对价或约因

所谓对价（consideration），是指当事人为了取得合同利益所付出的代价，这是英美法系的概念。所谓约因（cause），是指当事人签订合同所追求的直接目的，这是法国法系的概念。按照英美法系和法国法系的规定，合同只有在有对价或约因时，才是法律上有效的合同，无对价或无约因的合同，是得不到法律保障的。

3. 合同的内容必须合法

当事人订立合同要符合法律、行政法规的要求。由于合同约定的是当事人双方之间的权利和义务关系，而权利和义务是依照法律规定所享有和承担的，因此当事人订立合同必须符合法律、行政法规的规定。如果当事人订立的合同违反法律、行政法规的要求，法律就不予承认和保护，这样当事人达成协议的目的就不能实现，订立合同也就失去了意义。

4. 合同必须符合法律规定的形式

当事人约定采用书面形式的，应当采用书面形式。

5. 合同当事人的意思表示必须真实

各国法律都认为，合同当事人的意思表示必须是真实的，该合同才能成为一项有约束力的合同，否则这种合同无效或可以撤销。

三、商务合同的形式及主要内容

（一）商务合同的形式

商务合同的形式是指商务合同当事人达成协议的表现形式。依据法律的规定，当事人订立合同可以采取以下几种形式：

1. 书面形式

书面形式是指商务合同是以合同书、信件和数据电文（包括电报、电传、传真、电子数据交换和电子邮件）等可以有形地表现所载内容的形式进行的。书面合同最大的优点是合同有据可查，发生纠纷时容易取证，便于分清责任。因此，关系复杂的合同、重要的合同，最好采用书面形式。

2. 口头形式

口头形式是指商务活动当事人以谈话的方式订立商务合同。例如，当面交谈、电话交谈等。口头形式的缺点是发生合同纠纷时难以取证，不易分清责任。一般来讲，较重要的商务合同不宜采用口头形式。

3. 推定形式

推定形式是指当事人未用语言、文字表达其意思表示，仅用行为向对方发出要约，对方接受该要约，以做出一定的或指定的行为作为承诺，合同成立。例如，租期届满后，承租人继续缴纳房租，出租人接受，由此可推知当事人双方做出了延长租期的法律行为。

（二）商务合同的主要内容

商务合同的内容是指商务合同当事人依照约定所享有的权利和承担的义务。商务合同的内容通过商务合同的条款来体现，由商务合同的当事人约定。因为商务合同的种类不同，其内容也有所不同，但一般来说，商务合同的内容主要包括以下几个方面：

1. 当事人的名称（或姓名）和住所

名称是指法人或其他组织在登记机关登记的正式称谓。姓名是指公民在身份证或户籍登记表上的正式称谓。对于公民个人而言，住所是指其长久居住的场所；对于法人和其他组织而言，住所是指其主要办事机构所在地。由于当事人是法律关系的主体，因此在合同中应当写明当事人的有关情况，否则就无法确定权利的享有者和义务的承担者。

2. 标的

标的是商务合同当事人的权利和义务共同指向的对象。在法律上，标的就是法律关系的客体。在商务合同中，标的必须明确、具体、肯定，以便于商务合同的履行。合同的标的可以是物、劳务、智力成果等。

3. 数量和质量

数量是以数字和计量单位对商务合同标的进行的具体的确定，标的的数量也是衡量合同价值的尺度之一。数量是确定商务合同当事人权利和义务的范围、大小的依据。如果当事人在商务合同中没有约定标的数量，也就无法确定双方的权利和义务。质量是以成分、含量、纯度、尺寸、精密度、性能等来表示合同标的内在素质和外观形象的优劣状态的，如产品的品种、型号、规格、等级和工程项目的标准等。合同中必须对数量和质量明确加以规定。

4. 价款或报酬

价款或报酬又称价金，是当事人一方取得标的物或接受对方的劳务而向对方支付的对价。在商务合同标的为物或智力成果时，取得标的物所应支付的对价为价款；在合同标的物为劳务时，接受劳务所应支付的对价为报酬。

价金一般由当事人在订立商务合同时约定，如果是属于政府定价的，当事人必须执行政府定价；如果是属于政府指导价的，当事人确定的价格不得超出政府指导价规定的幅度范围。

5. 履行期限、地点和方式

履行期限是指当事人履行合同义务的时间规定。履行期限是衡量商务合同是否按时履行的标准，当事人在订立商务合同时，应将商务合同的履行期限约定得明确、具体。

履行地点是指当事人履行义务的空间规定，即规定在什么地方交付或提取标的。当事人订立商务合同时要明确规定履行合同的地点。

履行方式是指当事人履行义务的具体方式。商务合同履行的方式依据商务合同的内容不同而不同。

6. 违约责任

违约是指当事人没有按照商务合同的约定全面履行自己义务的行为。违约责任是指商务合同当事人因违约应当承担的法律责任。当事人为了确保商务合同的履行，可以在商务合同中明确规定违约责任条款。承担违约责任的方式一般是违约方向对方支付违约金或赔偿金。

7. 争议的解决方法

争议的解决方法是指当事人在履行合同过程中发生争议后，通过什么样的方法来解决当事人之间的争议。争议的解决方法有协商、调解、仲裁和诉讼。

四、商务合同的审核

（一）审核商务合同的意义

关于合同文本的审核，应从两个方面考虑：如果文本使用两种文字撰写，当事人要严格审核两种不同文字的一致性；如果文本使用一种文字撰写，当事人要严格审核合同文本与协议条件的一致性。当事人应核对各种批件，包括项目批文、许可证、用汇证明、订货卡等是否完备以及合同内容与各种批件内容是否一致。

这种签约前的审核工作相当重要，因为常常发生合同文本与所谈条件不一致的情况。当事人审查文本务必对照原稿，不能只凭记忆阅读审核。同时，当事人要注意，合同文本不能太简约。啰嗦固然不好，过于简约的弊端更多，合同的简约往往会埋下隐患。

当事人在审核中发现问题时，应及时互相通告，并调整签约时间，使双方互相谅解，避免因此而造成误会。对文本中的问题，通常由当事人指出即可解决。有的复杂问题需要经过双方主谈人再谈判，当事人对此在思想上要有准备。对不当的地方，当事人自然应明确指正，以信誉相压，不可退却。否则，对方会得寸进尺，全面反扑，争取更多条件。过去未明确的问题，或者提过但未认真讨论的问题，或者讨论未得出统一结论的问题，双方可耐心再谈。

（二）商务合同的审核内容

由于合同是具有法律效力的法律文件，因此签订合同的双方都必须具有签约资格，否则合同主体不合格，所签订的合同就无效。在签约时，当事人必须对合同的主体进行严格的审查。同时，商务合同客体必须合法，即合同的交易对象、交易范围以及交易程序都应符合国家的有关法律、法规，都是政策所允许的。另外，合同的签订过程必须合法，即合同的签订过程必须具有合法的形式和完备的手续。为了确保合同的有效成立，签订合同的手续必须完备。凡是依法须由主管部门批准或履行必要的手续才能签订的商务合同，必须报经批准或履行必要手续后才能签约。

以国际贸易合同的审核为例，审查合同（包括合同初稿）的内容主要包括货物名称、质量、数量、价格、交货期限、付款方式、包装要求、交货方式等。

1. 审查货物名称

在审查货物的品名条款时，当事人应注意下列事项：

（1）内容是否明确、具体，避免空泛、笼统的规定。

（2）该货物是否是企业能够供应且买方需要的商品，凡做不到或不必要的描述性词句都不应列入品名条款。

（3）该货物是否使用国际上通用的名称，若使用地方性的名称，交易双方是否事先就其含义达成共识。某些新商品的定名及其译名是否准确、易懂，并符合国际上的习惯称呼。

（4）该货物是否选用了合适的品名，以便降低关税、方便进出口和节省运费开支。

2. 审查货物质量

货物质量的表示方法主要有以下几种：

（1）凭规格。规格是指用以反映货物质量的若干主要指标，如成分、含量、纯度、大小、长短、粗细等。

（2）凭等级。等级是指同一类货物，根据长期生产和贸易实践，按其品质、重量、成分、外观或效能等的不同，用文字、数码或符号所进行的分类。“凭等级买卖”只需说明其级别，即可明确买卖货物的质量。

（3）凭标准。标准可分为国家标准、行业标准、地方标准和企业标准四种。

（4）凭牌号或商标。在国际市场上信誉良好、品质稳定，并为买方所熟悉的货物，可以凭牌号或商标对外销售。牌号或商标是区分和识别货物质量的标志。因此，在凭牌号或商标的买卖中，即使在合同中不具体规定质量和规格，卖方在交货时仍必须按该牌号或商标所通常具有的质量交付货物，否则不仅构成违约，而且损害品牌。

（5）凭产地名称。有些商品，特别是农副土特产品，如绍兴黄酒、金华火腿、龙口粉丝等，这些货物冠以产地名称，与工业品采用牌号或商标一样，同样可起到明确货物质量的作用。卖方凭产地名称销售某种农副土特产品，就必须交付具有为国内外消费者所周知的特定质量的产品，否则买方可以拒收货物并索赔。

（6）凭说明书和图样。有些商品，如机械、电器、仪表等，由于结构复杂、型号繁多、性能各异，难以用几项指标来表示其品质，也不能用简短的文字说明其使用方法。卖方在销售这类商品时，就要凭说明书和图样来表示商品的质量。

（7）用样品表示。有些货物的质量难以用文字说明来表示，如部分工艺品、服装、土特产品、轻工产品等，可用样品表示。这种做法又称凭样买卖或凭样销售。凭样买卖有凭卖方样品买卖和凭买方样品买卖两种。

3. 审查货物数量

当事人应审查合同中所规定的货物数量是否可以及时筹集到，其计量单位、重量以及约数有何规定。

（1）审查计量单位。国际贸易通常采用的计量单位有下列几种：

①重量，如克、千克、盎司、磅、公吨、长吨、短吨等。

②个数，如只、件、套、打、令等。

③长度，如米、码等。

④面积，如平方米、平方码等。

⑤体积，如立方米、立方码等。

⑥容积，如升、加仑、蒲式耳等。

（2）审查重量的计算。重量的计算有以下两种：

①按毛重计算。

②按净重计算。

此外，个别商品有按公量和理论重量计算的。

（3）审查约数。在合同数量前加“约”字，可以使具体交货数量做适当机动处理，即可多交或少交一定百分比的数量。鉴于“约”数在国际上的解释不一，为防止纠纷，当事人在使用时应先取得一致的理解，并有书面协议。

4. 审查货物价格

当事人应审查货物价格是否过低，是固定价格还是非固定价格，有没有价格调整条款，价格中包不包含佣金与折扣，采用何种币制，计价单位是什么等。此外，当事人要特别引起重视的是不同贸易术语下的价格构成因素是不同的，它们包含着不同的费用。例如，FOB 术语中不包括从装运港至目的港的运费和保险费；CFR 术语包括从装运港至目的港的通常运费；CIF 术语中既包括从装运港至目的港的通常运费，又包括保险费。在对外洽商交易过程中，有时一方按某种贸易术语报价时，对方要求改报其他术语所表示的价格，这就涉及价格的换算问题。贸易术语的价格构成及其换算方法是谈判人员必须掌握的基本知识和技能。

5. 审查交货期限

当事人应审查交货期限是否合理，公司是否能及时筹备到货物，并装船送达。交货期限一般应规定一个期限，而不是某个具体日期。

目前，常用的规定交货期限的方法有以下几种：

（1）规定在某月内装运。例如，1 月装运。按此规定，全部成交货物可在 1 月 1 日至 1 月 31 日这一期限内的任何一天装运。

（2）规定在某月月底或以前装运。例如，6 月底或以前装运，即自订立合同之日起，最迟不超过 6 月 30 日装运。

（3）规定在某月某日或以前装运。例如，7 月 15 日或以前装运，即自订立合同之日起，最迟不超过 7 月 15 日装运。

（4）跨月装运，即规定在某 2 个月、3 个月或几个月内装运。例如，1 月、2 月装运或 1 月、2 月、3 月装运，即货物可以分别在 1 月 1 日至 2 月 28 日或 1 月 1 日至 3 月 31 日这两个期限内的任何一天装运。

（5）在信用证结算方式下，各方可以采用规定在收到信用证后的一定时间内装运。例如，收到信用证后 30 天内装运。由于交货期是以买方开出信用证为前提的，因此如果买方拖延或拒绝开证则卖方仍很被动，一般还应同时规定开出信用证的期限。例如，买方须不迟于某月某日将信用证开到卖方。

6. 审查付款方式

审查付款方式的内容主要是看客户的付款方式是否为企业可以接受的方式。因为每个企业都有其付款条件，规定有些付款方式不能接受。国际贸易中的支付方式主要有信用证结算方式、汇付、托收。

7. 审查包装要求

商品的包装一般分为销售包装和运输包装。在商品的销售包装上一般除了印有商品的品名、商标、产地外，也有根据具体需要或要求印有简单的规格、用途或其他一些内容，特别是很多商品的销售包装上都有计算机容易识别的条形码标志。

在运输包装上，一般都需要印制一定的包装标志。包装的运输标志按照其用途可印制运输标志、指示性标志、警告性标志。

运输标志俗称“唛头”，习惯上一般由三部分内容组成，即简单的几何图形，合同编号、商品货号或发货人（收货人）代号、目的地或目的港的名称，箱号或件号。

典型的指示性标志有小心轻放、保持干燥、请勿用钩。

典型的警告性标志有爆炸品、有毒品、易燃品。

通常，运输包装上除了上述包装标志外，还有磅码、产地标志。所谓磅码，是指印制或刷制在运输包装上的包件的毛净重和尺码。产地标志普遍用“made in ××”的英文字样标明（如 made in China）。有时包装标志会应客户的要求做相应的调整。

当事人应审查客户的包装要求是否能够满足，客户提供的包装资料是否齐全、有无明显的错误。客户的包装资料一般包括内包装、外包装、标签、说明书、条码等。内包装主要有白盒包装、彩盒包装、吸塑包装等；外包装主要是印刷唛头。标签主要是看客户规定哪些地方需贴标签、印刷要求是什么。

8. 审查交货方式

交货方式主要有航空运输、海洋运输、铁路运输等。

第三节　商务合同的履行与责任及争议的处理

商务合同的履行是指商务合同生效后，当事人按照商务合同的规定，全面履行各自承担的义务。商务合同的履行是法律约束力的具体表现，当事人应当按照约定全面履行自身的义务。

一、商务合同履行的原则

（一）实际履行原则

实际履行原则是指当事人按照合同约定的标的完成合同各自义务的原则。其具体要求是：在履行合同过程中，当事人要按照约定的标的来履行，不能用其他标的代替原合同标的。也就是说，对有效成立的合同，其约定的标的是什么，当事人就应该履行什么样的标的；实际履行标的，不能以其他方式代替原标的履行。义务人如果不能按合同约定的标的履行，就要承担违约责任。如果合同的标的在合同履行之前不存在，或者履行原合同约定的标的没有实际意义，或者履行原合同的标的已经没有必要，当事人可以以其他方式来代替原合同标的的履行。

（二）全面履行原则

全面履行原则是指当事人按照合同约定的全部条款来履行自己的义务，即按照约定的数量、质量、价金、履行期限、履行地点全面完成合同约定义务的履行原则。

（三）协作履行原则

协作履行原则是指合同当事人不仅要履行自己的合同义务，同时应协助对方当事人履行合同义务的原则。

在合同履行中，如果只有一方当事人的给付行为，没有对方当事人的接受行为，合同订立的目的仍不能实现。例如，在技术开发合同、技术转让合同等合同中，债务人实施给付行为也需要债权人的积极配合，否则合同的内容也不能实现。因此，合同的履行不仅需要债务人的履行，也需要债权人的配合，协助履行是债权人的义务。只有双方当事人在合同履行过程中相互协作，合同才会得到适当履行。

（四）经济履行原则

经济履行原则要求当事人在履行合同时讲求经济效益，即当事人在履行合同过程中要贯彻经济合理原则。

二、商务合同内容约定不明确的履行规定

商务合同的条款应当明确具体，以方便合同的履行。由于主观或客观的原因，有时商务合同的条款欠缺或约定不明确，在履行这些条款时，当事人可以达成补充协议；不能达成补充协议的，当事人按照法律规定采取一系列补救措施。

（1）质量要求不明确的履行，按照国家标准、行业标准履行；没有国家标准、行业标准的，按照通常标准或符合合同目的的特定标准履行。

（2）价款或报酬不明确的履行，按照订立合同时履行地的市场价格履行；依法应当执行政府定价或政府指导价的，按照规定履行。

（3）履行地点不明确的履行，给付货币的，在接受货币一方所在地履行；交付不动产的，在不动产所在地履行；其他标的，在履行义务一方所在地履行。

（4）履行期限不明确的履行，债务人可以随时履行，债权人也可以随时要求履行，但都应当给对方必要的准备时间。

（5）履行方式不明确的履行，按照有利于实现合同目的的方式履行。

（6）履行费用不明确的履行，由履行义务一方履行。

三、合同权利和义务的终止与违约责任

（一）合同权利和义务的终止

合同权利和义务的终止是指合同当事人之间合同关系的消灭，即原合同中约定的当事人之间的权利和义务关系消灭。依据法律的规定，合同中权利和义务关系有下列情形之一的即行终止：

（1）债务已经按照约定履行完毕。

（2）当事人之间的合同解除。

（3）债务相互抵消。

（4）债务人依法将标的物提存。

（5）债权人免除债务人的债务。

（6）债务的混同，即债权债务同归于一人。

（7）法律规定或当事人约定合同终止的其他情形的出现。

合同的权利和义务终止后，当事人应当依照法律的规定，遵循诚实信用原则，根据交易习惯履行通知、协助、保密等义务。

（二）合同的解除

合同的解除是指合同有效成立后，还没有完全履行之前，因当事人一方或双方的原因而使合同权利和义务终止的一种法律行为。

1. 约定解除

约定解除指合同当事人依法可以通过协商解除合同。法律规定，当事人经协商一致，可以解除合同。当事人可以约定解除合同的条件。当解除合同的条件形成时，权利人可以解除合同。

2. 法定解除

法定解除因为法定事由的出现，当事人依法行使合同解除权而解除合同。依据法律的规定，有下列情形之一的，当事人可以解除合同：

（1）因不可抗力致使合同订立的目的不能实现。

（2）在履行期限届满之前，当事人一方明确表示或以自己的行为表明不履行主要债务。

（3）当事人一方迟延履行主要债务，经催告后在合理期限内仍未履行。

（4）当事人一方迟延履行债务或有其他违约行为致使合同订立的目的不能实现。

（5）法律规定的其他情形。

法律规定或当事人约定有解除权行使期限的，当事人在期限届满前不行使的，期限届满后，该权利消灭。法律没有规定或当事人之间没有约定合同解除权行使期限的，如果经对方催告后在合理期限内不行使的，该权利消灭。

当事人一方依照约定，在解除合同的条件成立或有前述解除合同的情形之一而当事人主张解除合同的，应当通知对方。合同自通知到达对方时解除。对方有异议的，可以请求

人民法院或仲裁机构确认解除合同的效力。

法律、行政法规规定解除合同应当办理批准、登记等手续的，依照其规定。

合同解除后，原合同尚未履行的，终止履行；原合同已经履行的，根据实际情况和合同的性质，采取其他补救措施。合同权利和义务关系的终止，原合同中结算和清理条款仍然有效。

（三）违约责任的承担

1. 违约责任

违约责任是指合同当事人违反合同的约定所应当承担的法律责任。依法订立的合同具有法律约束力，当事人应当按照合同的约定全面履行自己的义务，否则就要承担违约责任。违约责任制度是保证当事人履行合同义务的重要措施，使合同具有法律约束力，有利于促进合同的履行和弥补违约造成的损失，对合同当事人和整个社会都是有益的。

2. 承担违约责任的主要形式

根据法律的规定，承担违约责任的形式主要有继续履行、赔偿损失、支付违约金或支付定金等。

（1）继续履行。继续履行是指一方当事人在拒不履行合同或不适当履行合同的情况下，另一方不愿解除合同，也不愿接受违约方以金钱赔偿的方式代替履行合同，而坚持要求违约方履行合同约定的给付的一种违约责任的承担方式。

继续履行在以下三种违约情况下适用：

①债务人无正当理由拒不履行合同，债权人可以要求其履行。法律规定，当事人一方未支付价款或报酬的，对方可以请求其支付价款或报酬。

②债务人不适当履行合同，债权人可以请求继续实际履行。法律规定，当事人一方不履行非金钱债务，或者履行非金钱债务不符合约定的，对方可以请求履行。

③债权人迟延受领的，债务人可以请求债权人履行受领债务人给付的义务。

依据法律的规定，有下列情形之一的，可以免除债务人继续履行的义务。

①法律上或事实上不能履行。

②债务的标的不适于强制履行或履行费过高。

③债权人在合理期限内未要求履行的。

（2）赔偿损失。当事人一方不履行合同义务或履行合同义务不符合约定的，在履行义务或采取补救措施后，对方还有其他损失的，应当赔偿损失。

赔偿损失的金额应当以因违约造成的损失为限，包括权利人的直接损失和间接损失，但不得超过违反合同一方订立合同时预见到或应当预见到的因违反合同可能造成的损失。

当事人一方违约后，非违约方应当采取适当措施防止损失的扩大。当事人没有采取适当措施，而放任损失扩大的，不得就扩大的损失要求赔偿。当事人因防止损失扩大而支出的合理费用，由违约方承担。

（3）支付违约金。违约金是指由当事人通过协商预先确定或法律直接规定的，当一方违约时，违约方向对方支付的一定数额的货币。法律规定，当事人可以约定一方违约时应向对方支付一定数额的违约金，也可以约定违约责任发生后违约金的计算方法。

如果约定的违约金过分低于造成的损失的，债权人可以请求人民法院或仲裁机构予以增加；如果约定的违约金过分高于造成的实际损失的，债务人可以请求人民法院或仲裁机构予以适当减少。

当事人就迟延履行支付违约金的，违约方支付违约金后，非违约方要求继续履行合同的违约方应当继续履行。

（4）支付定金。定金是指合同当事人约定一方事先向对方所支付的一定数额的货币，以担保合同的履行。当事人可以依照法律的规定，约定一方向对方给付定金作为债权的担保。债务人履行债务后，定金应当抵作价款或收回。如果给付定金的一方违约，违约方无权要求返还定金；接受定金的一方违约，违约方应当双倍返还定金。

当事人为了避免失去定金或加倍返还定金，就必须严格履行已经生效的合同，从而起到合同担保的作用。

法律规定，如果当事人既约定有违约金，又约定有定金的，一方违约时，非违约方可以选择适用违约金条款或定金条款，即违约金条款和定金条款不能同时适用。

3. 免责事由

免责是指在合同履行的过程中，因出现了法定的免责条件或合同约定的免责事由，违约人将因此而免于承担违约责任。这些法定的免责条件和合同约定的免责事由统称为免责事由。根据我国法律的规定，我国仅承认不可抗力为法定的免责事由。

不可抗力是指不能预见、不能避免且不能克服的客观情况。不可抗力包括以下几种情况：

（1）自然灾害。自然灾害，如地震、台风、洪水、海啸等。尽管随着科学技术的进步，人类已经不断提高了对自然灾害的预见能力，但自然灾害仍频繁发生并影响人们的生产和生活，阻碍合同的履行。因此，自然灾害属于典型的不可抗力。

（2）政府行为。这主要是指当事人在订立合同以后，政府当局出台新政策、法律或行政措施而导致合同不能履行。例如，在合同订立后，政府颁布禁运的法律，使合同不能履行。

（3）社会异常现象。这主要是指一些偶发的事件阻碍合同的履行，如罢工、骚乱等。这些行为既不是自然事件，也不是政府行为，而是社会中人为的行为，但对于合同当事人来说，在订约时是不可预见的，因此也可以称为不可抗力事件。

四、争议的处理方法

在商务合同的履行过程中，由于市场主体之间的利益总是存在不一致，权利和义务之间可能会发生冲突，从而导致各种权益纠纷的产生，即商务合同的争议。商务合同的争议的处理方法主要有协商、调解、仲裁和诉讼。

（一）协商

协商是指在经济合同发生纠纷时，由双方当事人在自愿、互谅的基础上，按照法律及合同条款的有关规定，直接进行磋商，通过摆事实、讲道理，取得一致意见，自行解决合同纠纷。通过协商解决商务合同纠纷，不必经过第三者，既可以免伤和气、避免事态扩大，也可以节约时间、精力和费用，还有利于双方当事人继续保持合作关系。

（二）调解

调解是指如果当事人双方通过协商未达成一致，任何一方均可向合同管理机关等申请调解，通过对当事人进行说服教育，促使当事人双方相互让步，并以双方当事人自愿达成合同为先决条件，达到平息争端的目的。调解通常有行政调解和司法调解两种形式。通过调解方法使问题得到恰当的解决，是合同管理机关解决经济合同纠纷的基本方法。调解与仲裁的明显区别是调解不能强制当事人接受解决方法，只能通过建议、方案或利用调解人的威信促使当事人接受某种解决方法。

（三）仲裁

仲裁又称公断，是指发生纠纷的当事人达成协议，根据所达成的协议内容，自愿将纠纷提交非司法机构的第三者居中判断，并做出对争议各方均有约束力的裁决的一种纠纷解决制度。仲裁既具有一定的灵活性，又具有法律强制性，是使用非常广泛的解决争议的一种方法。

（四）诉讼

当事人没有在商务合同中订立仲裁条款，事后又没有达成书面仲裁协议的，可以向人民法院起诉。由此可见，诉讼是解决商务合同纠纷的最终手段。所谓诉讼，是指合同纠纷当事人依民事诉讼程序向人民法院起诉，请求人民法院运用审判程序来解决商务合同纠纷的一种方法。

思考题

1. 在谈判的后期要注意观察对手发出的成交信号，你认为应该从哪些方面获得这些信号？
2. 对手的哪些语言可以认为他决定要成交？请举例说明。
3. 有时对手会故意掩饰他们的成交意图，你能否从行为上或表情上看出？请举例说明。
4. 商务合同的主要内容有哪些？
5. 商务合同中的违约责任有哪些？

案例分析讨论

我国某进出口企业以 CIF 纽约条件与美国某公司订立了 200 套家具的出口合同，合同规定 2021 年 12 月交货。2021 年 11 月底，我国企业出口商品仓库发生雷击火灾，致使一半左右的出口家具被烧毁。我国企业以发生不可抗力事故为由，要求免除交货责任，但美方不同意，坚持要求我方按时交货。我方无奈经过多方努力，于 2022 年 1 月初交货，美方则要求索赔。

问题：

1. 我方要求免除交货责任的要求是否合理？为什么？
2. 美方的索赔要求是否合理？为什么？

参考文献

[1] 段淑梅. 商务谈判 [M]. 北京：机械工业出版社，2016.

[2] 方其. 商务谈判——理论、技巧、案例 [M]. 北京：中国人民大学出版社，2011.

[3] 罗格·道森. 优势谈判 [M]. 刘祥亚，译. 重庆：重庆出版社，2008.

[4] 罗格·道森. 绝对成交 [M]. 刘祥亚，译. 重庆：重庆出版社，2009.

[5] 李爽. 商务谈判 [M]. 北京：清华大学出版社，2007.

[6] 冯华亚. 商务谈判 [M]. 北京：清华大学出版社，2006.

[7] 郭秀君. 商务谈判 [M]. 北京：北京大学出版社，2011.

[8] 宋莉萍. 商务谈判理论、策略与技巧 [M]. 上海：上海财经大学出版社，2012.

[9] 张祥. 国际商务谈判原则、方法、艺术 [M]. 上海：上海三联出版社，2000.

[10] 龚荒，吉峰. 商务谈判实物、策略与案例分析 [M]. 北京：机械工业出版社，2020.

[11] 周贺来. 商务谈判实务 [M]. 北京：机械工业出版社，2010.

[12] 龚荒. 商务谈判：理论、策略、实训 [M]. 北京：清华大学出版社，2009.

[13] 龚荒. 商务谈判与推销技巧 [M]. 2 版. 北京：清华大学出版社，2009.

[14] 胡戴新. 新编商务谈判教程 [M]. 合肥：中国科学技术大学出版社，2018.

[15] 花奇祎，景立晖. 商务谈判 [M]. 武汉：华中科技大学出版社，2009.

[16] 甄珍. 商务谈判 [M]. 北京：首都师范大学出版社，2009.

[17] 杨晶. 现代商务谈判 [M]. 北京：中国人民大学出版社，2012.

[18] 刘文广. 商务谈判 [M]. 北京：高等教育出版社，2009.

[19] 殷庆林. 商务谈判 [M]. 大连：东北财经大学出版社，2015.

[20] 喻中春，张扬. 商务谈判禁忌大观 [M]. 北京：地震出版社，2003.

[21] 宫捷. 现代商务谈判 [M]. 青岛：青岛出版社，2001.

[22] 杨群祥. 商务谈判 [M]. 大连：东北财经大学出版社，2001.

[23] 李品媛. 现代商务谈判 [M]. 大连：东北财经大学出版社，2003.

[24] 王晓. 商务谈判英语中的礼貌原则 [J]. 重庆工商大学学报，2003 (6)：144-146.

[25] 杨林聪，张凤鸣. 礼貌原则在商务谈判中的应用 [J]. 中国包装工业，2002 (5)：97-98.

［26］黄卫平，董丽丽. 国际商务谈判［M］. 北京：机械工业出版社，2016.

［27］罗伊·J. 列维奇，布鲁斯·巴里，戴维·M. 桑德斯. 商务谈判［M］. 程德俊，译. 北京：机械工业出版社，2020.

［28］王军旗. 商务谈判理论、技巧与案例［M］. 北京：中国人民大学出版社，2021.

［29］安贺新. 商务谈判策略［M］. 北京：中央广播电视大学出版社，2011.

［30］李昆益. 商务谈判技巧［M］. 北京：对外经济贸易大学出版社，2007.

［31］刘园. 国际商务谈判［M］. 北京：首都经济贸易大学出版社，2010.

［32］景楠. 商务谈判［M］. 北京：对外经贸大学出版社，2014.

［33］江燕玲，唐斌. 商务谈判［M］. 重庆：重庆出版社，2012.

［34］潘肖钰，谢承志. 商务谈判与沟通技巧［M］. 上海：复旦大学出版社，2010.

［35］周海涛. 商务谈判成功技巧［M］. 北京：中国纺织出版社，2006.

［36］PHATAK A V，HABIB M M. The dynamics of international business negotiations［J］. Business Horizons，1996，39（3）：30-39.

［37］SALACUSE J W. Ten ways that culture affects negotiating style：Some survey results［J］. Negotiation Journal，1998，14（3）：221-240.